Effective Defense

有效的辩护

黄 云——著

中国法制出版社
CHINA LEGAL PUBLISHING HOUSE

序

时光荏苒，一辩十余年。

回首过往，案件形形色色，结果大相径庭。有的让人欢喜、欣慰，亦有的使我沉思、不语。胸中常起丘壑，笔底时泛波澜。于是，将对过往的思考与总结凝练在此文字之间，试图寻找心底的共鸣。

宋慈于《洗冤集录》中云："慈四叨臬寄，他无寸长，独于狱案，审之又审，不敢萌一毫慢易心。"对于刑辩律师而言，亦然。心无旁骛、全力以赴投身案件中，审慎对待，不放过任何细节，在沉重的案牍中抽丝剥茧，寻找出罪的希望，彰显为人辩冤白谤的执业第一天理。

为此，笔者在所办案件中精心挑选出20个较为典型的辩护案例，其中，大部分案例绝处逢生，通过反复梳理、推敲，在繁杂的案卷中找出了疑点与破绽，据理力争，有幸不辜负当事人的托付，最终取得了有效甚至无罪的结果；当然亦有个别本应无罪的案例，虽已竭尽全力，仍无法改变当事人被定罪量刑的沉重结果。

本书所选取的案件基本涵盖了我国《刑法》规定的犯罪类别，集中展示了针对不同案件的刑事辩护技巧与策略，包括破坏社会主义市场经济秩序罪，侵犯公民人身权利、民主权利罪，侵犯财产罪，妨害社会管理秩序罪，贪污贿赂罪等。其中，大部分是涉及经济犯罪案件，"经济犯罪"并非严格意义上的法律术语，其是指在经济活动中产生并与之直接相关的，在《刑法》中予以规定或被认为违反《刑法》的犯罪。

随着我国社会主义市场经济改革的不断发展深入，在社会经济活动日益频繁的当下，由于经济活动天生的逐利性、参与主体的多元化、参与方式的多样性，在尚未确立完善的运行体制与相关法律规范的前提下，经济犯罪的存在不可避免。本书以案例形式，以期为刑事律师办理相关业务提供参考与指导，同时为正确划清经济纠纷与经济犯罪的界限点亮一盏明灯。

书中的案例，大体上采用案情简介—指控事实—指控罪名—罪名分析—辩护要点—各阶段主要工作及成果—辩护观点及论证—判决结果—办案感悟—辩点总结的体例，在阐明具体案情的基础上，对相关罪名进行理论解读，并分析案件在各阶段的争议焦点，有针对性地撰写辩护意见，清晰精准地传达辩护策略，基本还原了辩护律师参与侦查、审查起诉以及法院审判阶段动态化的工作过程，展示了辩护律师对于案件事实、证据及程序的推敲研判，呈现了辩护律师在不断剖析雕琢后形成辩护观点的“法律智慧”。

同时，附在每一个案例之后的办案感悟，脱离抽象的法学理论，以问题为导向，不仅细致地描绘了办案过程中遇到的困难以及对于案件结果的思考，也宏观地展现了我国刑事司法制度变革下的律师剪影，体现了律师执业环境的不断优化。让辩护律师这一形象变得丰满、有血有肉。

此外，本书的另一大亮点在于，对每一个罪名的辩护要点进行总结复盘，通过大数据分析具体案件的无罪判决结果，对该类案件的特征以及裁判规律进行简要的梳理阐述，明确犯罪行为的本质、内容以及表现形式，辨别罪与非罪、此罪与彼罪，同时对于该类案件的有效辩护要点进行了归纳和总结，以严格的刑事司法证据标准及刑法构成要件的认定来保护犯罪嫌疑人、被告人的合法权益。

对于刑事律师而言，精湛的专业技术与尽职的服务态度，是职业发展的基石。不仅如此，刑事辩护大多为弱势群体辩护，为自由辩护，为生命辩护。故，刑事律师同时肩负着关怀社会的责任，保障法律正确实施，促进社会公平正义，要有以个案推动法治的勇气和信念，有不忘初心的法治情怀，有改善法治环境的作为与担当。基于此，希冀能够以文字的力量汇聚，引起广大读者的共鸣，在具体的个案中为中国的法治建设添砖加瓦。

在此，特别感谢云安刑事团队的吴礼洋律师、李佳恩律师、张明珠律师、傅梦琪律师为本书的出版所付出的努力！

是为序。

黄云

2020年7月1日

目录 Contents

案例一　林某利用影响力受贿案

案例二　孟某非法拘禁、寻衅滋事案

案例八　徐某贩卖毒品案

案例九　于某贩卖毒品案

案例十　某大学教授诈骗案

案例十三　顾某虚假诉讼案

案例十四　陈某非法吸收公众存款案

案例十五　马某集资诈骗案

案例十八　钱某走私普通货物、物品案

案例十九　A 污染环境案

案例二十　李某组织卖淫案

后 记 铸剑刑辩，一生收锋——刑辩律师的坚守

案例一
林某利用影响力受贿案

案件关键词： 法律援助　利用影响力受贿　二审改判无罪

案情简介

上诉人林某，原系某市海关在职人员，于1983年到该市海关参加工作，先后担任多处海关关务员，负责货车载货及旅客行李检查等工作，1990年离职后以经商为业至今。2013年9月，张某（案外人）因涉嫌走私普通货物罪被某市海关缉私局立案侦查并采取强制措施。张某在押期间，其妻子聂某于2014年3月找到周某（另案处理），希望请周某通过社会关系帮张某获得从轻处理。周某因知道林某曾在某市海关任职，认为林某在该市海关有一定的社会关系，于是联系林某并转述了聂某的请求，林某在了解情况后同意给予帮助。此后，林某多次找到某市海关的国家工作人员田某、马某，希望在张某案件退回该市海关缉私局补充侦查时，让上述工作人员利用职务之便给予相应帮助。其间，聂某共计向周某支付钱款60万元，其中周某向林某转交钱款35万元。

2014年6月至7月，因张某所涉刑事案件没有明显进展，聂某不愿再给付钱款并要求周某退钱，周某便与林某协商归还人民币22万元。但因林某未能如期还款，2014年8月，聂某以周某诈骗为由向某市公安局某分局报案。

2016年7月，某市某区人民检察院以涉嫌利用影响力受贿罪为由，将林某刑事拘留。

◇指控事实

公诉机关指控：2014 年 3 月至 5 月，林某以找海关人员疏通关系、帮助张某获得从轻处理为由，多次通过他人向张某的家属聂某索取钱款共计 35 万元。林某利用其原在某市海关任职形成的便利条件，找到该市海关的国家工作人员田某、马某，企图在张某案件退回该市海关缉私局补充侦查时，让上述工作人员利用职务之便给予相应帮助，但张某所涉刑事案件没有明显进展。

经某市某区人民检察院审查认为，被告人林某的行为已触犯《中华人民共和国刑法》第三百八十八条之一第二款之规定，犯罪事实清楚，证据确实充分，应当以利用影响力受贿罪追究其刑事责任，其法定刑为 3 年以上 7 年以下有期徒刑，并处罚金。

◇指控罪名

《中华人民共和国刑法》第三百八十八条之一——利用影响力受贿罪

国家工作人员的近亲属或者其他与该国家工作人员关系密切的人，通过该国家工作人员职务上的行为，或者利用该国家工作人员职权或者地位形成的便利条件，通过其他国家工作人员职务上的行为，为请托人谋取不正当利益，索取请托人财物或者收受请托人财物，数额较大或者有其他较重情节的，处三年以下有期徒刑或者拘役，并处罚金；数额巨大或者有其他严重情节的，处三年以上七年以下有期徒刑，并处罚金；数额特别巨大或者有其他特别严重情节的，处七年以上有期徒刑，并处罚金或者没收财产。

离职的国家工作人员或者其近亲属以及其他与其关系密切的人，利用该离职的国家工作人员原职权或者地位形成的便利条件实施前款行为的，依照前款的规定定罪处罚。

◇罪名分析

一、主体要求

本罪属于自然人犯罪，主体不包括单位，具体为：国家工作人员的近亲属、其他与该国家工作人员关系密切的人、离职的国家工作人员或者其近亲属以及其他与其关系密切的人。

（一）在职国家工作人员能否成为本罪的主体

从本罪的具体条文规定上来看，本罪的主体为“国家工作人员的近亲属或者其他与该国家工作人员关系密切的人”、“离职的国家工作人员或者其近亲属以及其他与其关系密切的人”，从法条的字面规定上看，构成本罪的主体为国家工作人员的近亲属、关系密切人，以及离职的国家工作人员本人及其近亲属、关系密切人，似乎均指向在职的国家工作人员并非本罪的主体，但本书认为构成利用影响力受贿罪的主体包括在职的国家工作人员。

首先，从利用影响力受贿罪的立法本意来看，本罪的设立旨在打击利用关系或影响力影响其他国家工作人员行使职权，谋取不正当利益，进而索取、收受请托人财物的行为，即行为人本身是不具备谋取不正当利益的职权或地位等便利条件的。非国家工作人员不具备该等便利条件显而易见，但在职的国家工作人员也并非必然具备此等便利条件。国家工作人员的职权和地位与其职务息息相关，其往往只负责特定范围的职务工作，即在一般情况下，在职的国家工作人员仅在其职务范围内具备相应的职权和地位。如请托人所期望达成的不正当目的恰好是在该国家工作人员的职务范围内，则该国家工作人员所实施的相关行为符合受贿罪的构成要件（《刑法》第三百八十八条规定，国家工作人员利用本人职权或者地位形成的便利条件，通过其他国家工作人员职务上的行为，为请托人谋取不正当利益，索取请托人财物或者收受请托人财物的，以受贿论处），应认定为构成受贿罪；如请托人所期望达成的不正当目的不在该国家工作人员的职务范围内，则其不具备相应的职权或者地位形成的便利条件，在此前提下通过其他国家工作人员职务上的行为，为请托人谋取不正当利益，索取请托人财物或者收受请托人财物的，不应认定为受贿罪，转而应当构成利用影响力受贿罪。也即从利用影响力受贿罪的立法本意上看，在职的国家工作人员可以成为该罪的主体。

其次，从利用影响力受贿罪关于主体描述的具体内容看，关于该罪的主体具体描述为“国家工作人员的近亲属或者其他与该国家工作人员关系密切的人”、

“离职的国家工作人员或者其近亲属以及其他与其关系密切的人”，并未绝对排除在职的国家工作人员作为本罪的主体。国家工作人员或离职的国家工作人员之“近亲属”、“关系密切的人”均有可能是在职的国家工作人员，因此，从该罪主体描述具体内容的逻辑来看，在职的国家工作人员亦可以成为利用影响力受贿罪的主体。

（二）如何认定“近亲属”、“关系密切的人”

首先，“近亲属”本是一个概念相对明晰、范围较为确定的用语。然而，由于我国法律规定、司法解释等不同位阶、不同部门的不统一的规定状况，在适用和理解上产生了分歧。如我国《刑事诉讼法》第一百零八条规定，“近亲属”指夫、妻、父、母、子、女、同胞兄弟姐妹，可见，《刑事诉讼法》将近亲属范围界定为两代血亲以内。而《民法典》第一千零四十五条规定，“近亲属”包括配偶、父母、子女、兄弟姐妹、祖父母、外祖父母、孙子女、外孙子女，将近亲属界定为三代以内直系血亲；此外，最高人民法院《关于适用〈中华人民共和国行政诉讼法〉若干问题的解释》，更是在三代以内直系血亲的基础上，将“其他具有扶养、赡养关系的亲属”也纳入近亲属的范围。

不同部门之所以对“近亲属”范围界定不一，目的在于解决其自身法域内的相关问题，如刑事诉讼法中解决的是诉讼权利问题，民法中解决的是人身、财产、经济等相关问题。

然而，对于“利用影响力受贿罪”这一罪名而言，“近亲属”的界定直接关系到对本罪犯罪主体的认定范围大小，如将范围扩大，一方面可以有助于扩大打击腐败犯罪，有助于惩治现实中主体成分复杂多样的利用影响力受贿行为；但另一方面，《刑法》在扩大打击犯罪范围的同时也极易过于膨胀而侵害公民权利，违背《刑法》的谦抑及刑事立法、司法的理念，因此，确立合理、准确的“近亲属”范围界限至关重要。考虑到传统的亲属伦理观念、现实合理性、必要性及利用影响力受贿罪的立法目的等因素，本文认为采用我国民法中关于近亲属的界定较为合理，即包括配偶、父母、子女、兄弟姐妹、祖父母、外祖父母、孙子女、外孙子女。

其次，关于“关系密切的人”之认定，也是理论和实践中聚讼纷纭之处。作为《刑法》中的新兴概念，“关系密切的人”是《刑法修正案（七）》提出的一个新名词，其本身指向模糊，内涵与外延难以准确界定。由于缺乏对“关系密切”的客观认定标准，在司法实践中控辩双方完全可以各执一词。

有观点认为，关系密切的人是指特定关系人，因此根据最高人民法院、最高人民检察院《关于办理受贿刑事案件适用法律若干问题的意见》，特定关系人即关系密切的人，是指与国家工作人员有近亲属、情妇（夫）以及其他共同利益关系的人；也有观点认为，形成“关系密切”的原因有多种，应该根据具体情况认定是否具有密切关系。例如基于血缘关系而形成“关系密切”，除上述的近亲属外，还包括其他直系血亲关系，三代以内的旁系血亲、近姻亲关系等；如基于地域关系、乡土观念而形成“关系密切”，在中国，人们由于出身或长期居住在同一个地域、环境，会自然地产生同乡、邻里的地缘感情，由此而形成“亲帮亲”、“邻帮邻”的密切关系；如基于职业经历中相互合作而形成的“关系密切”，人们所进入的行业，所从事的职业，都离不开相互的分工协作，这种业缘之间的频繁来往，就必然会逐渐形成同事关系、上下级关系、合作关系、配合与协作等密切关系；其他的还有基于特殊共同经历而形成的“关系密切”，如同学、战友等。

在法律上尚未对“关系密切”作出明确界定的情况下，需要司法工作人员在具体工作中具体衡量、判断。然而，人际关系交往中除感情因素之外，往往还包括特定的利益因素，与国家工作人员或离职国家工作人员关系中的利益因素并不一定是非法的，在认定关系是否达到密切时，不能单纯地认为两者间有共同的利益关系即关系密切。而且在利用影响力受贿犯罪的特定语境中，行为人是通过其他国家工作人员的职务行为谋取不正当利益，即认定“关系密切”的同时也应当考虑，密切程度是否达到具有影响其履行公务行为的程度。

二、罪行表现

（一）主观

利用影响力受贿罪的主观表现为直接故意，应当是该行为人认识到自己是某国家工作人员的近亲属或关系密切人，与该国家工作人员有着特殊的关系，足以让第三人相信其能够利用该国家工作人员的职务行为或该国家工作人员职权或地位形成的便利条件，通过其他国家工作人员职务上的行为谋取不正当利益。即行为人认识到自己是在以某种方式利用该国家工作人员的职务便利，为请托人谋取不正当利益，并且希望请托人能够给付财物或自己主动向请托人索贿。

（二）客观

根据主体的不同，利用影响力受贿罪的客观行为表现可以大致分为两类：一是，国家工作人员的近亲属或者其他与该国家工作人员关系密切的人，通过该国家工作人员职务上的行为，或者利用该国家工作人员职权或者地位形成的便利条件，通过其他国家工作人员职务上的行为，为请托人谋取不正当利益，索取请托人财物或者收受请托人财物，数额较大或者有其他较重情节的行为；二是，离职的国家工作人员或者其近亲属以及其他与其关系密切的人，利用该离职的国家工作人员原职权或者地位形成的便利条件，通过其他国家工作人员职务上的行为，为请托人谋取不正当利益，索取请托人财物或者收受请托人财物，数额较大或者有其他较重情节的行为。

此外，本罪在性质上具有双重性，即除了行为人利用其对国家工作人员的影响力，导致国家工作人员在其影响下为或不为某种行为之外，还通过国家工作人员的职务行为为请托人谋取了不正当利益。因上述行为一定程度上可以是相分离的过程，现实中可能出现多种行为状态，因此在司法实践中，利用影响力受贿罪的既遂认定难免会出现疑问。

有的观点认为，只要行为人收受了请托人的财物，即为犯罪的既遂，不论行为人是否具有影响力，亦不论其他国家工作人员是否在行为人的影响下实施了特定职务行为。笔者认为该观点是错误的，利用影响力受贿罪规制的是与特定国家工作人员具有特殊关系的主体，利用其对该国家工作人员的影响力谋取不正当利益并向请托人索要、收取财物的行为，假使行为人并不具备这种影响力，首先，不符合构成该罪的主体要件，不应认定构成该罪，更谈不上是否为既遂；其次，假设行为人系具备某种影响力的主体，在收取请托人财物后并未利用其影响力通过国家工作人员的职务行为谋取不正当利益，如将该种情况认定为犯罪既遂，不仅背离了利用影响力受贿罪的立法本意，也会因人为的错误认定造成法条之间的竞合，造成刑法罪名间的逻辑混乱。假设行为人具备一定的影响力，但其向请托人谎称可以帮忙找人谋取某种不正当利益，并在收取请托人财物后再三推脱，在正常情况下此种行为应当以诈骗罪论处，但如按照此段前述提及的观点，此种行为又可以被认定为利用影响力受贿罪既遂。毫无疑问，无论是从罪名设立的立法本意，还是从司法实践层面的认定操作，都不应以此观点作为认定利用影响力受贿罪既遂的标准。

笔者认为，利用影响力受贿行为的多重属性注定其既遂认定需要考虑多个方面，并不能设立绝对精准、固定的既遂标准，但可遵循如下参考：其一，行为人应当具备一定的影响力，并且利用该影响力影响了国家工作人员的职务行为。归根结底，该罪设立的目的是规制特定行为主体利用影响力干涉国家工作人员职务履行的行为，因此是认定利用影响力受贿罪既遂的必备要素，至于是否通过国家工作人员的职务行为成功谋取不正当利益，笔者认为无需纳入考量范围。其二，在上述第一种情形成立的前提下，行为人应向请托人索要或收取了财物，即行为人利用其影响力影响了国家工作人员的职务行为的情况下，行为人应至少向请托人索要过财物，即使后续未实际收到财物亦应认定为犯罪既遂。

◇一审判决

2017 年 2 月，广东省某市某区人民法院作出一审判决，认为，被告人林某无视国家法律，身为离职的国家工作人员，利用其原职权和地位形成的便利条件，通过其他国家工作人员职务上的行为，为请托人谋取不正当利益，索取请托人财物，数额巨大，其行为已构成利用影响力受贿罪。一审辩护人称被告人林某的行为系犯罪未遂。经查，被告人林某在明知他人有具体请托事项的情况下，承诺为他人谋取不正当利益，并实际收受了他人财物，其行为已构成犯罪既遂。辩护人的该项辩护意见于法无据，不予采纳。辩护人还称被告人林某有自首情节。经查，被告人林某并无自动投案的情形存在，故依法不构成自首。被告人林某归案后能如实供述其主要犯罪事实，依法可从轻处罚。依照《中华人民共和国刑法》第三百八十八条之一、第五十二条、第五十三条第一款、第六十七条第三款、第六十四条之规定，判决如下：一、被告人林某犯利用影响力受贿罪，判处有期徒刑三年二个月，并处罚金人民币三十万元。二、继续追缴被告人林某的非法所得。

该案在一审审理过程中，林某聘请律师为其辩护，但效果并不理想，律师所提出的关于林某属于犯罪未遂、自首的罪轻观点均未被一审法官所采纳。提出上诉后，林某并未继续聘请律师，未曾想二审法院的法官主动联系林某，询问他是否需要法律援助，在得到林某肯定的答复后，2018 年 1 月，某市中院通知该市法律援助处，依据《中华人民共和国刑事诉讼法》第三十五条以及有关规定，请某市法律援助处为林某指定辩护律师。某市法律援助处收到该市中院关于为林某指定辩护律师的通知后，指派笔者作为林某的二审辩护人。

◇二审辩护

〔上诉辩解〕

对于一审判决，林某虽然表示认罪，但认为量刑过重，其辩称：1. 对于自己收取周某的人民币 35 万元并无占为己有的意图，而是大部分支出用在各种用途上，且相关应酬也得到周某本人的认可，在周某表示不再为张某的案件进行斡旋时，经与周某协商，其亦同意退还人民币 22 万元。2. 其确实约请过两位海关官员吃饭，但并未向他们提及张某案件，且上述两位官员亦非该案件的办案人员。另，在受托处理张某案的过程中，该案亦未从检察院退回海关缉私局补充侦查，因此在海关方面的操作，只是停留在规划和准备阶段，并未进入实际操作的层面。故，所谓的谋取不正当利益尚属于未遂状态。综上，上诉人林某请求减轻处罚。

〔辩护要点〕

1. 何谓“影响力”？
2. 林某对涉案海关的国家工作人员是否具有影响力？

〔辩护观点及论证〕

在《刑法》语境中，“影响力”应理解为一个人所具有的、能够影响和改变国家工作人员的心理和行为，让其在行使职权时为或不为一定行为的能力。回到本案，如果要认定上诉人林某的行为构成利用影响力受贿罪，则首先必须证明上诉人对某市海关的国家工作人员具有影响力。其次必须证实林某利用该影响力改变或影响了该市海关国家工作人员的心理和行为，并致使国家工作人员在行使职权时存在徇私为或不为一定行为的事实。

综合全卷证据，上诉人林某在本案中的行为主要有以下三条线：1. 联系马某，征询是否可以将张某“捞出”或减轻罪行，并通过马某疏通公检法的关系；2. 根据周某的提示联系叶某，从而通过叶某认识周某所提示之某市海关缉私局的邓某；3. 联系海关征税部门的退休人员田某，希望通过田某在核价方面帮忙。

辩护人认为，上诉人林某在上述三个行为中，对马某、邓某及田某均不具有影响力，其行为不构成利用影响力受贿罪，具体意见如下：

（一）上诉人林某对涉案海关的国家工作人员不具有影响力

根据案卷证据，虽然可以证实上诉人林某于1983年至1990年间先后在某市多处海关工作，系海关离职的国家工作人员，但事实上，并非只要是离职的国家工作人员就一定具有影响力。

首先，根据上诉人林某的供述，在中间人周某找他帮忙将张某“捞出”时，其当时并未答应，而是先征询某看守所的教导员，询问是否可以将人“捞出”或者减轻罪行，在得到马某的答复之后才告诉周某此事可办。

此即说明：第一，上诉人林某对该事情是否可行无任何把握；第二，上诉人林某并不知该如何操作此事。这也就说明林某并不知其在该事情上是否有影响力，更不知道其影响力的支点何在。

其次，根据上诉人林某的供述，“我找叶某是为了通过他去认识一个叫邓某的人，听周某和她的老板说，这个叫邓某的人很重要，是在某市海关缉私局工作的。我想叶某应该认识这个叫邓某的人，所以我就找叶某”可知：第一，林某不知道自己在操办该事项中可以具体影响哪一个国家工作人员；第二，上诉人林某并不认识周某所提示之重要人物邓某。故其实质上也不可能影响邓某，通过其职务上的行为，为请托人周某谋取不正当利益。

最后，根据证人田某的陈述，林某与其于1985年至1986年仅曾共事过一年，退休前和林某交往不多，在2014年3月退休后才与林某有一定联系。由此可见，上诉人林某与证人田某虽在30年前曾为同事，但是否可以简单地据此得出上诉人林某对田某具有影响力呢?

现有证据仅能证实上诉人林某与田某曾有一段短暂的同事关系这一基础事实，但却无法直接得出他们之间具有密切关系的结论。根据证人田某的陈述，其与上诉人林某仅共事一年，其后在林某离职近30年的时间内，其与上诉人林某几无交往，作为一般社会人根本无法仅以此得出上诉人林某与田某关系密切的结论，更无法据此得出上诉人林某对田某具有影响力的结论。

故综合以上三点分析，上诉人林某与证人马某、邓某既非近亲属关系，亦不属于“关系密切的人”，更非同事，上诉人林某虽为“离职的国家工作人员”，但对该二人显然不具有刑法意义上的“影响力”；而上诉人林某与证人田某虽曾为同事，但上诉人离职近三十年，且在该期间与田某几无联系，其对田某根本谈不上具有刑法意义上的“影响力”。

（二）退一步来说，即使认定上诉人林某对田某具有刑法意义上的影响力，其在本案中没有也不可能利用该影响力

假定法庭简单地以上诉人林某曾在三十年前与证人田某系同事为由，而认定上诉人林某对田某具有影响力，进而认定其构成利用影响力犯罪，则必须得证明上诉人林某“利用”了该影响力。

在本案中，上诉人确实也曾在侦查人员以“不招供即认定诈骗罪”的威胁下承认其对田某具有影响力，但因侦查机关未提供讯问同步录音录像，辩护人无法对该供述的真实性予以核实。故再次假定上诉人林某的上述供述属实，还须进一步证明上诉人实施了“利用影响力”的行为。

根据《刑法》第三百八十八条之一规定，利用影响力受贿罪，是指国家工作人员的近亲属或者其他与该国家工作人员关系密切的人，通过该国家工作人员职务上的行为，或者利用该国家工作人员职权或者地位形成的便利条件，以及离职的国家工作人员或者其近亲属、其他与其关系密切的人，利用该离职的国家工作人员原职权或者地位形成的便利条件，通过其他国家工作人员职务上的行为，为

请托人谋取不正当利益，向请托人索取财物或者收受请托人财物，数额较大或者有其他较重情节的行为。

通过上述法律规定，可见，不管犯罪主体是国家机关工作人员的近亲属、关系密切的人还是离职国家工作人员，该主体所具有的影响力所影响对象均为“国家工作人员”。

根据证人田某的陈述，其于1984年10月至2002年9月在某口岸海关查验科工作，于2014年3月份从某市海关离职，而与林某恢复联系是在2014年9月、10月。通过该供述可知，证人田某于2002年即已不再是该口岸海关查验科的国家工作人员，且于2014年3月退休离职，已不再具有被影响力利用的国家工作人员身份。即使2014年9月、10月上诉人林某想通过其并不存在的影响力影响田某也已无可能，属于刑法上的“不能犯”，故现有证据无法认定上诉人林某利用了其本不存在的“影响力”。

（三）一审法院判定上诉人林某利用影响力受贿数额有误

假使二审法院忽略辩护人所提出客观存在的上述问题，而依然予以认定上诉人林某构成利用影响力受贿罪，亦仅应认定上诉人林某的涉案数额为25万元。

根据证人周某2016年4月、6月等多份证言，均证实2014年4月其交给林某的10万元系用于给张某请律师。故该10万元不应计入一审法院所认定上诉人林某利用影响力受贿的数额。

综上所述，辩护人认为，上诉人林某与马某既非近亲属亦非同事，对其不具有影响力；与邓某根本不认识，更谈不上有影响力；对于田某，虽曾为同事，但现有证据无法证实上诉人林某与其关系密切并具有影响力。即使假定基于上诉人林某与田某30年前的同事关系而认定对其具有影响力，因田某在2014年3月已离职，不再具有国家工作人员身份，上诉人林某想通过其并不存在的影响力影响田某也已无可能，属于刑法上的“不能犯”，故现有证据无法认定上诉人林某利用了其本不存在的“影响力”，其行为不构成利用影响力受贿罪，恳请法庭充分考虑本案上述情况，谨慎地对上诉人林某作出公正的判决。

◇二审审判

出庭履行职务的检察官发表意见认为：一审法院认定被告人林某从周某处收取人民币35万元钱款后，将其中1万元用于为张某更换律师，部分款项用于请某市海关的一些工作人员吃饭和娱乐消费，其余部分供自己挥霍，并计划拿到全部钱款并办成委托事项后，再送钱给那些帮忙的海关人员的事实是清楚的，但被告人林某是否利用其曾在海关工作的影响力，为他人牟取非法利益是值得商榷的，被告人林某利用影响力受贿在证据上并不充分，在法律适用上也不够准确，应当予以纠正。至于被告人林某是否构成其他犯罪，请审判机关根据案情事实依法予以处理。

经二审法院审理查明：本案事实认定清楚，用以确定事实的相应证据亦确实充分，但在本案定性及法律适用上存在诸多疑问，现对原判所涉相关问题综合评析如下：

（一）利用影响力受贿罪对应于《刑法》第三百八十八条之一的规定。其实，有关利用影响力受贿罪的部分规定并非新生事物。1989年，最高人民法院、最高人民检察院针对《惩治贪污贿赂罪的补充规定》而出台的《关于执行〈惩治贪污贿赂罪的补充规定〉若干问题的解答》（现已失效）曾有类似的规定，亦即《刑法》第三百八十八条之一所规定的第二种行为类型曾于1989年即被明确规定为应以受贿罪论处，所不同的是现行《刑法》在犯罪主体范围、客观行为内容上有所增补，但这种对于犯罪主体、客观行为的增补是否会影响对该罪犯罪构成客观方面的解读是另一需要阐述的问题，在此暂不展开叙述。

（二）对《刑法》第三百八十八条之一第二款所涉利用影响力受贿罪犯罪构成客观方面应作如何理解的问题。

1. 何谓“影响力”。根据《现代汉语词典》的解释及参考社会学论著中有关影响力的论述，所谓“影响力”，一般情况下是指个体在与他人来往、交流过程中，基于情感、魅力、知识、权力、财富等因素的部分或全部，通过举止、语言等方式，对别人的行动或者思想（包括心理、态度、思维、认识等方面）起作用的能力。由此可见，权力因素只是影响力得以形成的部分原因，但就《刑法》第三百八十八条之一第二款的规定分析，其刑法意义上的影响力的形成则只应与职权或地位等因素相关联，故而可用权力性影响力和非权力性影响力这对概念来廓清其影响力的形成原因，但这种划分也只是说明了影响力的形成原因，而未说明其对外的作用效能，则应考虑增加影响力对受众的制约程度作为划分标准，将影响力再次分为制约性影响力和非制约性影响力。

2. 与本案争议问题直接相关联的是对离职的国家工作人员“原职权或者地位形成的便利条件”应如何解读的问题。

《刑法》第三百八十八条之一第二款规定，离职的国家工作人员或者其近亲属以及其他与其关系密切的人，利用该离职的国家工作人员原职权或者地位形成的便利条件实施前款行为的，依照前款的规定定罪处罚。

（1）该款中与本案案情直接关联的行为类型有哪些？比照《刑法》第三百八十八条第一款的叙明罪状或许可以归纳为：离职的国家工作人员直接利用原职权或地位形成的便利条件为请托人谋取不正当利益，索取、收受贿赂；以及利用原职权或地位形成的便利条件，通过对其他国家工作人员的斡旋行为，为请托人谋取不正当利益，索取、收受贿赂。

但我们认为：已离职的国家工作人员，其不再拥有现实意义上的职权，因而在公务执行程序过程中，不可能不通过其他国家工作人员职务上的行为为其实现利益。因此，应该说离职的国家工作人员直接利用自己原职权或地位形成的便利条件即可为请托人谋取不正当利益的情形没有存在的可能。因此，其行为类型只有：离职的国家工作人员利用其原职权或地位形成的便利条件通过对其他国家工作人员的斡旋行为，为请托人谋取不正当利益，索取、收受贿赂。

（2）在上述行为类型中，罪名中的“影响力”对应法条叙明罪状的哪一部分？或者说叙明罪状中的哪一部分足以体现罪名中的“影响力”？

如果说叙明罪状中“原职权或地位形成的便利条件”即是影响力的反映，那么，“原职权或地位形成的便利条件”指的又是什么？最高人民法院2003 年 11 月 13 日印发的《全国法院审理经济犯罪案件工作座谈会议纪要》规定：“《刑法》

第三百八十八条规定的'利用本人职权或者地位形成的便利条件'，是指行为人与被其利用的国家工作人员之间职务上虽然没有隶属、制约关系，但是行为人利用本人职权或者地位产生的影响和一定的工作联系，如单位内不同部门的国家工作人员之间、上下级单位没有隶属、制约关系的国家工作人员之间、有工作联系的不同单位的国家工作人员之间等。"据此，"利用原职权或者地位形成的便利条件"指的应该就是离职的国家工作人员利用其原职权、地位产生的影响和曾经一定的工作关系。

（3）如上所述，"利用原职权或者地位形成的便利条件"指的就是离职的国家工作人员利用其原职权、地位产生的影响和曾经一定的工作联系。那么，因原职权、地位产生的影响，该影响的形成无疑具有内在的权利属性。离职的国家工作人员对外施展的影响力根植于其本人的原职权、地位，而其原职权、地位是否也要求与被其利用的国家工作人员在职务上没有隶属、制约关系？我们认为：利用影响力受贿罪中的影响力，在其对外发生作用时，可以形成非制约性的影响能力。亦即，利用影响力受贿罪中的利用（原）职权、地位形成的便利条件应不排斥被利用的国家工作人员与其他（原）国家工作人员之间在职务上具有隶属、制约关系。

但"曾经一定的工作联系"充满了令人费解和难以把握的内容：如果当事人因曾经的工作联系得以结识一众同事、朋友，并于其离职后继续维系双方联系的行为仍只能被理解为具有"利用原职权或者地位形成的便利条件"的属性，那么，该理解显然有违常理，也有违民众的普通情感。既然如此，我们认为，所谓的"曾经一定的工作联系"，其实质仍是当事人（原）职权、地位对外作用的一众表征形式。

综上，《刑法》第三百八十八条之一第二款规定中，因"原职权或者地位形成的便利条件"而形成的影响力只能属于权力性影响，其他因非权力性因素所形成的影响力不在该款规定之列。

（4）应该说《刑法》第三百八十八条之一第二款规定中，因"原职权或者地位形成的便利条件"的内涵和外延存在区别，毕竟前款规定中的便利条件基于的是现有的职权和地位，因此，其二者存在于同一时空场域内。但，后款规定中的便利条件则有两种可能的理解，一是基于原职权或者地位而形成的原便利条件在现如今的一种自然延伸；二是基于原职权或者地位在现如今仍然可能形成的便利条件。但无论以上哪种解读，均可能涉及同样的一个疑问，即，伴随职权、地位的消逝，其便利条件是否能够一成不变，如果在变，那么就存在量变到质变的过程。因此，仅就第二款规定而言，叙明罪状中的“便利条件”，在其内涵和外延的弹性和动态特征上应有别于前款规定中的“便利条件”。这或许是在适用第二款规定作相应符合性评判时应充分注意的事项。

如前所述，除权力可以形成影响力外，影响力的形成还可源于其他因素，如亲缘关系、情感关系、地缘关系、利益关系，等等，且上述种种足以形成影响力的各因素之间还可以相互交叉与融合。

那么，仅就《刑法》第三百八十八条之一第二款中与本案相关的规定而言，其所涉及的影响力，其能力的来源只限于职权、地位（与工作、职务相关联而形成的）和一定的工作联系。首先，尽管那些因（原）职权、地位或公务关系所形成的情感、亲缘等关系，其自身客观上可能足以对其他国家工作人员形成影响力，但这些影响力并不是刑法意义上该款所规定犯罪行为中的影响力的形成因素。其次，已离职的行为人所能够利用的切实基于过往的职权或地位而形成的影响力，因随时空变迁，影响能力本身是否会存在消减的可能，并导致能力对外作用效能亦随之变化，这或许是一个需要再思索的问题。有鉴于此，我们认为，应秉持刑法谦抑性原则，严格限定已离职人员影响力的散发边际，亦即，已离职人员的离职时间的长短、在职时的任职情况等问题均应该成为重点评价的事项。因为能够维系人与人交往关系的，除了权力、地位或工作联系因素外，毕竟还有其他许多因素，且这些因素还未必一定要与权力、地位或工作联系等因素交汇后才能对维系人与人的交往起作用。

（三）综上，反观本案，原判一方面以“利用原职权或者地位形成的便利条件，通过其他国家工作人员职务上的行为，为请托人谋取不正当利益，索取请托人财物”为由，认定原审被告人林某的行为构成利用影响力受贿罪；而另一方面以“明知他人有具体请托事项的情况下，承诺为他人谋取不正当利益，并实际收受了他人财物”为由，认定原审被告人林某的行为构成利用影响力受贿犯罪既遂。殊不知上述两种认定的结论其实是一致的，但各自所需充足的犯罪构成要素却大相径庭。因此，原审在论证林某构成利用影响力受贿犯罪的理由上存在矛盾之处。此外，法条中有关“通过其他国家工作人员职务上的行为，为请托人谋取不正当利益”的规定系客观要件范畴，并不宜将其归入主观要件之中。而在本案中，林某找寻的无论是在职的还是已离职的国家工作人员，均与“为请托人谋取不正当利益”缺乏直接的关联。因此，原审所作“通过其他国家工作人员职务上的行为，为请托人谋取不正当利益”的认定缺乏事实依据、证据支持。

另外，上诉人林某 1983 年入职某市海关，先后担任该市多处海关关务员，负责货车载货及旅客行李检查等工作，1990 年 8 月离职。其担任公职期间只是最基层的官员，从职位上看，其只能有被领导的可能，因而其与其他海关工作人员形成的只是一般的同事关系。另，本案发生于 2014 年 3 月间，与林某离职相隔 24 年，作为具有公职身份时只是一般公职人员的林某，就正常情形而言，其几乎无可能再基于原职权或地位而对其他公职人员产生影响，林某所找寻的海关原同事，他们即使愿意提供帮助，基于的也完全可能（以及不能排除）是原同事发展而来的朋友情谊或原同事的情面。

综上，二审法院认为：在本案中，附案证据所证实的案情事实，尚不足以证明上诉人林某所实施的相关行为唯一地只与“利用其原职权和地位形成的便利条件”相关联。因此，其行为并不确定符合利用影响力受贿犯罪构成的要求，故原审判决有关“利用其原职权和地位形成的便利条件，通过其他国家工作人员职务上的行为，为请托人谋取不正当利益”的认定依据不具充分的排他性，认定证据不足。依照《中华人民共和国刑事诉讼法》[①] 第二百二十五条第一款第（三）项、第一百九十五条第（三）项之规定，判决上诉人林某无罪。

判决已发生效力。

---

① 判决基于 2012 年《刑事诉讼法》。

办案感悟

本案中，承办律师以林某二审指定辩护人的身份介入本案，秉承专业精神，细细研读卷宗材料，广泛检索法院相关判例、专家学者观点。对于案件，大胆假设、小心求证、周密论证，以“影响力”作为辩护的核心，对林某的涉案行为逐一进行了分析，从而促使本案的二审法院对利用影响力受贿罪的构成要件进行了充分解读，结合本案被告人林某在海关工作期间所担任的具体职务，明确了林某的行为性质，最终得到了无罪判决结果。

本案的宣判，对于正确理解《刑法》的运用有重要意义，“罪刑法定”是刑事法治领域的重要根基，《刑法》并非囊括所有不合理行为的“口袋”。《刑法》在立法之初及运用之时均应保持谦抑，如果该案中林某最终被以利用影响力受贿罪定罪量刑，那么日后那些与某一罪名模糊相似、有关或者不便定性行为，是否都将被仓促地按照类似的罪名处理？如此一来，这些罪名又与“口袋罪”有何差异？预先为行为人设定罪名并对其行为进行反推是危险的，可能导致刑事司法中的实质类推的存在，亦增加了刑法重刑主义、刑法工具主义的色彩。

该案虽是个例，但更多的类似案例依然存在，当某一行为所涉罪名之罪过形式规定或其罪状描述不明确等足以影响行为人定罪量刑的情形发生时，应严格遵循“罪刑法定”原则，辨别行为的具体性质，明确罪与非罪、此罪与彼罪之界限，不应对刑法条文随意理解，逾越扩张解释的界限，或是根据喜好有选择性地司法而随意出入罪。树立严谨的法治精神和文化，优化法律的解释和运用，唯此才能最大限度地实现“罪刑法定”保障人权的要求，维护社会公平正义，促进社会和谐稳定，体现司法公正。

辩点总结：利用影响力受贿罪无罪辩护要点

一、请托事项没有谋取不正当利益，没有侵犯国家工作人员职务行为的正当性

利用影响力受贿罪是指国家工作人员的近亲属或者其他与该国家工作人员关系密切的人，通过该国家工作人员职务上的行为，或者利用该国家工作人员职权

或者地位形成的便利条件，通过其他国家工作人员职务上的行为，为请托人谋取不正当利益。利用影响力受贿罪侵害的客体是国家工作人员职务行为的正当性，既包括实体内容正当，也包括程序规定正当。但若该行为未谋取不正当利益，同时在实体和程序方面亦具有正当性、合法性，则不构成该罪。

案例：李某涉嫌行贿罪一案①

裁判要旨：对公诉机关指控被告人李某在帮助某医药公司销售药品、医疗器械到某市人民医院之后，收受彭某、张某、邓某给予的分成款构成利用影响力受贿罪，本院认为该指控不成立。首先从本案控辩双方所提供的证据来看，涉案公司在销售药品或医疗器械给上述医疗机构过程中，均通过医疗机构内部审批程序或按国家相关规定通过公开招投标、竞争性谈判、议价采购等方式进行，涉案公司获取利益的方式和利益本身均具有合理性，属于正常商业经营产生的利益，不属于《中华人民共和国刑法》第三百八十八条之一规定的利用影响力受贿罪中的不正当利益；其次被告人李某是否单纯接受彭某、张某、邓某等人请托，从而收受财物，从证据上看这两者并不具有明显的联系。从现有证据分析，被告人李某在销售药品、医疗器械过程有收取包裹、组织安装、催收货款等行为，不排除李某系与彭某、张某、邓某有合伙销售药品、医疗器械的可能，双方之间存在合伙经营的具体分工不同，而非单纯的利益请托。因此，对公诉机关指控被告人李某犯利用影响力受贿罪，不符合《刑法》规定的国家工作人员的近亲属或与其关系密切的人通过国家工作人员的职务行为或利用国家工作人员的职权或地位条件为请托人谋取不正当利益的犯罪构成要求，因此，公诉机关所指控的罪名不能成立，本院不予认定。

---

① 审理法院：贵州省福泉市人民法院，案号：（2015）福刑初字156号，裁判日期：2016.06.08。[二审法院：贵州省黔南布依族苗族自治州中级人民法院，案号：（2016）黔27刑终167号，裁判日期：2016.09.28，裁定准许黔南布依族苗族自治州人民检察院撤回抗诉，贵州省福泉市人民法院（2015）福刑初字156号刑事判决自裁定送达之日起发生法律效力。]

二、不能反映行为人利用影响力干涉国家工作人员职务履行

所谓影响力，是指一个人在与他人交往的过程中，影响或改变他人心理和行为的一种能力。利用影响力受贿罪要求行为人必须利用了其影响力，这就需要行为人客观上具备影响力而且利用了影响力。而由于我国刑法在受贿罪的犯罪构成中设置了“为他人谋取利益”的条件，如果行为人并无为他人谋取利益的意图而承诺为他人谋取利益则属于诈骗，不成立利用影响力受贿罪。

案例：邹某某涉嫌诈骗罪一案①

裁判要旨：公诉机关指控被告人邹某某利用其与国家工作人员关系密切，承诺为他人谋取不正当利益，收受他人财物，数额特别巨大，其行为已构成利用影响力受贿罪的罪名不成立。被告人邹某某收到80万元后并没有找任何国家工作人员为其办事，高某家属证实找邹某某只是让其捞人，并不知邹某某用什么方法，没有证实邹某某与赵某是什么关系，并不能反映出邹某某利用他人的影响力。本案的行为、手段符合诈骗罪的犯罪构成，应认定为犯诈骗罪。

三、行为人不能被认定为关系密切的人，不成立本罪

利用影响力受贿罪中关系密切的人是指“国家工作人员的近亲属或者其他与该国家工作人员关系密切的人”。其中“国家工作人员的近亲属”属于列举性规定，“其他与该国家工作人员关系密切的人”属于兜底性规定。但上述这些关系并不必然构成“密切关系”，只能作为是否构成“密切关系”的一个判断依据。对于实质上是否构成“密切关系”还需要根据当事人的身份、与国家工作人员交往的具体表现来综合判断。

---

① 审理法院：牙克石市人民法院，案号：（2016）内0782刑初64号，裁判日期：2016.05.18。［二审法院：呼伦贝尔市中级人民法院，案号：（2016）内07刑终70号，裁判日期：2016.09.06，判决维持牙克石市人民法院（2016）内0782刑初64号刑事判决第一项、第三项，即被告人邹某某犯诈骗罪。］

案例1：何某涉嫌介绍贿赂罪、利用影响力受贿罪一案①

裁判要旨：本院认为，对于公诉机关指控被告人何某同时构成利用影响力受贿罪和介绍贿赂罪的公诉意见，经查认为，被告人何某仅实施了一个犯罪行为，不能认定为两个罪名，其应构成介绍贿赂罪一罪，而不构成利用影响力受贿罪。第一，利用影响力受贿系国家工作人员的近亲属或者其他与该国家工作人员关系密切的人，通过该国家工作人员职务上的行为，或者利用该国家工作人员职权或者地位形成的便利条件，通过其他国家工作人员职务上的行为，为请托人谋取不正当利益，索取请托人财物或者收受请托人财物的行为。被告人何某和刘某乙虽是同学关系，但平时来往甚少，后因某学校扩建的事，何某帮忙带艾某某跑了审批手续，刘某乙为了感谢何某向其表示可以介绍建筑公司给某学校，但刘某乙和何某不属于关系密切的人。而何某和艾某某在学院新校区建设前不认识，是在一起跑审批手续的时候才认识，二人亦不属于关系密切的人。被告人何某与行贿人王某甲、刘某甲之前不认识，是被告人何某知道某学院新校区建设工程招投标，为了获取好处费才经人介绍认识了承建商王某甲、刘某甲，双方不属于关系密切的人。第二，利用影响力受贿罪的罪质特征是"间接权钱交易"，构成本罪无须国家工作人员受贿意志的直接介入，其行为过程完全由与国家工作人员关系密切的人利用国家工作人员职务上的作为或者不作为，交换请托人的财物。介绍贿赂是在行贿人和受贿人之间沟通关系、撮合条件，使贿赂行为得以实现的行为。本案中被告人何某在行贿人与受贿人之间实施了引见、沟通、撮合的行为，为工程招标方领导与承建商双方牵线搭桥，并促成双方交易成功，被告人何某本人未利用职务便利。且被告人何某的主观目的是为行、受贿的实现进行沟通、撮合，从中获取好处费，故被告人何某的行为符合介绍贿赂罪的构成要件，而不符合利用影响力受贿罪的构成要件，故对该公诉意见，本院不予采纳。

---

① 审理法院：黄石市下陆区人民法院，案号：(2014)鄂下陆刑初字第00126号，裁判日期：2015.07.06。(一审判决已生效)

案例2：庄某涉嫌受贿罪、利用影响力受贿罪一案①

裁判要旨：对于公诉机关关于被告人庄某犯利用影响力受贿罪的指控，经审理认为，利用影响力受贿罪是指国家工作人员的近亲属或者其他与国家工作人员关系密切的人，通过该国家工作人员的职务便利或者利用该国家工作人员职务和地位形成的便利条件，通过该国家工作人员或者其他国家工作人员为请托人谋取利益的行为。而本案的被告人庄某与户籍员魏某某既不是近亲属，也不是刑法意义上的关系密切的人，其收受他人财物的行为不构成利用影响力受贿罪，辩护人的相关辩护观点本院予以采纳。

① 审理法院：平邑县人民法院，案号：（2014）平刑初字第302号，裁判日期：2014.09.17。（一审判决已生效）

案例二
孟某非法拘禁、寻衅滋事案

案件关键词： 投资纠纷　名义出资人　追讨债权　非法拘禁　寻衅滋事

案情简介

本案当事人孟某，在其好友饶某与某投资公司的证券投资纠纷中，受邀参加与证券投资对接人员苗某的沟通、协调。2017 年 11 月，饶某在沟通中得知自己的证券投资因对方操作不当、管理不慎已遭受巨额损失，随即要求苗某赔偿相应损失款项。为防止苗某逃避债权，饶某吩咐秘书给苗某在自己所经营的酒店中安排住房，并安排手下人员杨某等人进行看管。次日，饶某以自己与投资公司负责人之间关系复杂为由找到孟某，希望其可以充当证券投资的实际出资人，向投资公司追讨相应债权。出于朋友之间的义气，孟某答应了饶某的请求，以“实际出资人”的身份出面与投资公司沟通、协调处理投资纠纷。与此同时，饶某为向投资公司施加压力，另行安排杨某等人员前往某投资公司聚集，索要债务。

然而投资公司并未认可孟某的实际出资人身份，并在杨某等人讨要债务的过程中多次报警，S 市公安局对此展开立案调查。2018 年 3 月，孟某被 S 市公安局传唤，后被采取刑事拘留强制措施，2018 年 5 月被 S 市公安局以涉嫌寻衅滋事罪、非法拘禁罪执行逮捕。

◇指控事实

公诉机关指控：2016 年 4 月中旬，S 市某投资公司前股东、大客户饶某让该投资公司的法定代表人贾某帮助其寻找2000万元配资炒股，贾某安排公司的高某向饶某介绍了被害人苗某（非法拘禁之被害人）为配资炒股中间人。后苗某又介绍了中间人银某，由银某联系配资人进行配资。2016年5月，饶某出资1000万元，以自己不方便出面为由，委托高某与配资人签署《证券投资合作协议书》，约定以1∶2的比例由配资方配资2000万元，完成3000万元的配资。

协议签署后，银某私下将饶某出资的1000万元截留250万元，用750万元以1∶3的比例与其他配资方完成3000万元配资，另外签署《配资借款协议》。

后因配资比例变化导致平仓线提高，2017年5月，股价下跌，配资方强制平仓，将账户内约970万元转出作为保证金，并更改账户密码。饶某要求中间人苗某就强制平仓作出解释，苗某自认为投资的股票就算没有强制平仓也不会盈利，并与饶某协商虚拟操作970万元对某股票进行投资。2017年10月，某股票复牌，其间模拟账户盈利超过30%，按照原本口头协议苗某要归还饶某291万元，苗某对此也表示认可。

2017年11月配资账户清算后，饶某应拿回账户余额352万元，但配资方未归还。11月某日晚，高某和苗某应饶某的要求一起到饶某经营的某酒店的办公室进行交涉，当时在场的还有被告人孟某等人。交涉过程中，饶某、孟某等人认为系因苗某与投资公司合伙诈骗导致投资亏损发生，饶某、孟某、杨某等人对苗某进行辱骂、殴打，并不允许苗某离开酒店。当晚，饶某的秘书给苗某在酒店开了房间，饶某、孟某指使杨某安排人员看守苗某，让其筹款291万元还给饶某。杨某随后安排了本案其他被告人轮流对苗某进行看守。次日，苗某归还了100万元以后，饶某同意苗某可以外出筹钱，但必须由杨某派人全程跟随，苗某不能离开看守人员的视线，晚上苗某回到酒店房间也会有人看守。苗某被以上述方式限制人身自由持续20余天，直至苗某筹款归还了其中的260万元给饶某并承诺3个月内继续归还剩余的31万元，才得以恢复人身自由。

与此同时，饶某称上述配资炒股的1000万元实际由孟某出资，并由孟某出面处理向投资公司讨要债务（1000万元本金、412万元补仓款、398.84万元利息，一共1810.84万元）事宜。自2017年11月开始，在饶某、孟某等人的授意下，杨某每个工作日均纠集本案其他涉案人员到投资公司以滋扰、纠缠、辱骂、言语恐吓、聘请残疾人静坐等方式进行讨债，一直到 2018 年 1 月，共持续 50 余天，严重影响了投资公司及其员工的工作、经营秩序。其间，投资公司多次报警，S 市公安局下辖派出所多次出警，并多次对杨某等人的上述行为予以批评训诫，但杨某等人不予理会。

2017 年 12 月，杨某还带人两次前往贾某和高某共同住处以滋扰、言语恐吓等形式进行讨债。

为了支持杨某向苗某和投资公司讨要债务，饶某通过秘书分三次给了杨某共计 20 余万元现金作为上述讨债的费用，其秘书并将此事通过微信方式告知了孟某。在拘禁苗某和向投资公司讨债期间，杨某分别给了其他涉案人员几千元至 1 万元不等作为报酬。

S 市某区人民检察院认为，被告人孟某等人无视国家法律，为索要债务，以非法扣押、拘禁和派人看守、监视等方式剥夺他人人身自由，其行为已触犯《中华人民共和国刑法》第二百三十八条，犯罪事实清楚，证据确实、充分，应当以非法拘禁罪追究其刑事责任；被告人孟某、杨某等人无视国家法律，为索要债务，纠集多人多次以静坐、滋扰、纠缠、哄闹、辱骂、恐吓等手段严重扰乱他人的正常工作、经营秩序，经有关部门批评制止后，仍继续实施前列行为，破坏社会秩序，情节恶劣，其行为已触犯《中华人民共和国刑法》第二百九十三条，犯罪事实清楚，证据确实、充分，应当以寻衅滋事罪追究其刑事责任。

◇指控罪名

《中华人民共和国刑法》第二百三十八条——非法拘禁罪

非法拘禁他人或者以其他方法非法剥夺他人人身自由的，处三年以下有期徒刑、拘役、管制或者剥夺政治权利。具有殴打、侮辱情节的，从重处罚。

犯前款罪，致人重伤的，处三年以上十年以下有期徒刑；致人死亡的，处十年以上有期徒刑。使用暴力致人伤残、死亡的，依照本法第二百三十四条、第二百三十二条的规定定罪处罚。

为索取债务非法扣押、拘禁他人的，依照前两款的规定处罚。

国家机关工作人员利用职权犯前三款罪的，依照前三款的规定从重处罚。

《中华人民共和国刑法》第二百九十三条——寻衅滋事罪

有下列寻衅滋事行为之一，破坏社会秩序的，处五年以下有期徒刑、拘役或者管制：

（一）随意殴打他人，情节恶劣的；

（二）追逐、拦截、辱骂、恐吓他人，情节恶劣的；

（三）强拿硬要或者任意损毁、占用公私财物，情节严重的；

（四）在公共场所起哄闹事，造成公共场所秩序严重混乱的。

纠集他人多次实施前款行为，严重破坏社会秩序的，处五年以上十年以下有期徒刑，可以并处罚金。

◇罪名分析

【非法拘禁罪】

一、主体要求

《中华人民共和国宪法》规定，公民的人身自由不受侵犯，任何公民，非经人民检察院批准或决定，或者人民法院决定，并由公安机关执行，不受逮捕；禁止非法拘禁和以其他方法非法剥夺或者限制公民的人身自由。人身自由的要义是尊重公民的人身权利，司法机关必须依照法律规定剥夺或限制违法犯罪人的人身自由，杜绝随意捕人、监禁、搜身等侵犯人身权利的行为。即对于相关国家工作人员而言，未依法经批准、决定而剥夺他人人身自由的，也构成本罪之主体，并且应当从重处罚。因此，非法拘禁罪的主体既可以是国家工作人员，也可以是一般公民，为一般主体。

单位并非非法拘禁罪的主体，虽然在实际生活中，剥夺他人人身自由的决定有时是由集体讨论决定的，或许是经上级领导同意或默许的，但应依法追究其中的直接责任者和主要参与人员的刑事责任。

二、罪行表现

（一）主观

非法拘禁罪的主观表现为直接故意，以剥夺他人人身自由为目的。该直接故意表现有多种形式，或是缺乏违法认知，不认为拘禁他人是违法行为；或是出于泄愤报复，打击迫害；或是出于逼供，滥用职权；等等。然而无论表现究竟为何，只要具有非法剥夺他人人身自由的目的，故意实施了非法拘禁他人的行为，即可构成非法拘禁罪。

不过，以非法剥夺他人人身自由为目的，故意非法拘禁他人亦存在不评价为该罪的情况，即行为人系为实施其他犯罪而非法剥夺他人人身自由的，其所意图实施的其他犯罪刑罚高于非法拘禁罪的，该重罪吸收非法拘禁罪，以重罪论处。

此外，过失并不构成非法拘禁罪，如错将他人以为是犯罪嫌疑人而进行扭送、抓捕的，不认定为构成犯罪；如对于司法工作人员，出于过失违反法律规定与有关程序、手续和时限，造成他人人身自由被剥夺或限制的，不构成非法拘禁罪。但出于陷害、报复和其他卑劣动机而剥夺他人人身自由的，无论相对人是一般公民还是犯罪嫌疑人，均应以非法拘禁罪追究刑事责任。

（二）客观

非法拘禁罪的客观表现为“非法拘禁他人或以其他方法非法剥夺他人人身自由”。广义的“人身自由”包括人身自由不受侵犯，即公民享有人身不受任何非法搜查、拘禁、逮捕、剥夺、限制的权利；人格尊严不受侵犯，与人身有密切联系的名誉、姓名、肖像等不受侵犯的权利，具体体现为人格权，如姓名权、肖像权、名誉权、荣誉权、隐私权等，禁止侮辱、诽谤和诬告陷害；公民住宅不受侵犯，即住宅安全权，指公民居住、生活的场所不受非法侵入和搜查；通信自由不受侵犯，即公民有通过书信、电话、短信及其他通信手段，根据自己的意愿进行通信，不受他人干涉的自由，包括公民的通信他人不得扣押、隐匿、毁弃，公民通信、通话的内容他人不得私阅或窃听。

但非法拘禁罪中的“人身自由”系狭义人身自由概念，即个人的身体自由权。所谓身体自由权，是指以身体的动静举止不受非法干预为内容的人格权，亦即在法律范围内按照自己的意志决定自己身体行动的自由权利。公民的身体自由，是公民正常工作、生产、生活和学习的保证，失去身体自由，就失去了从事一切正常活动的可能。

对他人实施非法拘禁的行为手段既可以表现为直接的限制，也可以表现为间接的约束，直接的限制容易理解，间接的约束主要体现为对相对人施以无形的心理强制，使其难以离开、逃出，如趁妇女洗澡将其换洗的衣服拿走，使其基于羞耻心无法走出浴室的行为；又如以欺诈、胁迫的方式非法拘禁他人。此等行为均不影响非法拘禁罪的成立。

一般情况下，非法剥夺他人人身自由是一种持续的行为，即该行为在一定时间内处于连续状态，使他人在一定时间内失去身体自由，不具有间断性。但特殊情况下，短暂、间歇性的非法拘禁行为，亦可认定为非法拘禁罪，如最高法、最高检、公安部、司法部联合发布的《关于办理黑恶势力犯罪案件若干问题的指导意见》规定，黑恶势力有组织地多次短时间非法拘禁他人的，应当认定为《刑法》第二百三十八条规定的“以其他方法非法剥夺他人人身自由”。非法拘禁他人 3 次以上、每次持续时间在 4 小时以上，或者非法拘禁他人累计时间在 12 小时以上的，应以非法拘禁罪定罪处罚。

【寻衅滋事罪】

一、主体要求

寻衅滋事罪的主体为一般主体，凡已满 16 周岁、具有刑事责任能力的自然人均能成为本罪的主体。

二、罪行表现

（一）主观

寻衅滋事罪的主观表现为直接故意，且是一种没有特定目的的主观故意心态，即行为人明知自己的行为会发生破坏社会秩序的危害结果，为了满足其耍威风、取乐等不正常的精神刺激或其他不健康的心理需要，而实施了行凶伤人、抢夺财物、毁坏公物、侮辱人格等行为，但行为人对于具体何种危害结果的发生不抱有特定的期待。由于寻衅滋事囊括了多种行为，而具体行为又与故意伤害罪、抢夺罪等罪名的客观表现别无二致，因此，行为人的主观动机是区分寻衅滋事罪此罪和彼罪的关键要素。然而，主观动机作为行为人的精神表现、心理态度的集合体现，在司法实践中极难准确认定，且亦可能面临行为人的百般抵赖。本文认为，在行为人主观动机实在无法明晰的情况下，可以综合行为人的既往表现、社会地位等其他因素予以辅助认定，但一定要在立足于具体案情的基础上，明确该等案外因素的辅助性定位，毕竟对行为人溯及既往及案外考量并非刑事司法倡导的规则。

（二）客观

《刑法》第二百九十三条将寻衅滋事罪的客观行为方式具体规定为以下几点：

1. 随意殴打他人，情节恶劣的。

在寻衅滋事罪中的殴打不同于故意伤害中的伤害行为，此处殴打要求行为人对他人身体行使了有形力，使他人身体遭受了强烈的物理影响，遭受了身体痛楚。另外，殴打行为系出于随意，在司法实践中常以殴打行为是否“事出有因”进行判断，亦即，如果事出有因，就不是随意；如果事出无因，就是随意。但是，任何故意犯罪行为都不可能是无缘无故的，换言之，任何故意犯罪行为都有其产生的主观原因或动机，此处的有因判断应当基于大众的普遍理解。即一般人可以按照行为人的理性理解、接受的原因，视为事出有因；而一般人基于行为人的理性也难以理解、接受的原因，视为事出无因，如行为人出于耍威风、取乐、追寻刺激等动机殴打他人的，明显是普通民众无法理解和接受的原因。但是，殴打行为是否随意，并不是一种纯粹的主观判断，而是基于客观事实作出的判断，客观上殴打涉及的相对人越多，越能体现出行为人殴打的随意性，被判断为“随意殴打”的可能性就越大。

此外，寻衅滋事罪中的随意殴打他人行为，还需符合“情节恶劣”的要求。对于情节是否恶劣，应当基于相对人受到侵害或威胁的程度进行判断，如随意殴打行为造成轻微伤或者轻伤的；随意殴打他人手段恶劣、残忍的；随意使用凶器殴打他人的；纠集多人随意殴打他人的；多次随意殴打他人或者一次随意殴打多人的；随意殴打残疾人、儿童等弱势群体等。《最高人民法院、最高人民检察院关于办理寻衅滋事刑事案件适用法律若干问题的解释》（以下简称《寻衅滋事若干问题解释》）第二条规定的情形出现时，均应认定为情节恶劣。但同时也需注意，不能将殴打他人的随意性本身等同于情节恶劣，只有当殴打行为同时具备随意性与恶劣性时，才能以寻衅滋事罪论处。

2. 追逐、拦截、辱骂、恐吓他人，情节恶劣的。

追逐，一般是指妨碍他人停留在一定场所的行为；拦截，一般是指阻止他人转移场所的行为，此两种行为均是妨碍他人行动自由的行为，既可以通过暴力方式实施，也可以通过威胁等方式实施；辱骂，是指以言语对他人予以轻蔑的价值判断，辱骂不要求有特定的对象，包括在公共场所对他人的无理谩骂；恐吓是以加害他人权益或公共利益等事项相威胁，使他人心理感到畏惧恐慌。

对于该等行为中的“情节恶劣”评价，应当基于相对人受侵害或者受威胁的程度为中心。如追逐、拦截、辱骂、恐吓他人造成他人轻微伤、轻伤结果或者导致他人自杀的；使用凶器追逐、拦截他人的；多次追逐、拦截、辱骂、恐吓他人的；追逐、拦截残疾人、儿童等弱势群体等《寻衅滋事若干问题解释》第三条规定的情形出现时，应当认定为情节恶劣。

3. 强拿硬要或者任意损毁、占用公私财物，情节严重的。

不同于抢劫罪、抢夺罪中的非法占有目的，寻衅滋事罪中的强拿硬要、任意损毁行为并非以占有为目的，而是出于蛮不讲理的心态强行索要市场、商店的商品以及他人的财物，或者随心所欲损坏、毁灭、占用公私财物。并且，寻衅滋事中的强拿硬要行为虽然具有一定的强制性，但不需要达到足以压制被害人反抗的程度。

对于该等行为中的“情节恶劣”评价，需要根据行为人所取得、损毁、占用的财产数额的多少、强行索要的程度、任意损毁的程度，以及相应行为的次数等作出判断，具体可以参见《寻衅滋事若干问题解释》第四条的规定。

4. 在公共场所起哄闹事，造成公共场所秩序严重混乱的。

该项是指行为人在公共场所无事生非、制造事端、扰乱公共场所秩序，造成公共场所秩序严重混乱，致使公共场所正常的秩序受到破坏，引起群众惊慌、逃离等严重混乱局面。

对于起哄闹事行为是否造成公共秩序严重混乱的判断，应以行为时的时空状态为根据。根据《寻衅滋事若干问题解释》第五条的规定，在车站、码头、机场、医院、商场、公园、影剧院、展览会、运动场或者其他公共场所起哄闹事，应当根据公共场所的性质、公共活动的重要程度、公共场所的人数、起哄闹事的时间、公共场所受影响的范围与程度等因素，综合判断是否"造成公共场所秩序严重混乱"。

由于寻衅滋事罪是一项囊括行为人多种寻衅滋事行为的罪名，《刑法》第二百九十三条也仅仅是概括性的描述，随着时间演进、社会更迭，寻衅滋事罪也不断吸收新型的寻衅滋事行为，详见《寻衅滋事若干问题解释》、《关于办理黑恶势力犯罪案件若干问题的意见》、《关于办理妨害预防、控制突发传染病疫情等灾害的刑事案件具体应用法律若干问题的解释》、《关于办理利用信息网络实施诽谤等刑事案件适用法律若干问题的解释》、《关于依法惩处涉医违法犯罪维护正常医疗秩序的意见》、《关于全面履行检察职能为推进健康中国建设提供有力司法保障的意见》等文件。

〔**辩护要点**〕

1. 本案是否为涉黑涉恶案件？

2. 孟某在本案中的真实身份及主观意图。

3. 孟某是否参与或指使他人实施本案所涉违法行为？

4. 本案相关被告人供述前后不一致的真实原因。

◇各阶段主要工作及成果

1. 审查起诉阶段，辩护人向案件承办检察院提交关于本案的申请不起诉意见书并多次与检察官交流案件意见，最终本案未被认定为涉黑涉恶案件；

2. 审查起诉及诉讼阶段，辩护人申请对被告人孟某取保候审，最终在不懈努力下，孟某得以取保；

3. 诉讼中的庭前会议，检察院突然在会议上提出对案件证据进行质证，辩护人及时、依法提出异议，为后续辩护工作的顺利开展争取了宝贵条件；

4. 诉讼阶段，经过辩护人的努力，法院判决认定被告人孟某不构成非法拘禁罪，取得了案件部分无罪的结果。

〔辩护观点及论证〕

（一）本案非“涉黑”类型案件，不具备黑恶势力组织性质特征

1. 本案不具备涉黑涉恶案件的组织特征。

从涉案人员之间的关系来看，其相互之间不具有黑恶势力的组织属性。杨某等人为朋友、同乡关系，并非专业讨债人员，不具有稳定的组织成员结构，亦不存在明确的层级及职责分工，不具备“涉黑”案件需具备的内部控制及管理形态的组织性特征。

2. 本案不具备涉黑涉恶案件的经济势力特征。

涉案人员未有统一的经济利益，亦未通过有组织的违法犯罪活动获取经济利益。本案经过两次补充侦查，未发现涉案人员存在以合法外衣为掩盖实施非法经营获取非法利益的行为，同时，亦不存在部分或者全部资金用于涉案人员违法犯罪活动或维系该组织的生存、发展的经营模式。

3. 本案不具有涉黑涉恶案件的行为特征。

本案，经二次补充侦查，均未发现涉案被告人有基于共同故意，实施违法犯罪的行为活动，且本案中，杨某等人亦不属于有预谋、有计划、有组织地实施违法犯罪活动。

4. 本案不具有涉黑涉恶案件的非法控制特征。

涉案被告人没有在“一定区域”或“一定的行业”内形成非法控制或重大影响，也未破坏经济、社会和生活秩序，不具备涉黑涉恶案件的非法控制特征。

（二）关于被告人孟某在本案所涉证券投资纠纷中之真实身份

被告人孟某归案后，在其前期的讯问笔录中均称在饶某与贾某等人的证券投资纠纷中自己才是1000万元投资款之“实际出资人”，并称自己是以现金交付的形式将1000万元投资款交给饶某秘书谢某。而后，孟某在后续的讯问中改变上述说法称系因与饶某关系特别好，而饶某与贾某之间关系复杂，不方便出面处理投

资纠纷，因此孟某才接受饶某的提议，担任该证券投资的“实际出资人”。

根据2018年6月某日对谢某的询问笔录，谢某称孟某并没有向其交付过大额的现金也不记得孟某是否付过1000万元的投资款，而在案证据《收据》中明显记载谢某是该笔投资款交付的证明人，如果孟某真的交付过1000万元现金，作为见证人的谢某又怎会称不记得？并且，经辩护人比对，《收据》、《委托投资协议书》中孟某的签字笔迹明显区别于其他在案证据中孟某的签字笔迹，可见孟某实际上并未在该《收据》、《委托投资协议书》上签字。综合上述证据判断，可以证实被告人孟某未曾向饶某交付过1000万元，委托其进行投资，并非本案所涉证券投资纠纷之实际出资人，孟某只是出于朋友情面替饶某出面与贾某等人协商解决证券投资纠纷之无关第三人。

（三）被告人孟某仅是无关第三人，没有必要为他人之经济纠纷实施违法行为

根据S市公安局出具的《补充侦查报告书》，S市公安局通过进一步补充侦查认定，被告人孟某均以合法手段取得收入和财产，除本案以外未涉及其他违法犯罪活动，并非“讨债”业务的从业者，也与“涉黑”犯罪和组织没有半分关联。基于此，结合上述第一点辩护意见所述，被告人孟某是与本案所涉证券投资纠纷无关之第三人，从未从事过“讨债”相关业务，也没有因此从饶某处获得任何好处或报酬，孟某只是在金融投资、文体餐饮等领域合法经营企业的正常商业人士。孟某完全没有为与自己无关之经济纠纷实施非法剥夺他人人身自由、扰乱公司正常经营秩序的犯罪行为之动机和必要。

（四）被告人孟某介入本案所涉经济纠纷之主观意图

被告人孟某介入饶某与贾某等人的证券投资纠纷，主观意图是希望替饶某出面在合法层面解决双方多年的经济纠纷。由于饶某与贾某之间历久经年、盘根错节的公私恩怨，为维护双方表面和平关系，饶某惮于撕破面纱直接向贾某追讨投资账户尾款，于是饶某向贾某等人谎称1000万元的投资款其实是孟某出资的，意图利用孟某向贾某追讨投资损失。然而，孟某在介入涉案经济纠纷后，并不能预知饶某为追回自己的投资损失联合杨某实施看管被害人苗某、纠集人员讨债的行为，饶某之行为已远远超出孟某最初介入纠纷的主观意图范围。因此，孟某的主

观意图仅限定在帮助饶某向贾某等人在合法层面追讨投资损失的有限范围内，并不存在与饶某、杨某实施非法拘禁、寻衅滋事的共同犯罪故意。

（五）被告人孟某没有参与实施本案所涉违法行为，亦未指使他人实施该等行为

1. 被告人孟某并未参与也未授意他人对被害人苗某实施非法拘禁。

首先，根据公安机关调取杨某的通话记录，在2017年11月某日，被告人孟某与杨某之间并无通话记录，因此，杨某在讯问笔录中称是孟某打电话通知其前往酒店的供述不成立，杨某并不是在孟某的联系下前往酒店并介入本案。

其次，被告人孟某没有参与看管被害人苗某。根据被害人苗某的陈述，其称孟某并没有对其直接看管，并且根据本案其他被告人蒋某、池某的供述，可以共同证实被告人孟某并没有参与看管被害人苗某。

最后，根据被害人苗某的陈述，其称是饶某让苗某留在酒店；根据高某的陈述，其称是饶某给苗某在酒店开了房间，让人看着，钱不还完不能走，并且饶某让苗某钱不还完都要回酒店住；以及根据本案参与直接看管被害人的其他被告人之供述，可以共同证实在2017年11月某日晚上，是饶某提议并授意杨某将苗某看押在酒店房间。并且在本案中，杨某是从饶某处收到“报酬”人民币20余万元，如果真的是经孟某授意，从报酬支付应有的正常逻辑来看也应该由孟某向杨某支付，而事实却并非如此，可见饶某才是授意杨某实施非法拘禁的主使，被告人孟某并未主动提议并授意他人实施非法拘禁行为。且根据孟某的供述，其也是在2017年12月与杨某的聊天中才得知杨某带人在酒店看守苗某，孟某并非饶某、杨某对苗某实施非法拘禁之共犯。

2. 被告人孟某没有参与或授意他人实施扰乱投资公司经营秩序的行为，反而始终通过合法途径解决纠纷。

首先，杨某称其到投资公司要债是经孟某授权的。然而根据在案证据《授权委托书》，辩护人发现《授权委托书》中孟某的签字笔迹明显区别于其他在卷证据中孟某的签字笔迹，可见孟某实际上并未在该《授权委托书》上签字，即被告人孟某实际上并未授权杨某前往投资公司讨债，且该证据属于客观性书证，其证明力高于杨某的供述。

其次，即使被告人孟某出具过相应的《授权委托书》，也不能等同于孟某授意杨某实施扰乱投资公司经营秩序的行为。此时孟某是基于饶某之托，作为1000万元投资款的“实际出资人”与贾某等人协商，并非无中生有、无理取闹，如果其需要通过与纠纷无关的第三人代为处理自己的经济纠纷，自然需要出具相关授权委托书，属于符合法律规定的正常商业行为。并且根据S市公安局出具的《补充侦查报告书》可知，杨某并不是“讨债”业务的从业者，也与“涉黑”犯罪和组织无关。“法不强人所难”，此时孟某授权杨某并不能预知到杨某将来会采取非法手段解决纠纷。因此，假设被告人孟某授权杨某代为处理经济纠纷，其授权行为合法、合理，且并不等同也并未授意杨某实施扰乱投资公司经营秩序的行为。

最后，被告人孟某没有参与实施扰乱投资公司经营秩序的行为。根据孟某的供述，其仅去过投资公司两次，第一次是2017年11月去投资公司，目的是找贾某协商债务，但没有找到贾某便随即离开了；第二次是去街道办与贾某方面进行调解。而根据贾某的陈述，其称直到2017年12月，某派出所、某街道办组织双方在投资公司协调纠纷时，才第一次见到孟某。根据投资公司风控总监陈某的辨认，其称孟某、许某来过公司两次，都是谈判，杨某来过公司多次，都是纠集人员来公司讨债。综合上述证据，可以证实孟某的确只去过投资公司两次，但孟某这两次行为均不属于刑法意义上的寻衅滋事行为，相反却恰恰表明孟某是在合法层面积极解决与贾某方面的投资纠纷，印证了孟某是在合法层面追讨投资损失的主观意图，孟某并非饶某、杨某寻衅滋事的共犯。

（六）杨某供述前后发生重大变化，不排除另有目的

1. 供述变化前。

2018年1月11日对杨某的讯问：

“……

问：是谁组织去投资公司扰乱办公秩序的？

答：是我组织人去投资公司扰乱办公秩序的，我在2017年11月18日、19日电话召集了八九个人来给我帮忙。

……

问：你帮孟某要债，孟某需要支付你费用或者其他好处吗？

答：首先没有支付过我一分钱，其次也没有和我说过会给我什么好处，我是纯帮忙。

……

问：你在某大厦要债的具体细节孟某知道吗？

答：他不知道，他只是让我去找贾某谈欠款的事，并不知道我具体怎么去公司找的。”

2. 供述变化后。

①2018 年 5 月 22 日对杨某的讯问笔录：

“……

问：是谁叫你找人看住苗某的？

答：是孟某找的人，并叫我找人看住他，让他还钱的。

……

问：你叫人来看住苗某，是谁授意的？

答：都是孟某叫我去的。他只是叫我看住对方，叫对方还钱，没有叫我怎么做。”

②2018 年 5 月 24 日对杨某的讯问笔录：

“……

问：饶某跟你是什么关系？

答：饶某跟我没有关系，他是我老板孟总的朋友。

问：饶某跟非法拘禁案有没有关系？

答：非法拘禁这个事是孟某交代我做的，饶某与此有没有关系我不知道。

问：为什么讨债的花销是饶某给你的？

答：这个我就不清楚了。”

③2018 年 5 月 29 日对杨某的讯问笔录：

“……

问：当时谁提出来不让苗某离开酒店的？

答：……那天到饶某办公室之后，孟某就问苗某这291万元什么时候还，苗某就说明天还，孟某就说现在出去要是跑了我找谁去要钱，苗某就说要不你叫人跟着我，孟某就同意了，并说要不就在酒店开一间房，让苗某住在酒店筹钱，等还了钱就让他走，当时孟某就让我负责带人看着苗某。

……

问：有没有人给了你什么好处？

答：孟某给过一些费用。孟某通过一个谢秘书分三次给了我23万元。第一次是苗某被拘禁的第二三天，给了我3万元，后来过了几天又给了我10万元，后来苗某离开的时候又给了我10万元，都是给的现金。

……

问：苗某和某投资公司的债务纠纷与你有关系吗？

答：没有，我就是帮孟某出面解决这件事的。”

④2018年5月30日对杨某的讯问笔录：

“……

问：孟某有无交代你如何讨债？

答：孟某就说让我去找贾某和高某讨债，不关其他员工的事，不要和别人发生冲突。

……

问：你们在投资公司讨债期间，是否向谁汇报情况？

答：我会把所有情况电话向孟某汇报，他有什么也会跟我讲，基本上拘禁苗某和讨债的事情孟某都知道。”

⑤2018年6月5日对杨某的讯问笔录：

“……

问：你在讨债过程中跟饶某到底有无联系？

答：我记起来了，我跟饶某联系过两三次，具体时间记不清楚了，应该就是在我去投资公司讨债期间。第一次是孟某要我打电话给饶某，讲一下在投资公司讨债的情况，并把饶某的电话号码发给我了。后来饶某也打电话给我，问情况怎么样，有没有找到贾某，其他也没有说什么了。

……

问：你之前供述的23万元是谁给你的？

答：是孟某给我打电话，说要债期间吃饭、坐车等开销不用我自己垫，让我去酒店找谢秘书拿钱，谢秘书给的我现金，一共分三次给了我23万元。”

⑥2018年8月15日对杨某的讯问笔录：

“……

问：去年讨债一事，你是帮谁讨债的？

答：我是帮孟某和饶某讨债的。”

⑦2018年11月19日对杨某的讯问笔录：

“……

问：孟某和许某有没有找你做过什么违法的事情？

答：就这一次找苗某和投资公司要债孟某找的我，他们没有找过我做其他事情。

问：你和饶某之前是否认识？

答：不认识，就是这次孟某找我去帮忙要债，我才认识的饶某。

问：你和饶某之前是否认识？

答：第一次见饶某就是在饶某办公室，当天就把苗某看守在酒店了。第二次就是在酒店一楼大厅，饶某问我投资公司的情况。我就和饶某见过两次面，打过几个电话，也是汇报投资公司要债的情况。”

为更加直观地显示出杨某在各个时间段供述的不一致及变化，辩护人在此对供述情况整理如下：

	谁授意看押苗某	谁授意去投资公司闹事	孟某对讨债详情是否知情	替谁出面解决债务纠纷	谁支付的报酬	是否与饶某有关系
2018年1月11日	—	杨某自己组织人员	不知情	—	孟某未向其支付报酬	—
2018年5月22日	孟某	—	—	—	—	—

续表

	谁授意看押苗某	谁授意去投资公司闹事	孟某对讨债详情是否知情	替谁出面解决债务纠纷	谁支付的报酬	是否与饶某有关系
2018年5月24日	孟某	—	—	—	—	不知道
2018年5月29日	孟某	—	—	孟某	孟某	—
2018年5月30日	—	孟某	知情	—	—	—
2018年6月5日	—	—	—	—	孟某	有关系，联系过两三次
2018年8月15日	—	—	—	孟某和饶某	—	—
2018年11月19日	孟某	孟某	—	孟某	—	有关系
注：单元格内“—”处代表未提及相应内容。						

（七）不排除杨某另有原因、目的改变供述

根据上述杨某改变供述前的讯问笔录，可以证实被告人孟某确实未授意杨某实施扰乱投资公司经营秩序的行为，并且称孟某对于杨某自行采取的扰乱公司秩序行为并不知情。然而，杨某在归案并成为本案涉嫌非法拘禁、寻衅滋事的犯罪嫌疑人后，却颠覆性地改变了其原有供述，不仅称非法拘禁、寻衅滋事行为均是孟某授意的，相关“报酬”也是孟某支付的，而饶某与本案所涉违法行为没有关系。至此，被告人孟某不但成为饶某用于追讨投资损失之工具，也沦为他人犯罪行为的“替罪羔羊”。

首先，根据孟某发给杨某的短信照片显示，孟某并不知道杨某等人采取何种手段追讨投资损失，反而一直在劝说杨某前来配合公安机关调查，孟某本人也积极配合调查以维护合法权益，从证据的采信角度而言，杨某改变供述后对孟某的不利供述，属于言词证据，而短信照片属于客观性书证，其证明力应当高于杨某的供述。当事实真伪不明时，应当依据证明力更高的客观性证据，作出对被告人有利的处理，即不能认定孟某与饶某、杨某之间有非法拘禁、寻衅滋事的共同犯意联络。

其次，杨某供述变化之可能原因或目的，辩护人认为不排除有以下可能：

（1）综合本案所有在案证据，杨某改变供述后许多内容都是与其他被告人或与其他被害人的供述/陈述相冲突的，如在是谁授意看押苗某这一问题上，被告人陈某、崔某等人以及被害人苗某、高某均称是饶某主动授意的，而杨某的供述却称是孟某授意其看押苗某。不难发现，杨某改变供述前，其面临的仅仅是行政处罚追究，而在被抓捕归案后，其认识到自己即将面临严厉的刑事处罚，也许是为了“撇清”自己与涉案罪行之主犯关系，杨某将孟某构陷为非法拘禁、寻衅滋事的主使，企图由此减轻自己的刑罚。

（2）不排除杨某与本案其他在逃人员进行串供的可能。根据在案证据被告人杨某《抓获经过》显示，杨某是在2018年5月被公安机关抓获；而被告人孟某的《抓获经过》显示孟某是在2018年3月被公安机关抓获，并且《在逃人员登记表》显示涉案人员饶某自2018年3月某日即已在逃。综合目前在案证据来看，饶某在本案中更有可能是非法拘禁和寻衅滋事的主使，饶某在得知孟某被公安机关抓获后，完全有时间和条件与同样在逃未被抓获的杨某串供，且饶某此前已经通过秘书向杨某支付人民币20余万元的报酬，两者间存在利益关联。而恰巧的是，杨某改变供述后的内容也符合该种可能导向的结果，即被告人孟某成为非法拘禁、寻衅滋事的主使，而饶某从此与案件的违法行为没有关系。因此，不能排除杨某是在饶某的授意和指使下，罔顾事实有意包庇饶某并将孟某构陷为本案所有犯罪行为的主使。

因此，辩护人认为不能排除杨某系出于特别原因或目的改变其供述，其供述关于被告人孟某是非法拘禁、寻衅滋事主使的说法不足以采信，望法庭引起高度重视并查清其中的事实真相，如杨某确实存在捏造事实妄图陷害被告人孟某的行为，应以诬告陷害罪追究被告人杨某的刑事责任。

（八）关于本案的定罪量刑

假设合议庭忽略辩护人所提出客观存在的上述问题，并认定被告人孟某构成非法拘禁罪及寻衅滋事罪，则请合议庭考虑以下情节，理性认识被告人孟某在本案所涉纠纷中所承担的角色、所实施行为的性质、行为人主观恶性及客观造成的行为结果等因素。

其一，被告人孟某没有犯罪前科记录，系初犯，其人身危险性和社会危害性较小，酌情可以从轻或减轻处罚。

其二，被告人孟某病情恶化，身体条件不容乐观。根据孟某病例来看，孟某已被诊断出患有心肌缺血等心脏方面疾病，且在押期间已多次出现发病、昏迷的情况，请法庭出于人道主义精神将上述情况纳入考量。

其三，本案所涉犯罪行为系因经济纠纷所产生，该经济纠纷的相关一方涉嫌合同诈骗已立案侦查，并且该相关方目前已经被抓获。首先，被告人孟某等人作为该经济纠纷中被合同诈骗的一方，其实施的行为、手段虽然不尽合理，但目的仅仅是维护自己的合法债权。其次，起诉书虽然将本案所涉行为定性为非法拘禁和寻衅滋事，但苗某在酒店居住的过程中，其享有完全的通信自由和出行自由，甚至可以参加由派出所组织的调解活动，杨某等人仅仅对其进行跟随，防止苗某为躲避债务而“消失”，并非严格意义上的非法拘禁行为。并且，杨某等人最终在投资公司与对方发生冲突之前，一直采取的是克制、保守的行为，也没有采取严格意义上的寻衅滋事行为，冲突的最终发生也是因为受到对方员工的主动挑衅而临时爆发，综合投资公司方捏造、夸大的报案情节来看，不排除投资公司是有意将该事件升级。因此，本案被告人的主观恶性及社会危害性较小，酌情可以从轻处罚。

其四，根据在案证据《刑事谅解书》，被告人孟某及其家属积极对被害人赔礼道歉，苗某、贾某对孟某表示谅解，酌情可以减轻对被告人孟某的处罚。

综上所述，辩护人认为，本案中被告人孟某系出于好意帮助朋友饶某解决与贾某等人的证券投资纠纷，主观目的在于从合法层面解决相关纠纷，并无为此实施非法拘禁、寻衅滋事违法行为的主观故意，也没有参与实施亦未授意他人实施非法拘禁、寻衅滋事的客观行为。且在本案中，不能排除杨某诬告陷害孟某的可能，请法庭充分考虑本案上述情况，查清事实真相，对被告人孟某作出公正的判决，不让法律成为不法分子摆脱惩罚的工具，不让无辜者遭受株连。

◇一审判决

（一）关于本案犯罪事实的认定

一审法院认为，综观本案，起源是一起由经济纠纷而引发的非法拘禁、寻衅滋事案件。现有证据足以证实，因饶某与被害人苗某、某投资公司及贾某、高某的配资炒股经济纠纷，在饶某的授意下，杨某纠集池某、蒋某、崔某、孙某、陈某等人具体实施了对被害人苗某的非法拘禁以及对投资公司的寻衅滋事犯罪行为。

1. 关于非法拘禁犯罪事实的认定。

被告人杨某、池某、蒋某、崔某、孙某、陈某等人均对涉案指控的非法拘禁犯罪事实予以供认，供述内容基本一致，能相互印证，本案还有被害人苗某的陈述、苗某被拘禁期间住宿记录和消费记录等相关书证以及高某、饶某、廖某、谢某等相关证人证言予以佐证。被告人孟某、许某系受饶某的邀请，到饶某酒店办公室商量要苗某返还债务。该债务系饶某个人债务，将苗某扣留在酒店，并对苗某外出筹钱进行看守等，均是饶某直接授意杨某并由杨某具体安排，发生的费用亦由饶某支付给杨某，最终苗某也归还了260万元给饶某。被告人孟某、许某仅参与了饶某与苗某经济纠纷的谈判协商，本案在案证据并不能证明杨某等人对苗某的非法拘禁系由孟某、许某授意支持和帮助。杨某在庭审中确认，讨债的关键事项均由饶某安排，孟某与非法拘禁苗某无关。虽然在案证据属实，许某在饶某酒店办公室大声责骂苗某，后面也有到酒店拘禁苗某的房间找杨某，但杨某等人非法拘禁苗某并非受孟某、许某指使，也并非由孟某、许某支付报酬。故一审法院认定被告人孟某、许某并未参与非法拘禁苗某，并未授意、指使杨某带人非法拘禁苗某。被告人杨某受饶某指使，安排孙某、蒋某、池某、崔某、陈某直接参与实施了对被害人苗某长达半个多月的看管和监视，而被告人陈某，明知其哥哥等人非法拘禁苗某后，主动到酒店参与看守。综上，被告人杨某受饶某指使，与孙某、蒋某、池某、崔某、陈某兄弟共同实施了以拘禁和派人看守等方式非法限制被害人苗某人身自由的犯罪事实。

2. 关于寻衅滋事犯罪事实的认定。

被告人孟某、杨某、池某、蒋某、崔某、孙某、陈某均对涉案指控的到受害公司讨债寻衅滋事事实予以供认，供述内容基本一致，能相互印证。被告人孟某辩称，其因为与饶某系朋友关系，是出于义气才以出资人的名义到投资公司讨债，其多次向杨某等人说明要合法讨债不能做违法的事情，其到派出所、街道办调解才知道杨某等人采取了违法犯罪手段，且后果严重。被告人许某否认参与实施本案的寻衅滋事行为，辩称两次都是陪同孟某去投资公司找他们讨债，其间只是帮孟某说了对方几句。一审法院认为，本案报案人杨某的陈述、被害单位提交的多份书证材料、监控录像截图指认、银行账户及流水、S 市公安局某分局接处警记录、以扰乱单位秩序处理杨某、崔某等九人行政处罚案件材料等书证以及证人高某、贾某等证言、涉案勘验、检查、辨认笔录等证据，证实被告人杨某组织池某、蒋某、崔某、孙某、陈某共同实施了本案的寻衅滋事犯罪事实。杨某带人到投资公司讨债虽然主要受饶某的指使，但孟某作为名义出资人，杨某经常电话告知其讨债情况。孟某一方面亲自找贾某、高某谈判协商，另一方面实际参与了派出所、街道办等相关政府部门的调解，也并未制止杨某等人寻衅滋事的违法犯罪行为，在寻衅滋事中起鼓励、纵容作用，应对杨某等人到投资公司讨债寻衅滋事的行为承担法律责任。陈某虽然曾经三次到公司现场，但其并非受杨某安排到公司讨债滋事，而是因为其他事情找其他人聊天，也并没有证据显示其对公司员工有滋扰行为。孟某告知杨某不要闹事，要通过合法途径讨债，找残疾人去讨债也并非孟某的指使。被告人许某并未指使杨某等人，仅是作为孟某的朋友，陪同孟某出面到公司参加谈判协商，在案证据不能证明许某对杨某等人到投资公司寻衅滋事有指使和授意，综上，本案证据证实，自 2017 年 11 月开始，在饶某的直接授意下，杨某以孟某为出资人的名义，每个工作日均纠集孙某、蒋某、池某、崔某、陈某等人到某投资公司以滋扰、纠缠、辱骂、言语恐吓、聘请残疾人静坐等方式进行讨债，一直到 2018 年 1 月，共计持续 50 余天，严重影响了投资公司及其员工的工作、经营秩序。

（二）关于本案犯罪事实的认定

1. 关于杨某等七被告人非法拘禁罪。

被告人杨某、池某、蒋某、崔某、孙某、陈某兄弟主观上均具有为索取债务而非法扣押、限制苗某人身自由的故意和共识，客观上由饶某授意和默许被告人杨某纠集被告人池某、蒋某、崔某、孙某、陈某兄弟，具体实施了以非法扣押、派人看守、监视等方式剥夺被害人苗某人身自由的行为，造成被害人苗某被非法限制人身自由长达半个多月的危害后果，故被告人杨某、池某、蒋某、崔某、孙某、陈某兄弟的行为应以非法拘禁罪追究刑事责任。

2. 关于杨某等七被告人寻衅滋事罪。

本案现有证据证实，为向某投资公司讨要债务，被告人孟某一方面亲自找贾某、高某谈判协商，另一方面纵容杨某从 2017 年 11 月至 2018 年 1 月纠集蒋某、池某、崔某、陈某、孙某等人多次到投资公司以静坐、纠缠、辱骂、言语恐吓等方式进行讨债，严重扰乱了投资公司的经营秩序。投资公司为此多次报警，辖区派出所亦多次为此事处警，对上述人员扰乱投资公司办公秩序的行为进行了多次批评制止和警告。被告人的行为已严重扰乱了他人的正常工作、经营秩序，情节恶劣。根据 2013 年 7 月 15 日最高人民法院、最高人民检察院《关于办理寻衅滋事罪刑事案件适用法律若干问题的解释》第一条第三款之规定，杨某等七被告人的行为符合寻衅滋事罪的构成要件，应当依法以寻衅滋事罪追究杨某等七被告人的刑事责任。

综上，被告人杨某、蒋某、孙某、池某、崔某、陈某等人无视国家法律，为索要债务，以非法扣罚、拘禁和派人看守、监视等方式剥夺被害人苗某的人身自由，其行为已构成非法拘禁罪。被告人孟某、杨某、蒋某、池某、孙某、崔某、陈某无视国家法律，为向某投资公司讨要债务，纠集多人多次以静坐、滋扰、纠缠、哄闹、辱骂、恐吓等手段严重扰乱他人的正常工作，经有关部门批评制止后，仍继续实施前述行为，破坏社会秩序，其行为已构成寻衅滋事罪。在寻衅滋事共同犯罪中，被告人孟某、杨某起组织领导作用，系主犯，应对其组织领导的全部犯罪负责；被告人孙某、蒋某、池某、崔某、陈某起辅助作用，系从犯，依法予以从轻处罚。

综上，一审法院判决被告人孟某犯寻衅滋事罪，判处有期徒刑 1 年 6 个月。

虽然在辩护人的努力下，本案未被认定为涉黑涉恶案件，被告人孟某被认定构成寻衅滋事罪，取得了部分无罪的较好成果，但综合在案证据及庭审表现，对被告人孟某而言仍存在全案无罪的可能，因此在案件宣判后，孟某提出上诉，二审法院维持原判，裁决现已生效。

办案感悟

兄弟义气、江湖情谊，看似备受我国传统道义的推崇，然而通过本次案件，再次印证了“君子有所为，有所不为”的亘古真理。

本案事件伊始，饶某作为因他人管理不慎遭受损失的投资者，本可以通过合法途径追索损失、维护自己的合法权益，却因一时观念差错，选择通过私力非法索要债务，反而从受害者变为施害者，最终将面临牢狱之灾。而当事人孟某也因讲求兄弟义气，不仅答应饶某出面充当虚构的“实际出资人”，在后续接受侦查机关的调查之初，亦未将案件的事实真相如实供述，反而供述了太多虚假内容，使自己在本案中难以脱身。即便其他被告人在庭审中供述孟某并非本案主使，对其他人的犯罪行为也毫不知情，但一审法院并未对其作出全案无罪的判决。从辩护的角度而言，虽然该判决结果稍有瑕疵，但不得不承认的是，正是因一时之差错，造成了此刻追悔莫及的后果。也许对于孟某而言，真正使其遭受刑法责难的，并非涉案情节本身，而是其在案件发生之初及到案接受调查之时所作的不实供述。

回到案件判决本身，从辩护角度而言，该结果仍有提升空间。一审法院审理认为，孟某作为名义出资人，杨某经常电话告知其讨债情况。孟某一方面亲自找贾某、高某协商谈判，另一方面实际参与了派出所、街道办等相关政府部门的调解，也并未制止杨某等人寻衅滋事的违法犯罪行为，在寻衅滋事中起鼓励、纵容作用，应对杨某等人到投资公司讨债寻衅滋事的行为承担法律责任。据此，认定孟某构成寻衅滋事罪，且认定孟某在寻衅滋事共同犯罪中起组织、领导作用，系主犯，应对其组织领导的全部犯罪负责。

根据一审法院的认定逻辑，孟某构成寻衅滋事罪系因其是名义出资人，在饶某指使杨某等人前往投资公司讨债期间，其与杨某频繁通话，孟某即对杨某等人实施的全部讨债行为（包括寻衅滋事违法犯罪行为）知情，因此孟某即便没有直接的犯罪故意，但应实际制止杨某等人的寻衅滋事违法犯罪行为。而事实上孟某虽然多次叮嘱杨某不要闹事，要通过合法途径讨债，但并未实际制止杨某等人的违法犯罪行为，因此孟某在寻衅滋事中起鼓励、纵容作用，属于间接故意，进而认定孟某须对杨某等人的寻衅滋事行为承担法律责任，亦构成寻衅滋事罪。然而辩护人认为，一审法院在认定孟某行为的过程中，混淆了事实和逻辑，所作判决说理论证值得商榷。

孟某是否为寻衅滋事的主犯，是否在其中起组织、领导作用？根据一审法院的审理认定，法院亦承认杨某等人是在饶某的指使和授意下前往投资公司讨债；且根据杨某的供述，在审判长的多次追问下，杨某当庭承认实际上是在饶某的指使和授意下前往投资公司讨债，其间虽与孟某频繁通话，但孟某对其实际采取的具体讨债行为并不知情，并且实际参与寻衅滋事行为的众多被告人均供述一致，称是在杨某组织下到投资公司讨债。

由此，整个讨债活动实际上是饶某主使，杨某负责召集人员，该两人才是在寻衅滋事违法犯罪中起组织、领导作用的主犯，孟某仅在对其他人违法犯罪行为毫不知情的情况下担任名义出资人，其无论如何也不应被认定为寻衅滋事违法犯罪的共犯和主犯，即便目前真正的主犯仍潜逃海外、并未归案，也不宜由孟某顶替承担他人的犯罪行为，遭受无妄之灾。

在本案中，孟某是否应制止杨某等人的违法犯罪行为？诚然，假使孟某系寻衅滋事违法犯罪主犯，其虽然没有直接的主观故意，但应当制止杨某等人的违法犯罪行为。然而遗憾的是，一审法院在大前提上即混淆了事实，直接将孟某认定为寻衅滋事的主犯，并且这是一个明显的倒推认证，即一审法院是在认定孟某系寻衅滋事的主犯的前提下，认定其虽然没有直接的主观故意，但也没有实际制止杨某等人的违法犯罪行为，因此孟某在寻衅滋事中起鼓励、纵容作用，属于间接故意。“法不强人所难”，如果一审法院能够根据孟某、杨某等人的供述准确认定孟某在本案中的实际身份，又怎能强求孟某在对他人违法犯罪行为毫不知情的情况下，仍要承担制止的责任和义务？且在此情况下孟某担任名义出资人的过程中，孟某通过与杨某的频繁联系，始终要求、叮嘱杨某等人不要闹事，要通过合法途径讨债，孟某已尽到作为名义出资人的相应责任和义务。

在孟某对他人违法犯罪行为毫不知情的情况下，是否仍应对其应制止他人犯罪行为作结果评价？在一般情况下的共同犯罪中，如实行犯所实施犯罪行为超过主犯的犯罪故意，主犯未能实际制止实行犯的相应犯罪行为的，应对实行犯所实施的全部犯罪行为承担法律责任。辩护人对此基本的法理判断予以认可，但根据辩护人提出的上述意见，在孟某并非寻衅滋事共同犯罪中主犯的前提下，不应对其制止他人的犯罪行为采用结果评价标准，即不应以孟某在本案中是否取得实际制止杨某等人寻衅滋事违法犯罪行为的效果，作为认定孟某需承担法律责任的标准。

在孟某对他人违法犯罪行为毫不知情的情况下，仍要求其实际制止他人的违法犯罪行为，有违法理和常理，是对孟某极不公平的对待。孟某作为不知情的名义出资人，其始终要求、叮嘱杨某等人在讨债过程中不要闹事，要通过合法途径讨债，在本案中已尽到相应的责任和义务。综上，辩护人认为一审法院不应以孟某未能制止他人的犯罪行为为由，认定其应对杨某等人的违法犯罪活动一并承担责任。

辩点总结一：非法拘禁罪无罪辩护要点

一、没有证据证明行为人具有非法拘禁的主观故意和行为，且被害人被控制时间短，所致结果与控制行为之间无直接因果关系

非法拘禁作为一种持续犯，其行为应在一定的时间内处于继续状态。对于持续犯来说，其犯罪行为与不法状态的持续，必须有相应的时间作保证。而目前立法及司法解释对各种非法剥夺他人人身自由行为，到底持续多长的时间才能构成犯罪，还未有全面的、具有较强可操作性的规定，致使司法实践中对于非法拘禁罪与非罪的界限很难把握。《最高人民检察院关于渎职侵权犯罪案件立案标准的规定》中规定国家机关工作人员利用职权非法拘禁，涉嫌非法剥夺他人人身自由24小时以上的，应予立案。对于公职人员利用职权实施非法拘禁的入罪条件有明确规定，第一点意味着非法拘禁有时间构成要求，该条其他五种情形也是以非法拘禁为前提，只不过该五项行为中非法拘禁行为持续时间短到可以瞬间剥夺行为人

的自由。就非法拘禁行为来说，对于社会普通大众的要求程度不应高于对国家公职人员的要求程度，因此，司法实践中，多以该规定为参考，结合行为人的动机、手段、后果等情节，综合分析界定是否入罪。

案例：王某涉嫌抢劫罪一案①

裁判要旨：

二、原审被告人王某不构成非法拘禁罪

本院认为，原审被告人王某不构成非法拘禁罪。综合现场勘验情况、证人证言及被害人陈述等，可以确定的是王某与钱某1在车内发生交通事故。但无论是被害人所说的抢劫，还是如申某所说的外出讨债，都没有其他证据佐证，都是孤证，且前述被害人钱某1的陈述真实性存疑，本案没有充分证据证实王某具有非法拘禁的主观故意和行为。退一步而言，被害人被控制的时间短，所受轻伤的结果系发生交通事故导致的，与王某等人的控制行为并无直接因果关系，因此，现有证据亦不足以认定王某的行为构成非法拘禁罪。辩护人所提该点意见成立，本院予以采纳。

二、追债行为虽有因不得已死缠不放之不理性行为，但手段一般，情节显著轻微，社会危害性不大，与非法拘禁要件相较尚有差距

对于行为人的追债行为，应综合行为人的主观故意及客观行为，犯罪动机、情节轻重、危害大小、拘禁时间长短等因素，对比非法拘禁罪的构成要件进行判定。如果行为人主观上只是为了追索债务而尾随被害人，对被害人的人身自由造成了一定影响但并不剥夺债务人人身自由，对于这种因索债而轻微限制他人人身自由的行为，（2017）粤03刑终129号案例借由本案确立了此后类似案处理之参照案例。

---

① 审理法院：东莞市人民法院，案号：（2016）粤19刑终323号，裁判日期：2017.05.18。（二审判决已生效）

案例1：张某凯涉嫌非法拘禁罪一案[①]

裁判要旨：综上所述，上诉人安某江、孙某红、孙某水、原审被告人张某凯的上述行为，结合前述相关法律及司法解释对涉及非法拘禁行为处置措施之规定，本案定性基本明了。四人的上述追债行为虽然有因不得已死缠不放之不理性行为，但与非法拘禁犯罪行为通常所要求的要件相较，依现有在案证据来看，尚有差距，拘禁行为时间较短，手段也一般，其情节显著轻微，所造成的社会危害性也不大，依据《刑法》第十三条关于犯罪含义的规定，应当依法判定属于"情节显著轻微危害不大的，不认为是犯罪"。故原审认定的案件基本事实虽然清楚，但唯在适用刑法分则条文时未充分考量总则的相关规定，在罪与非罪的判定上未能善运谦抑原则，致对非法拘禁罪法条的理解上出现偏差，机械适用，作出了对上诉人及原审被告人不利的判定，本院现依二审终审之裁判权依法予以纠正，并借由本案确立此后类似案处理之参照案例。

案例2：艾某涉嫌非法拘禁罪一案[②]

裁判要旨：本院认为，被告人艾某虽因与被害人王某之间的经济纠纷而短暂地控制了王某的人身自由，但因其涉案的拘禁行为情节显著轻微危害不大，故依法可以判定为不认为是犯罪。

综上所述，被告人艾某的上述行为，虽然有因不得已死缠不放之不理性行为，但与非法拘禁犯罪行为通常所要求的要件相较，依现有在案证据来看，尚有差距，拘禁行为时间较短，手段也一般，其情节显著轻微，所造成的社会危害性也不大，依据《刑法》第十三条关于犯罪含义的规定，应当依法判定属于"情节显著轻微危害不大的，不认为是犯罪"。

---

① 审理法院：深圳市中级人民法院，案号：（2017）粤03刑终129号，裁判日期：2017.04.10。（二审判决已生效）

② 审理法院：深圳市宝安区人民法院，案号：（2018）粤0306刑初4619号，裁判日期：2018.10.18。［二审法院：深圳市中级人民法院，案号：（2018）粤03刑终2902号，裁判日期：2018.12.23，裁定准许广东省深圳市人民检察院撤回抗诉，广东省深圳市宝安区人民法院（2018）粤0306刑初4619号刑事判决自裁定送达之日起发生法律效力。］

三、行为人的行为及身体状况不足以非法拘禁被害人，且被害人所住宾馆到餐饮地点均由被害人选择，行为人属于跟随行为

非法拘禁罪在客观方面表现为行为人违背他人意志，实施了非法剥夺他人人身自由的行为，使得他人的活动自由完全被控制在一定的范围内，并持续了一定时间的行为。剥夺的方式包括关押、软禁等使他人丧失人身自由的方法。如果没有违背他人意志，客观上也没有非法剥夺他人自由的行为，则不构成非法拘禁罪。

案例：张某某涉嫌非法拘禁罪一案①

裁判要旨：本院认为，以拘押、禁闭或者其他强制方法，非法剥夺他人人身自由的行为构成非法拘禁罪。构成本罪的客观要件为非法剥夺他人身体自由，主观要件为有剥夺他人人身自由为目的的故意。本案中被告人张某某及其父亲张某1在跟随栗某索要债务的过程中，依照现有证据查明从宾馆的入住，到餐饮地点均是由栗某自由选择，张某某无非法限制栗某人身自由的行为，帮助张某某一直跟随栗某的张某1在案发时系64岁且有病在身的老人，其行为及身体情况均不足以非法拘禁栗某，且张某某此跟随行为未对栗某造成严重后果。从主观上被告人张某某自2012年1月13日至21日跟随栗某的目的是索要栗某所欠其的借款，并无非法限制栗某人身自由的主观故意。综上，本院认定张某某的行为构成非法拘禁罪证据不足，公诉机关指控的罪名不能成立。被告人张某某及辩护人的辩护意见，本院予以采纳。

辩点总结二：寻衅滋事罪辩护要点

一、属于故意毁坏财物但毁坏财物价值没有达到定罪标准

故意毁坏财物罪，是指故意毁坏公私财物，数额较大或者有其他严重情节的

① 审理法院：张家口市桥东区人民法院，案号：（2017）冀0702刑初82号，裁判日期：2017.12.18。（一审判决已生效）

行为。而寻衅滋事罪行为表现之一也包括“任意毁损公私财物，情节严重的”，因此两罪在表现形式上有相似之处，实践中应从行为人犯罪动机、侵犯的对象、毁损财物的价值、社会危害性等方面区分。

案例：蒯某某涉嫌寻衅滋事罪一案①

裁判要旨：本院认为，原审上诉人蒯某某在从B市丰台区××××小区地下二层停车场回家途中，因其个人原因对停放在该地下停车场一层通道右侧的被害人的车辆进行踢踹，造成他人财物毁损，其行为属于故意毁坏财物，但由于毁损物品的价值尚未达到定罪标准，且其在案发后积极赔偿了被害人的经济损失，并已取得被害人的谅解，系情节显著轻微，危害不大，故蒯某某的行为不构成犯罪。

二、随意殴打他人，情节恶劣的情形是需要造成致一人以上轻伤或者二人以上轻微伤的损害后果

根据《刑法》第二百九十三条，有下列寻衅滋事行为之一，破坏社会秩序的，处五年以下有期徒刑、拘役或者管制：随意殴打他人，情节恶劣的。

“随意殴打他人”，是指出于耍威风、取乐等不健康动机，无故、无理殴打他人。这里的“情节恶劣”，是指随意殴打他人手段残忍的；多次随意殴打他人的；造成被殴打人自杀等严重后果的等。此处“情节恶劣”的损害后果根据最高人民法院、最高人民检察院《寻衅滋事若干问题解释》第二条，是指随意殴打他人造成一人以上轻伤或二人以上轻微伤的情形。

案例：龙某涉嫌寻衅滋事罪一案②

裁判要旨：公诉机关指控被告人龙某的寻衅滋事行为致一人轻伤一人轻微伤，构成寻衅滋事罪。经查：被害人傅某某的伤构成轻微伤。刑事诉讼法及其司法解

---

① 审理法院：北京市第二中级人民法院，案号：（2016）京02刑再1号，裁判日期：2017.03.20。（再审判决已生效）

② 审理法院：湖南省保靖县人民法院，案号：（2015）保刑初字第29号，裁判日期：2015.08.07。（一审判决已生效）

释规定，据以定案的物证应当是原物，原物不易保存，可以拍摄、制作足以反映原物外形和特征的照片，物证的照片不能反映原物的外形和特征的，不得作为定案的根据，书证不能反映原件及其内容的，不得作为定案的根据。被害人傅某某受伤后在某县人民医院进行X线摄片检查，X线摄片即为本案物证的照片，X线检验报告单为本案能反映原件及其内容的书证，被害人傅某某住院病历与某县公安局刑事科学技术室的初步鉴定意见书分别是本案的书证。某县人民医院外科医生通过阅X线摄片及其报告单后将被害人傅某某的伤诊断为“右尺骨骨折”，而某县公安局法医通过阅X线摄片及其报告单后将被害人傅某某的伤诊断为“右桡骨中段粉碎性骨折”，二者的诊断出现明显偏差，该二人均系相关知识领域的专业人员，通常二人的诊断结论应该一致，由于二者的诊断结论不一致，导致某县人民医院外科医生的诊断结论的唯一性存疑，因本案物证照片及能反映原件及其内容的书证缺失，致使病历记录、初步鉴定意见书无法与“原物”进行核实、比对，该份住院病历中的诊断结论不能查证属实，故，该住院病历不能作为本案的定案依据。由于病历记录的诊断结论缺乏物证（X线摄片）及能反映原件及其内容的书证（X线检验报告单）证实，司法鉴定所与司法鉴定中心以该诊断结论为依据，认定（推定）被害人傅某某的伤是2012年7月27日形成的，其损伤构成轻伤的鉴定意见同样缺乏物证及能反映原件及其内容的书证证实，本院不予采信。故被害人傅某某的损伤程度处于不确定状态，属于待定法律事实，因此，公诉机关指控被告人龙某的寻衅滋事行为致傅某某轻伤的法律事实不成立。综合全案证据，本院只能认定被告人龙某的寻衅滋事行为致一人轻微伤的法律事实。而最高人民法院、最高人民检察院《关于办理寻衅滋事刑事案件适用法律若干问题的解释》第二条第（一）项规定，“致一人以上轻伤或者二人以上轻微伤的”属于《刑法》第二百九十三条第一款的随意殴打他人，情节恶劣的情形，因此，被告人龙某的寻衅滋事行为不符合上述司法解释的规定，其行为不构成犯罪，公诉机关指控被告人龙某犯寻衅滋事罪的罪名不成立，本院不予支持。

三、维护自己合法权益的行为，不符合寻衅滋事罪的构成要件，不构成寻衅滋事罪

有合法依据地维护自己合法权益的行为，其行为虽有不妥当之处，但不属于《刑法》所规定的强拿硬要或者任意毁损、占用公私财物，情节严重的寻衅滋事犯罪行为，不构成寻衅滋事罪。

案例：孙某甲、王某甲涉嫌寻衅滋事罪一案①

裁判要旨： 本院再审认为，寻衅滋事罪侵害的客体是社会公共秩序，主观目的表现为行为人为寻求刺激、发泄情绪、逞强耍横等而无事生非。本院已生效的（2013）济民再初字第3号民事判决，认定孙某甲为山林的合法承包人，孙某甲与村委会之间是总承包关系、孙某甲与其他承包户之间是分包关系。孙某甲、王某甲虽多次采取设置路障、栽树等方法阻止他人施工，其目的是保护其合法权益不被他人侵害，孙某甲、王某甲的行为应属于维护自己合法权益的行为，其行为不符合寻衅滋事罪的构成要件，不构成寻衅滋事罪。孙某甲、王某甲及其辩护人提出的孙某甲、王某甲不构成寻衅滋事罪的理由成立，应予以支持。

① 审理法院：济宁市中级人民法院，案号：（2015）济刑再终字第1号，裁判日期：2015.08.19。（再审判决已生效）

案例三
刑民交叉之某网络公关案

案件关键词： 合同诈骗　非法占有目的　刑民交叉　不批准逮捕

案情简介

汪某，A公司法定代表人。2014年2月，汪某与方某、蒋某共同出资设立该公司，汪某持股35%，方某和蒋某合计持股65%，汪某任法定代表人及总经理，公司主要经营范围为：投资咨询、商业信息咨询，以及为中国公民出国定居、探亲、访友、继承财产和其他非公务活动提供信息介绍、法律咨询、沟通联系、境外安排、签证申办及相关服务活动等国内客户办理移民出国咨询服务。该A公司在方某、蒋某二人共同经营的B公司办公场所共同办公，汪某主要负责业务、文案资料和咨询。

2014年4月，由于B公司变更、无法正常开展相关业务，汪某、方某、蒋某以A公司的名义与众多淘宝商家签订《托管运营服务合同》，承诺帮助淘宝商家进行网店代运营，合同约定服务期为一年，并以前期策划和技术资源投入等综合成本过高为由，向客户收取高额首期费用。但淘宝商家称与对方签订合同并交纳首期费用后，对方便以各种理由和手段故意拖延履行合同约定，并不断催促该等商家继续缴纳下期服务费用，而事实上并不真正实施运营。

该等商家认为遭到对方诈骗，要求对方退回款项，但对方以各种理由拒绝退款。后受害人向公安机关报案，公安机关介入调查后，以涉嫌合同诈骗罪对汪某、方某和蒋某采取刑事拘留，其中涉案金额高达2300余万元。

◇指控事实

汪某、方某、蒋某以A公司的名义与众多淘宝商家签订《托管运营服务合同》后，以承诺帮助淘宝商家进行网店代运营、需要前期策划和技术资源投入为由，向客户收取高额首期费用及后续服务费用。但合同签署后，其并未按照合同约定履行相应的合同义务，并且拒绝按照商家的要求返还相应款项，公安机关认为汪某、方某、蒋某作为公司的直接负责人，其行为已涉嫌合同诈骗罪，并提请人民检察院对其审查逮捕。

◇指控罪名

《中华人民共和国刑法》第二百二十四条——合同诈骗罪

有下列情形之一，以非法占有为目的，在签订、履行合同过程中，骗取对方当事人财物，数额较大的，处三年以下有期徒刑或者拘役，并处或者单处罚金；数额巨大或者有其他严重情节的，处三年以上十年以下有期徒刑，并处罚金；数额特别巨大或者有其他特别严重情节的，处十年以上有期徒刑或者无期徒刑，并处罚金或者没收财产：

（1）以虚构的单位或者冒用他人名义签订合同的；

（2）以伪造、变造、作废的票据或者其他虚假的产权证明作担保的；

（3）没有实际履行能力，以先履行小额合同或者部分履行合同的方法，诱骗对方当事人继续签订和履行合同的；

（4）收受对方当事人给付的货物、货款、预付款或者担保财产后逃匿的；

（5）以其他方法骗取对方当事人财物的。

◇罪名分析

一、主体要求

合同诈骗罪的主体为一般主体，即任何达到刑事责任年龄、具有刑事责任能力的自然人。此外，根据《刑法》第二百三十一条之规定，单位亦可成为本罪的主体。

二、罪行表现

（一）主观

构成合同诈骗罪要求行为人具有直接的主观故意，且以非法占有为目的。非法占有目的，是指排除权利人，将他人的财物作为自己的所有物进行支配，并遵从财物的用途进行利用、处分的意思。行为人预见到其诈骗行为会发生非法占有他人数额较大以上财物的结果，并希望这种危害结果的发生。非法占有他人财物所有权的目的，决定了合同诈骗罪的主观表现只能是直接故意。这种故意可以发生在行为前，也可以产生于行为过程中，如行为人取得财物占有前并未产生非法占有的目的，但在取得占有权后产生了上述目的，亦可认定其诈骗，即行为人在合法占有他人财物时并没有诈骗故意，也没有采取欺骗手段，但后来主观意志发生了变化并意图非法占有他人财物，采用欺骗手段非法继续占有他人财物。

非法占有的主观目的是区分行为人是否构成合同诈骗罪的重要因素，作为行为人的一种主观心理态度，除其本人外，外人不能确知，故在行为人否认具有非法占有目的时，只能依据行为人外在的客观行为，结合审判实践经验，由法官进行分析、推断后，最终形成内心确信。应当坚持主客观相统一，既要重视犯罪嫌疑人供述反映的主观状态，也要重视客观行为表现出的实际状况，根据案件情况综合判断。可以从行为人取得财物后的行为、与欺骗对象的关系以及欺骗的手段综合考虑。如具有携带诈骗财物潜逃、使用诈骗财物从事违法犯罪活动等情形的可以考虑认定非法占有目的。实践中，对非法占有目的的审查认定还应结合犯罪嫌疑人一贯表现、欺骗行为、犯罪嫌疑人同被害人是否有民事纠纷以及其他情节具体认定，不能简单地以犯罪嫌疑人具有某个行为，就认定非法占有的目的。

（二）客观

合同诈骗罪的客观表现形式多样，《刑法》第二百二十四条主要列举了以下几种情形。

1. 以虚构的单位或者冒用他人名义签订合同的。

该形式下行为人的主要表现为伪造虚假的身份证明，以虚假的证明材料虚构不存在的单位，该虚构的单位表面上具备相应的资质或能力，以此骗取对方的信任并签订合同，在合同履行过程中收取对方支付的财物后销声匿迹。此外，该情形下行为人或冒用其他具备资质、能力公司的名义，利用他人之公司签订合同骗取财物。

2. 以伪造、变造、作废的票据或者其他虚假的产权证明作担保的。

该情形下行为人主要通过伪造、变造、作废的票据或者其他虚假的产权证明，虚假的土地使用证、房屋所有权证等作担保，通过虚假的材料营造自身具有相应实力的假象，以此虚张声势并诱使对方产生信任，而后与对方签订合同诈骗钱财。

3. 没有实际履行能力，以先履行小额合同或者部分履行合同的方法，诱骗对方当事人继续签订和履行合同的。

在此情形下，行为人虽然具备签署合同的相应资质，但却并不具备实际履行合同的能力，为此，行为人采取先履行小额合同或者部分履行合同的手段，使合同对方相信其履约能力和诚意，进而与之签订标的额更大的合同，待对方支付大额财物后立即销声匿迹，以此“放长线钓大鱼”，最终达成其骗取大额财物的目的。

但是在实际的商业活动中，部分夸大自身合同履行能力的情况大量存在，签订超出自身履行能力的合同并不必然意味着诈骗，如若行为人在合同签订后，积极落实合同义务，尽力、设法履行合同，即便合同最终无法得以完全履行，其行为也不宜认定为诈骗。

4. 收受对方当事人给付的货物、货款、预付款或者担保财产后逃匿的。

该情形下行为人通过虚构购销产品、发包工程、投资协作等名目骗签合同，或者作为买方与对方签署货物贸易合同，待合同对方支付相应的货款、预付款、保证金或交付货物后迅速逃逸，以此达成其骗取财物的目的。

不难看出，合同诈骗犯罪均与合同的签署、履行息息相关，因此在司法实践中往往与合同纠纷相互交织，特别是在我国民营企业经营不规范、合同履约意识较为欠缺的大环境下，罪与非罪之间的界限极易混淆。对于此类民刑交叉案件，为客观看待企业经营中的不规范问题，严格区分经济纠纷与刑事犯罪、严格把握刑事犯罪的认定标准，防止将经济犯罪认定为刑事犯罪、利用刑事手段干预经济纠纷，最高人民法院接连发布《关于充分发挥审判职能作用切实加强产权司法保护的意见》、《关于依法妥善处理历史形成的产权案件工作实施意见》、《关于充分发挥审判职能作用为企业家创新创业营造良好法治环境的通知》等文件，要求司法机关以历史和发展的眼光客观看待民营企业因经营不规范所引发的问题，严格遵循罪刑法定、疑罪从无、从旧兼从轻等原则，依法公正处理。对虽属违法违规，但不构成犯罪，或者罪与非罪不清的，应当宣告无罪，严格区分正当融资与非法集资、合同纠纷与合同诈骗、民营企业参与国有企业兼并重组中涉及的经济纠纷与恶意侵占国有资产等的界限，坚决防止把经济纠纷认定为刑事犯罪，坚决防止利用刑事手段干预经济纠纷。对在生产、经营、融资等活动中的经济行为，除法律、行政法规明确禁止的，不得以犯罪论处，或者虽属违法违规但不构成犯罪而以犯罪论处的，均应依法纠正。

◇律师工作及成果

辩护人在侦查阶段及时介入，与办案机关多次沟通，并向检察院提交不予批准逮捕的法律意见书，检察院作出不批准逮捕决定。

◇诉前辩护

〔争议焦点及辩护要点〕

1. 汪某、方某、蒋某的行为究竟是民事行为中的合同纠纷或欺诈，还是刑事规范中的诈骗？

2. 汪某、方某、蒋某是否具有合同诈骗罪所要求的“非法占有目的”？

〔辩护策略〕

通过会见，辩护人了解到汪某、方某、蒋某三人之所以涉案，系因其与淘宝商家签订《托管运营服务合同》后，公司因假冒资质、虚假宣传多次被天猫平台处罚，淘宝商家认为合同的履行需要双方之间的充分信任和密切配合，鉴于公司已被平台处罚，双方已丧失继续合作的信任基础，并以该公司所提供服务未达到预期效果为由，提出解除合同，要求退还所支付的费用。但因合同约定服务期未满，汪某、方某、蒋某认为其公司虽被平台处罚，但不影响其继续为对方提供运营服务，且其前期为提供运营服务已经投入大量人力和资金成本，此次纠纷系对方先违约，故拒绝退还对方前期支付的费用，由此案发。

商业行为中，行为人为了追逐经济利益，在经济合同的签订与履行过程中，难免会使用一些欺诈手段获利，而这些欺诈手段和一些正当的商业谋略之间并不存在不可逾越的鸿沟，在有些事实上也界限模糊，并无明确的边界，往往既涉及刑事法律规范的领域，又涉及民事法律规范的领域。如何正确区分合同纠纷和合同诈骗犯罪一直是司法实践中的难点问题，一些本属于合同纠纷的案件受到了刑事追诉，而一些构成了合同诈骗犯罪的案件却作为民事争议处理，不仅相关当事人的人身权利和财产权利得不到保护，还会影响经济的健康发展。具体到本案，汪某等人的行为究竟是合同欺诈行为，还是合同诈骗行为，其关键即在于汪某等人在签订、履行该合同过程中是否具有“非法占有的目的”。

此外，本案涉案合同虽以当事人汪某所属公司名义签订，但其并未实施具体的合同行为，且未从中获取任何利益，即便方某、蒋某的行为涉及合同诈骗，其与该二人并无任何犯意联络，不构成共同犯罪。

综上，结合当时案件还处于侦查阶段，辩护人最终确定的策略是全力争取说服检察院作不予批准逮捕处理。

〔辩护观点及论证〕

（一）涉案B公司具有实际履行托管服务合同的能力

涉案的B公司成立于2012年，公司人员规模达2000余人，主体资格真实有效，不存在利用虚假身份进行交易的情况。此外，该公司也曾为众多淘宝网络店铺提供托管运营服务，在对外签订合同时已具备履行合同所需的资金、物资及技术力量。

（二）涉案公司为履行合同作出了积极的努力

与客户陆某签订合同后，涉案公司依约组织公司技术人员搭建运营团队，实际为陆某网络店铺进行了托管运营，履行了相应的合同义务，其后未能继续履行合同义务系因对方违约终止合同所致。

（三）被害方单方解除合同，构成实际违约，在本案中存在过错

如前所述，双方签订合同后，B 公司积极履行了合同义务。后续之所以发生纠纷，系因陆某以未达到预期效果为由拒绝支付应缴纳的第二季度服务费用 3 万元，单方终止合同，要求解除《托管运营服务合同》并退款。但根据《托管运营服务合同》第五条第一项约定，乙方承诺的保底销售额是以一年的服务时间为期限，第五条第二项也再次约定“甲方按一整年服务周期对乙方销售业绩进行考核评判”。故被害方以对方没有达到预期效果为由提前解除合同是违反合同约定的，而汪某、方某、蒋某在对方违约的情况下，根据合同约定可以不予退还服务费用，并不能以此推断该三人对涉案服务费用具有非法占有的目的。

（四）涉案公司在签订和履行合同过程中不存在欺骗行为

本案中，汪某等人虽具有“假冒资质、虚假宣传”的行为，但该虚假夸大宣传行为并非“无中生有、编造虚假事实，有意隐瞒真相，以合法形式掩盖骗取对方财物的非法目的”。涉案公司在与淘宝商家签订《托管运营服务合同》时，以真实主体资格与对方签订合同，虽有虚假夸大宣传行为，但其公司确实具有履行合同的能力，也确实在前期履行了合同义务。公司仅是在与客户签约时存在有意夸大或者对事实作不真实的描述，但行为人客观上具备履约能力，与合同诈骗的“虚构事实、无中生有”存在质的区别，只是民事纠纷中的合同欺诈行为。

（五）当事人汪某未参与实施上述具体合同行为，不构成合同诈骗罪

上述涉案合同虽系以 A 公司的名义签订，且该公司法定代表人为汪某。但事实上，系因方某、蒋某所经营的 B 公司正值公司变更，无法对外签订合同，所以才借用 A 公司的名义签订，但合同约定的具体服务均由 B 公司提供。并且在签订合同前，方某、蒋某向汪某出具承诺书，承诺以 A 公司名义签订的合同所产生的任何法律纠纷或责任与 A 公司无关，完全由 B 公司承担。事实上，该合同签订后，具体合同行为由方某、蒋某所经营的 B 公司实施，汪某并不参与具体运营，更未从中获取任何利益，故其行为不构成合同诈骗罪。

办案感悟

本案就案情而言并不复杂，合同诈骗与合同欺诈的相同点是都具有虚构事实、隐瞒真相的欺骗行为，而两者区别的关键点在于是否具有“非法占有”的主观目的。刑事实务界工作的难点在于对行为人的主客观事实，运用大量的证据加以认定。作为辩护律师，站在犯罪嫌疑人、被告人一方，我们工作的重点也就是围绕这一难点，进行调查取证，以证明行为人不具有“非法占有”的主观目的。鉴于社会生活的丰富多彩、案件形式的千差万别，我们至今无法找到一个放之四海而皆准的认定合同诈骗事实或者推翻合同诈骗事实的标准。本案通过辩护律师不懈的努力，提出的上述辩护方案最终得到检察机关的认可，作出一个相对客观公正的结论，使当事人汪某重获自由，免遭刑狱。

案例四

王某抢劫、故意杀人案

案件关键词： 抢劫罪　故意杀人罪　排除合理怀疑

案情简介

2010年7月，被害人金某于S市某街道旁空地草丛中被人杀害，身上有数处刀痕（其中颈部中两刀），挎包内300元左右现金丢失。据调查，事发当天22时许，金某孤身行走至案发地，犯罪嫌疑人王某将其拖入路边的草丛，取走其挎包内约300元人民币，后使用钝器敲打金某头部，并用水果刀划伤金某脖子，又捅了金某喉咙附近两刀，以上行为致金某死亡。侦查机关根据案发现场尸体东南侧草丛，距尸体28米处的苹果上提取的DNA片段，锁定王某为犯罪嫌疑人。检察机关起诉王某犯抢劫罪、故意杀人罪。

◇指控事实

2010年7月某日，被告人王某行至S市某区街道空地时，见被害人金某孤身行走，顿生抢劫念头，即从金某后面捂住其嘴，并将其拉至路边草丛中，用金某随身携带的厂牌上的挂绳将其双手反绑，然后从其携带的挎包中抢劫了人民币约300元。被告人王某得手后欲离开时，听到被害人呼叫，并发现其拿出手机想要打电话，遂返回，用凶器敲打金某头部，并用随身携带的水果刀连划金某的脖子数下，后又捅了金某脖子附近两刀，最终导致被害人死亡。随后，被告人王某逃离现场。经鉴定，被害人金某系被他人先用钝器打击头部至重度颅骨损伤，后又用刺切器（刺器：有尖的器械，如钉，针；切器：刃部相对较长且锋利，通常有柄而便于把握，如菜刀；实践中常见有尖有刃的器械，如匕首、杀猪刀、刺刀，此类致伤物应属于刺切器）刺中金某脖子右侧总动脉致使其失血性休克，上述行为共同导致被害人死亡。

公诉机关认为，被告人王某无视国家法律，抢劫他人财物并故意杀害他人，其行为已触犯《中华人民共和国刑法》第二百六十三条、第二百三十二条之规定，应当以抢劫罪和故意杀人罪追究刑事责任。

◇指控罪名

《中华人民共和国刑法》第二百六十三条——抢劫罪

以暴力、胁迫或者其他方法抢劫公私财物的，处三年以上十年以下有期徒刑，并处罚金；有下列情形之一的，处十年以上有期徒刑、无期徒刑或者死刑，并处罚金或者没收财产：

（1）入户抢劫的；

（2）在公共交通工具上抢劫的；

（3）抢劫银行或者其他金融机构的；

（4）多次抢劫或者抢劫数额巨大的；

（5）抢劫致人重伤、死亡的；

（6）冒充军警人员抢劫的；

（7）持枪抢劫的；

（8）抢劫军用物资或者抢险、救灾、救济物资的。

《中华人民共和国刑法》第二百三十二条——故意杀人罪

故意杀人的，处死刑、无期徒刑或者十年以上有期徒刑；情节较轻的，处三年以上十年以下有期徒刑。

◇一审辩护

〔辩护策略〕

本案被告人王某被控抢劫罪和故意杀人罪。如果仅探讨抢劫罪和故意杀人罪之间的区别，构成要件相异的地方很多，但是，抢劫致人死亡作为抢劫罪的结果加重犯，与故意杀人罪的最大区别在于主观方面，而其他构成要件无异。辩护人认为，仅凭被告人供述和犯罪现场附近发现的一个苹果残骸上的DNA，就认定被告人犯有抢劫罪和故意杀人罪，均存在事实不清、证据不足的问题。

〔辩护观点及论证〕

一、关于主观方面

（一）缺乏证据证明抢劫罪的犯罪故意

起诉书中指出，被告人王某“见被害人金某孤身行走，顿生抢劫念头，即从金某后面捂其嘴，并将其拉向路边草丛中，用金某随身携带的厂牌上的挂绳将其双手反绑，然后从其携带的挎包中抢劫了人民币约三百元”，意图说明被告人王某主观上有抢劫的故意，但辩护人认为，上述内容缺乏证据支撑，不能成立。

被告人王某对其是否实施了抢劫行为，前后供述不一致，甚至出现了相互矛盾的情况。庭审前，被告人王某供述过自己实施了抢劫行为；庭审中，被告人王某又辩解其没有实施抢劫行为，两者相互矛盾，无法得出其具有抢劫的故意。

被告人的有罪供述，不符合本案案情与常理，不应采信。诚如起诉书中所称，被告人王某为了三百元向被害人实施了抢劫行为，那么被告人王某为何仅劫走三百元，而留下比三百元更有价值的品牌手机？既然被告人可以拿走被害人金某包里的三百元，为什么不能拿走被害人包里其他更有价值的物品？很显然，这不符合常理。

被告人王某供述自己从被害人金某包里劫取三百元，但对于这三百元的去处，含糊其词，不能说明。此事实本身无法印证其供述的抢劫行为，亦无法证明其有抢劫的故意。

（二）缺乏证据证明故意杀人罪的犯罪故意

被告人王某关于故意杀人部分的几次供述，相互矛盾，不能相互印证，与事实不吻合，不排除是诱供的结果。

1. 案发时间相异：被告人供述是2010年中秋后的一天（大约在2010年10月）；现场勘验笔录显示，案发时间为2010年7月。

2. 关于被害人描述与事实不符：被告人供述被害女子身穿白色衬衫、黑色短裙；而案件事实是，被害人身穿黑色衬衫、黑色短裙。

3. 现场物证不符：被告人供述被害人携带的挎包为“有点黄色的皮质包”，一个白色塑料袋里装有五六个苹果；但是，案件事实是没有白色塑料袋。

4. 有关被害人的死因不符：被告人供述是其用小刀捅死被害人；而根据鉴定意见，被害人系先被钝器打击头部，致使重度颅脑损伤，后又被刺切器刺中脖子右侧总动脉致使其失血性休克，上述行为共同导致被害人死亡。

二、关于客观方面

辩护人认为，起诉书中指控被告人王某犯抢劫罪和故意杀人罪，事实不清、证据不足。

（一）本案证据之间相互矛盾，无法相互印证

1. 被告人王某的供述前后矛盾，无其他证据印证，且其有罪供述不符合常理，不足以被采信。

2. 如前所述，被告人对于被害人及犯罪行为的描述与案件事实不符。

（二）证据事实与案件事实之间相关性很微弱

1. 通过对现场遗留的被害人金某的挎包、厂牌等物证分析，被告人王某供述其用被害人金某随身携带的厂牌上的挂绳，将金某双手反绑，然后从金某携带的挎包中抢劫了人民币约三百元。那么，被告人王某在实施这一连串的犯罪行为中，必然会留下相应的指纹痕迹。而侦查机关并未在被害人金某的挎包、厂牌等证据上提取到任何被告人王某的指纹。

2. 通过对案发现场（金某尸体旁边）提取的手机、零钱等物证进行分析，也没有发现被告人的指纹等痕迹。

3. 通过对案发现场的其他证据进行分析，侦查机关并没有在案发现场（被害人金某尸体旁）提取到被告人王某脚印、毛发等证据。

4. 关于苹果残骸上发现的被告人的DNA的证据，存在多种可能性，对证明被告人到过案发现场附近都缺乏证明力，何况证明被告人抢劫杀人。本证据与证明被告人实施抢劫抑或杀人，不具有任何关联性。况且，侦查机关提取到DNA的苹果残骸距被害人金某死亡位置足有28米远。而且，原物已经灭失，仅有照片，无法确定同一性。

5. 本案的关键物证水果刀也并没有找到。

（三）关于本案证据的证明标准

本案的现有证据尚未达到构成刑事犯罪的证明标准——“事实清楚、证据确实充分、排除合理怀疑”，具体如下：

1. 被告人王某的供述与侦查机关提取的物证之间未能相互印证。公诉机关指控其犯抢劫罪、故意杀人罪，事实不清，缺少证据证明。

2. 被告人王某的供述与本案其他证据之间存在矛盾，无法排除其案发时没有到犯罪现场的合理怀疑，无法证明其实施了抢劫、故意杀人行为。

辩护人认为，证据要达到“确实、充分”，必须满足以下几个条件：每项证据必须具备客观性、关联性、合法性；全案经过排列、组合、分析后，必须排除一切矛盾，达到证据与证据之间一致，全案证据同案件的发生、发展和结果一致，形成一个完整的证明体系；案件的事实均由相应的一定数量的证据加以证明；全案证据所得出的结论是本案唯一的结论。而在本案中，综合全案证据，仅凭苹果残骸上的DNA和部分有罪供述，显然无法达到上述标准。

〔辩护对裁判的影响〕

一审法院审理本案后认为，公诉机关指控被告人王某犯抢劫罪的事实不清、证据不足，指控的罪名不能成立。但被告人王某无视国家法律，故意剥夺他人生命，致一人死亡，其行为已构成故意杀人罪，犯罪事实清楚，证据确实、充分，罪名成立，应依法惩处，鉴于被告人王某归案后基本如实供述了自己的犯罪事实，可以从轻处罚。最终，法院判决被告人王某犯故意杀人罪，判处无期徒刑，剥夺政治权利终身。

办案感悟

对于一个法律上没有争议，事实认定上证据存疑的案件，该如何辩护？这就需要紧扣法定的“证据确实、充分”、“排除合理怀疑”的证明标准。通过证明标准进行辩护，需要结合经验事实，论证经验事实是否具有刑事法律意义，考量的是辩护律师对于经验事实的熟悉程度，也是辩护律师能否通过经验事实，对于一事实与另一事实之间的相关程度作出合理判断，并将这种合理性以及相关程度用法律语言表达出来，即说服能力。

本案中，被告人王某被指控犯抢劫罪与故意杀人罪，如两罪同时成立，数罪并罚，被告人极可能面临死刑立即执行的刑罚。但辩护人综合全案证据认为，现有证据无法证明被告人王某之行为构成抢劫罪，因此，就公诉机关的该项指控，辩护人坚决、大胆地提出无罪辩护。在庭审中，辩护人就此与控方进行了激烈的辩论，合议庭最终采纳了辩护人的辩护意见，认为公诉机关指控被告人王某构成抢劫罪的事实不清、证据不足，指控罪名不能成立。

辩点总结一：故意杀人罪无罪辩护要点

一、除行为人有罪供述之外无其他证据证实行为人到过案发现场并实施杀人行为

故意杀人案件基本犯罪事实采用“事实清楚、证据确实充分”的证明标准，包括“基本事实清楚”和“证据确实充分”两个方面。证据确实充分，需要相关证据证明犯罪事实的指向一致，不存在无法解释的矛盾，能够达到排除他人作案的可能。

案例：刘某某涉嫌故意杀人罪一案[①]

裁判要旨：（1）原裁判据以认定案件事实的主要证据即刘某某有罪供述不能

① 审理法院：吉林省高级人民法院，案号：（2015）吉刑再终字第4号，裁判日期：2016.04.28。（再审判决已生效）

作为定案依据：刘某某仅在侦查阶段的前一周内有过五次有罪供述，自被决定逮捕羁押看守所后直至一、二审开庭审理则一直否认杀人；侦查机关与某区检察院在同一时间、同一地点对刘某某讯问，形成二份内容相似的有罪供述讯问笔录；数名与刘某某同监舍关押人员及监管民警证实刘某某入监时身体有伤。(2) 本案除刘某某有罪供述外无其他证据证实刘某某到过案发现场并实施杀人行为：案发现场未提取到刘某某的指纹、足迹、血迹等客观性证据；没有目击证人，有关证人证言只是证明了案发时的相关情况、案发前后刘某某的活动情况以及刘某某与被害人郭某的关系，这些情况与刘某某是否杀害郭某没有必然联系。

二、证据提取程序不符合法律规定，不能作为定案根据；不同证据之间存在较多矛盾，不能相互印证

根据《刑事诉讼法》第六十条，对于经过法庭审理，确认或者不能排除存在本法第五十六条规定的以非法方法收集证据情形的，对有关证据应当予以排除。

案例：曾某某、陈某涉嫌故意杀人罪一案①

裁判要旨：公诉机关指控被告人曾某某杀害被害人周某某的证据中，被告人曾某某的有罪供述、被告人陈某指证曾某某杀人的供述、证人李某关于曾某某在案发时段离开过的证言、证人赵某某关于曾某某案发前到308室时没有接触侦查机关提取指纹和鞋印的位置的证言等证据的真实性均有疑问，不能采信；证人李某的部分证言取证方式和曾某某裤口袋内可疑纤维的提取程序不符合法律规定，不能作为定案的根据；不同证据之间存在较多的矛盾，不能相互印证。公诉机关指控的事实中，关于曾某某的作案动机、是否与陈某合谋、作案工具的来源及去向、有无作案时间、案发时是否到过现场、作案后是否指使陈某发送短信掩盖真相等情节均无法确认。故公诉机关指控被告人曾某某犯故意杀人罪，事实不清、证据不足。

---

① 审理法院：湖南省湘潭市中级人民法院，案号：(2012)潭中刑初字第27号，裁判日期：2015.07.20。(一审判决已生效)

三、主观上虽有报复他人的故意，但客观上没有造成他人伤亡的后果

案例：仵某甲涉嫌故意杀人罪一案[①]

裁判要旨：本案认定上诉人仵某甲具有故意杀人主观故意的证据不足，原审判决认定构成故意杀人罪，属定罪不当，本院予以纠正。仵某甲向他人水内投放农药属实，具有一定的危害性，但其主观目的是整治被害人，让被害人拉肚子，其所投放农药无论数量还是毒性均不足以致人死亡，上诉人的行为虽然具有一定的社会危害性，但鉴于其主观上虽有报复他人的故意，但客观上没有造成他人伤亡的后果，且所投放农药毒性较低，故其行为属于情节显著轻微危害不大，依法可不认为是犯罪。

辩点总结二：抢劫罪无罪辩护要点

一、现有证据不足以证明被告人与被害人之间有抢劫行为发生

案例：王某某涉嫌抢劫罪一案[②]

裁判要旨：本院经过庭审举证、质证，认为检察机关当庭出示的在复查阶段调取的证据所证明的事实，足以对抗原判认定的有罪事实。原判认定事实有误，所列证据对上诉人王某某抢劫犯意的产生、抢劫地点的确定、被抢物品的种类、赃物的去向等问题不能提供充分证明，证据之间存在矛盾，疑点不能排除，也不能作出合理解释。现有证据不足以证明上诉人王某某与被害人张某某之间有抢劫行为发生。

---

① 审理法院：烟台市中级人民法院，案号：（2014）烟刑一终字第 119 号，裁判日期：2015. 07. 27。（一审判决已生效）

② 审理法院：铜川市中级人民法院，案号：（2014）铜中刑二终字第 00005 号，裁判日期：2014. 07. 03。（二审判决已生效）

本院认为，原审判决认定上诉人王某某犯抢劫罪的证据不足，原公诉机关指控的犯罪不能成立。上诉人王某某的行为不构成抢劫罪，依法应宣告上诉人王某某无罪。

二、原判据以定案的证据没有形成完整锁链，没有达到证据确实、充分的法定证明标准

案例：黄某等四原审被告人涉嫌故意杀人、抢劫、强奸、敲诈勒索罪一案①

裁判要旨：本院认为，第一、二审判决认定四原审被告人犯故意杀人罪、抢劫罪、强奸罪、敲诈勒索罪，主要依据四原审被告人的有罪供述，以及该有罪供述与在案其他证据印证一致。但根据再审庭审中检辩双方出示的物证检验报告、法医物证鉴定书等新证据，以及本院在立案审查和再审期间调取的新证据，四原审被告人的有罪供述与上述新证据及原审卷宗内其他证据存在无法排除的矛盾和无法解释的疑问，四原审被告人有罪供述的真实性存疑；同时，本案不能排除存在指供、诱供的可能，四原审被告人有罪供述的合法性存疑。且本案缺乏能够认定四原审被告人作案的客观证据。因此，原判据以定案的证据没有形成完整锁链，没有达到证据确实、充分的法定证明标准。原审认定四原审被告人犯罪的事实不清，证据不足，不能认定四原审被告人有罪。

---

① 审理法院：江西省高级人民法院，案号：（2016）赣刑再1号，裁判日期：2016.12.21。（再审判决已生效）

案例五
某地产公司刑事风险防控[①]

案件关键词： 休闲养生度假　预付款　返本付息　非法吸收公众存款

案情简介

某地产公司（以下简称公司），主营分时度假特色养老服务，通过销售休闲养生卡的形式向客户提供相应服务，客户可持卡入住该公司运营的休闲养生基地并进行消费。2018 年，因公司某地分公司员工在销售过程中与客户发生纠纷，该客户向当地公安机关报案。

随后，当地公安机关在调查过程中，发现公司在销售休闲养生卡中存在向客户承诺“返本付息”、“资金收益率”等行为，该地公安机关遂对此事件立案侦查，以涉嫌非法吸收公众存款罪对分公司负责人采取刑事拘留强制措施，并对该公司开展刑事调查，公司面临巨大的刑事风险危机。

◇操作流程

接受某地产公司委托后，根据所反映的相关情况，云安刑事律师团队随即安排本次刑事风险危机的防控工作方案：

（一）刑事风险识别。就事件所反映情况，准确识别公司及相关人员所面临

① 本案的承办律师：黄云、张国平。

的刑事法律风险。

（二）刑事风险评估。通过查阅证据材料、开展调查等形式，分析、评估本次事件中存在的刑事法律风险之危害性。

（三）刑事风险诊断。通过律师的专业分析、论证，对本案予以法律分析、性质评判。

（四）刑事风险应对。根据法律分析、性质评判结果，提供妥当的风险应对措施建议，出具相应的法律文件。

◇经办过程

一、刑事风险识别、评估

根据所反映的相关情况，以及律师对案情的初步分析、评估，梳理出本次事件可能涉及的《刑法》罪名如下：

（一）非法吸收公众存款罪——《刑法》第一百七十六条

非法吸收公众存款罪是指违反国家金融管理法规非法吸收公众存款或变相吸收公众存款，扰乱金融秩序的行为。在市场经济条件下的社会经济生活中，金融交易主体之间形成复杂的金融关系，因此公司在涉及金融交易的过程中，极易因不规范的交易活动触犯该罪。且目前已知存在的非法吸收公众存款的形式众多，如利用非法成立的类似于金融机构的组织吸收存款，典型的包括财会、地下钱庄、地下投资公司等，此外一些合法的组织也从事或者变相从事非法吸收公众存款的活动，如各类基金会、互助会、储金会、资金服务部、股金服务部、结算中心、投资公司等。对公安机关而言，此类花样繁杂的非法吸收公众存款形式不仅给侦查工作的开展增加难度，也会刺激侦查机关敏感的“神经”，使正常开展金融交易活动的公司受到波及。

根据云安刑事律师团队办理刑事案件的经验，对于认定构成非法吸收公众存款罪有以下要点。

根据最高人民法院《关于审理非法集资刑事案件具体应用法律若干问题的解释》第一条的规定，违反国家金融管理法律规定，向社会公众吸收资金的行为，同时具备下列四个条件的，应当认定为“非法吸收公众存款或者变相吸收公众存款”：

（1）未经有关部门依法批准或者借用合法经营的形式吸收资金；

（2）通过媒体、推介会、传单、短信等途径向社会公开宣传；

（3）承诺在一定期限内以货币、实物、股权等方式还本付息或者给付回报；

（4）向社会公众即社会不特定对象吸收资金。

具体而言，如有以下行为的，将会被认定为非法吸收公众存款：

（1）不具有房产销售的真实内容或者不以房产销售为主要目的，以返本销售、售后包租、约定回购、销售房产份额等方式非法吸收资金的；

（2）以转让林权并代为管护等方式非法吸收资金的；

（3）以代种植（养殖）、租种植（养殖）、联合种植（养殖）等方式非法吸收资金的；

（4）不具有销售商品、提供服务的真实内容或者不以销售商品、提供服务为主要目的，以商品回购、寄存代售等方式非法吸收资金的；

（5）不具有发行股票、债券的真实内容，以虚假转让股权、发售虚构债券等方式非法吸收资金的；

（6）不具有募集资金的真实内容，以假借境外资金、发售虚构基金等方式非法吸收资金的；

（7）不具有销售保险的真实内容，以假冒保险公司、伪造保险单据等方式非法吸收资金的；

（8）以投资入股的方式非法吸收资金的；

（9）以委托理财的方式非法吸收资金的；

（10）利用民间“会”、“社”等组织非法吸收资金的；

（11）其他非法吸收资金的行为。

构成非法吸收公众存款罪，不仅仅要求具有相应吸收存款的行为，也通过所吸收存款金额、所吸收存款对象等因素，确立了对该罪的立案追诉标准。非法吸收或者变相吸收公众存款，具有以下情形之一的，应当依法追究刑事责任：

（1）个人非法吸收或者变相吸收公众存款，数额在20万元以上的；单位非法

吸收或者变相吸收公众存款，数额在100万元以上的；（按金额论）

（2）个人非法吸收或者变相吸收公众存款对象30人以上的，单位非法吸收或者变相吸收公众存款对象150人以上的；（按人数论）

（3）个人非法吸收或者变相吸收公众存款，给存款人造成直接经济损失数额在10万元以上的；单位非法吸收或者变相吸收公众存款，给存款人造成直接经济损失数额在50万元以上的。（按损害结果论）

对于非法吸收公众存款罪，《刑法》规定了法定的量刑情节，非法吸收或者变相吸收公众存款，主要用于正常的生产经营活动，能够及时清退所吸收资金，可以免予刑事处罚；情节显著轻微的，不作为犯罪处理。

（二）集资诈骗罪——《刑法》第一百九十二条

集资诈骗罪是指以非法占有为目的，违反有关金融法律、法规的规定，使用诈骗方法进行非法集资，扰乱国家正常金融秩序，侵犯公私财产所有权，且数额较大的行为。

在现代社会，资金是企业进行生产经营不可缺少的资源和生产要素。而生产者、经营者自有资金极为有限，因此面向社会筹集资金成为一种越来越重要的金融活动。与此同时，一些名为集资、实为诈骗的犯罪行为也开始滋生、蔓延，这种集资诈骗行为采取欺骗手段蒙骗社会公众，不仅造成投资者的经济损失，同时也干扰了金融机构储蓄、贷款等业务的正常进行，破坏国家的金融管理秩序。

相较于非法吸收公众存款罪，构成集资诈骗罪还要求主观故意形态为“非法占有”，客观上向集资对象宣称虚构或不真实的投资标的。任何达到刑事责任年龄、具有刑事责任能力的自然人均可构成本罪，单位也可以成为本罪主体。

云安刑事律师团队认为，对于认定构成集资诈骗罪有以下要点：

（1）非法集资所宣称投向的项目是虚构和不真实的；

（2）以非法占有为目的进行非法集资的。

具体而言具有下列情形之一的，可以认定为“以非法占有为目的”：

（1）集资后不用于生产经营活动，或者用于生产经营活动与筹集资金规模明显不成比例，致使集资款不能返还的；

（2）肆意挥霍集资款，致使集资款不能返还的；

（3）携带集资款逃匿的；

（4）将集资款用于违法犯罪活动的；

（5）抽逃、转移资金、隐匿财产，逃避返还资金的；

（6）隐匿、销毁账目，或者搞假破产、假倒闭，逃避返还资金的；

（7）拒不交代资金去向，逃避返还资金的。

构成集资诈骗罪，要求行为人有集资诈骗行为的同时，还需要达到“数额较大”的立案追诉标准，此外，《刑法》还根据集资诈骗金额设立“数额巨大”、“数额特别巨大”的不同量刑标准，相应认定标准如下：

（1）个人进行集资诈骗，数额在10万元以上的，应当认定为“数额较大”；数额在30万元以上的，应当认定为“数额巨大”；数额在100万元以上的，应当认定为“数额特别巨大”。

（2）单位进行集资诈骗，数额在50万元以上的，应当认定为“数额较大”；数额在150万元以上的，应当认定为“数额巨大”；数额在500万元以上的，应当认定为“数额特别巨大”。

集资诈骗的数额以行为人实际骗取的数额计算，案发前已归还的数额应予扣除。行为人实施集资诈骗活动而支付的广告费、中介费、手续费、回扣，或者用于行贿、赠予等费用，不予扣除。行为人为实施集资诈骗活动而支付的利息，除本金未归还可予折抵本金以外，应当计入诈骗数额。

云安刑事律师团队在内部分析、论证，梳理出本次事件可能触犯的罪名后，有针对性地向公司提出和调整收集、提取相关证据材料的要求，为律师的工作开展提供相应依据。并且在第一时间整理相关法律规定向公司管理层、员工进行普法宣讲，对可能涉及的罪名构成以及相关司法流程进行介绍、解释，提高相关人员的法律认知能力，辅导公司准确识别可能被追诉的罪名，以便妥善应对后续可能发生的突发情况，维护自身合法权益。

二、刑事风险诊断

云安刑事律师团队在该阶段的主要工作是查阅公司提供的证据材料、对公司员工开展相关调查访谈等，充分了解事件的真实情况，并根据对事件的梳理，向公司出具书面法律意见书予以法律分析、性质评判，提供法律帮助和事实分析评判，得出结论如下：

（一）经查，公司以提供养老、养生服务为主营业务，具有真实的生产、经营基础设施，真实从事度假养老产业，向客户提供真实的服务内容。公司销售休闲养生卡所取得资金主要用于公司正常的生产、经营事项，目前生产经营状况正常，运营健康规范，获得国家部委和地方政府的认可。

（二）公司在本案中所反映出来的销售休闲养生卡提供转租收益，被当地公安机关认为涉嫌非法吸收公众存款罪的问题，律师提供法律分析研判意见如下：

1. 公司未以“返本付息”非法集资之要件方式进行销售。根据公司所提供之广告材料、销售宣传文件及销售合同等书面材料，均无“返本付息”、“返本给付回报”的内容，在公司与客户签署的销售合同中亦未约定返本或保本等任何承诺，不符合构成非法吸收公众存款罪的必备要件。（《关于审理非法集资刑事案件具体应用法律若干问题的解释》第一条第三款第三项：“承诺在一定期限内以货币、实物、股权等方式还本付息或者给付回报。”）

2. 公司在向客户销售休闲养生卡过程中未以承诺任何资金收益率的形式非法集资。根据公司与客户间的销售合同约定，休闲养生卡的金额系客户一次性交付的预付款，属于消费型预付款，用于购卡用户在公司运营的各个养生、养老基地进行客房住宿、餐饮、养生服务等度假式消费，消费的金额在卡中进行相应扣减，并非返本，也不可能存在资金收益率，不构成非法集资。

3. 公司并无非法吸收公众存款的主观犯罪故意。经查阅公司生产、经营相关资料，律师认为公司作为一家经营度假养老服务的实体企业，主营业务为开发建设养老基地和销售推广度假养老服务，具有真实的业务经营，提供真实的养老度假服务。公司经营的重点和方向为进行休闲养生卡的销售推广，促进有养老需求的客户进行度假养老消费，并无非法吸收公众存款的主观犯罪故意。退一步来讲，即便在销售推广中出现敏感内容，在主次和先后的故意层面，公司进行销售主要是推广养老服务，首先是为了让客户购卡进行度假养老消费，而不是直接为了集资，也不应认定公司存在非法吸收公众存款的犯罪故意。根据近年来的金融监管和行业规定，还未有明确具体的规定对该种养老服务使用权的转租行为进行禁止，该销售行为在定性上尚存在较大争议，并非明显的犯罪行为。

三、刑事风险应对

综合考量本案的事实情况以及事件的具体进展，律师建议公司采取以下措施应对目前面临的刑事风险：

（一）化解公司与客户之间的纠纷、矛盾，在公安机关未作出最后案件定性前，建议公司尽快对涉案资金进行全部清退，对于不愿意继续享受养老服务的客户，根据卡中余有金额退返相应资金；对于确需继续享受养老服务的持卡用户，与之协调出具个人情况说明，表明其愿意继续享受公司养老服务，不接受资金退返，与公司不存在纠纷、矛盾。以此在案件定性前进行刑事风险预防，为公司赢得前提条件，保障公司合法权益。（非法吸收或者变相吸收公众存款，主要用于正常的生产经营活动，能够及时清退所吸收资金，可以免予刑事处罚；情节显著轻微的，不作为犯罪处理）

（二）鉴于各地分公司在业务活动、产品销售中难免可能存在不合规的情形，建议公司进行合规的全面审查，审查业务经营中的风险隐患，并协同律师根据现有的法律规定进行普法合规宣讲，树立员工合规意识，提高全员法律认知能力，健全公司的合规管理体系，在后续的日常业务经营中做到合法、合规，防范类似事件、风险的再度发生。

（三）与司法机关积极沟通说明，赢得公正处理。根据最高人民检察院 2018 年下发的《关于充分发挥职能作用营造保护企业家合法权益的法治环境支持企业家创新创业的通知》，要求各级检察机关准确把握法律政策界限，依法保护企业家合法权益和正常经济活动。严格把握罪与非罪的界限，对企业生产、经营、融资等经济行为，除法律、行政法规明确禁止外，不得以违法犯罪处理。以及根据最高人民法院刑二庭所发的《宽严相济在经济犯罪和职务犯罪案件审判中的具体贯彻》，要求准确把握非法集资罪与非罪的界限。资金主要用于生产经营及相关活动，行为人有还款意愿，能够及时清退集资款项，情节轻微，社会危害性不大的，可以免予刑事处罚或者不作犯罪处理。此外，对于“边缘案”、“踩线案”及罪与非罪界限难以划清的案件，要从有利于促进企业生存发展、有利于保障员工生计、有利于维护社会和谐稳定的高度，依法妥善处理，可定可不定的，原则上不按犯罪处理。特别对于涉及企业、公司法定代表人、技术人员因政策界限不明而实施的轻微违法犯罪，更要依法慎重处理。

据此，公司作为一家真实从事养老服务的实体企业，满足高龄老年人的服务需求，符合我国目前关于大力发展市场为主体的养老服务产业的精神，结合上述最高法、最高检发文精神的要求，建议公司与公安机关积极、良性沟通，取得公正、妥善的处理。

四、风险防控成果

在云安刑事律师团队的介入下，经过律师和公司的不懈努力，前期被刑事拘留的公司员工最终未被批准逮捕，重获自由。当地公安机关最终对本案作出结案决定，公司也未被公安机关以非法吸收公众存款罪立案处理，取得了较为圆满的结果。

办案感悟

此次事件并非个案，在中国目前的经济及法律环境下，企业的刑事法律风险日益突显。作为经营过程中最致命的法律风险，一旦企业决策失误或合规失当，极易导致企业触犯刑事法律，从而陷入经营困难、分崩离析甚至就此消亡的境地，相关责任人员也或将身陷囹圄。因此，企业做好刑事风险防控尤为重要，律师可以通过专业素养，对企业面临的风险进行分析、评估、研判，准确识别企业所面临的刑事法律风险及其危害性，并根据企业的现状及目标制定合适、妥当的应对方案，为企业的健康有序发展保驾护航。

案例六

某公司实际控制人刑事风险防控[①]

案件关键词： 实际控制人　资金混同　职务侵占　挪用资金

案情简介

王某，某公司（以下简称公司）控股股东及创始人，由于该公司其他股东未实际参与公司的运营、管理，公司实际上为王某一人所有，由其一人控制经营。后公司需扩大经营规模，决定通过引入新股东形式进行融资，但因新股东与王某在公司的运营、管理中意见相左而引发矛盾，新股东以王某将公司大量资金汇入其本人及亲属银行账户、将公司资金用于私人购买车辆、侵占其他股东股权等为由向公安机关提出控告，认为王某构成职务侵占罪及挪用资金罪。由此，王某被立案侦查，并或将面临刑事追诉，公司陷入严重危机。

◇操作流程

接受王某的委托后，律师立即向其了解本次事件所涉的大致事实情况，并据此安排刑事风险防控工作方案：

（一）刑事风险识别，就事件所反映情况，准确识别公司及相关人员所面临的刑事法律风险；

---

① 本案的承办律师：黄云、张国平。

（二）刑事风险评估，通过查阅证据材料、开展调查等形式，分析、评估本次事件中存在的刑事法律风险之危害性；

（三）刑事风险诊断，通过律师的专业分析、论证，对本案予以法律分析、性质评判；

（四）刑事风险应对，根据法律分析、性质评判结果，提供妥当的风险应对措施建议，出具相应的法律文件。

◇经办过程

一、刑事风险识别、评估

财务混同是企业创设之初的常见现象，加之管理者疏于进行严格的财务管理，进一步导致了财务的严重混同。对于股东或实际控制人而言，其带来的后果不仅是须对公司债务承担连带责任，更有甚者，可能在公司的经营过程中触犯刑事法律。律师认为对于本次事件及王某而言，可能涉及罪名如下：

（一）职务侵占罪——《刑法》第二百七十一条

职务侵占罪是指公司、企业或者其他单位的人员，利用职务上的便利，将本单位财物非法占为己有，数额较大的行为。

本罪的主体为特殊主体，包括公司、企业或者其他单位的人员，且该等人员并非具有国家工作人员身份的人，认定构成职务侵占罪有以下要点：

（1）主观上须有非法占为己有的目的和故意。即行为人妄图在经济上取得对所属公司、企业财物的占有、收益、处分的权利。

（2）必须是利用个人职务上的便利。所谓利用职务上的便利，是指利用职权及与职务有关的便利条件。职权，是指本人职务、岗位范围内的权力。与职务有关的便利条件，是指虽然不是直接利用职务或岗位上的权限，但却利用了本人的职权或地位所形成的便利条件，或通过其他人员利用职务或地位上的便利条件。包括：利用自己主管、分管、经手、决定或处理以及经办一定事项等的权力；依靠、凭借自己的权力去指挥、影响下属或利用其他人员的与职务、岗位有关的权限；依靠、凭借权限、地位控制、左右其他人员，或者利用对己有所求人员的权限，如单位领导利用调拨、处置单位财产的权力，出纳利用经手、管理钱财的权力，一般职工利用单位暂时将财物，如房屋等交给自己使用、保管的权利等。

（3）必须有侵占的行为。本单位财物是指单位依法占有的全部财产，包括本单位以自己名义拥有或虽不以自己名义拥有但为本单位占有的一切物权、无形财物所有权和债权。其具体形态可是建筑物、设备、库存商品、现金、专利、商标等。所谓非法占为己有，是指采用侵吞、窃取、骗取等各种手段将本单位财物化为私有，既包括将合法已持有的单位财物视为己物而加以处分、使用、收藏及变持有为所有的行为，如将自己所占有的单位房屋、设备等财产等谎称为自有，标价出售；将所住的单位房屋，过户登记为己有；或者隐匿保管之物，谎称已被盗窃、遗失、损坏等等，又包括先不占有单位财物但利用职务之便而骗取、窃取、侵吞、私分从而转化为私有的行为。不论是先持有而转为己有还是先不持有而采取侵吞、窃取、骗取方法转为己有，只要本质上出于非法占有的目的，并利用了职务之便作出了这种非法占有的意思表示，达到了数额较大的标准，即可构成本罪。

（4）必须达到“数额较大”的程度。根据最高人民法院、最高人民检察院联合发布的《关于办理贪污贿赂刑事案件适用法律若干问题的解释》第十一条，《刑法》第一百六十三条规定的非国家工作人员受贿罪、第二百七十一条规定的职务侵占罪中的“数额较大”“数额巨大”的数额起点，按照本解释关于受贿罪、贪污罪相对应的数额标准规定的2倍、5倍执行。即职务侵占罪的法律追诉起点是人民币6万元。

（二）挪用资金罪——《刑法》第二百七十二条

挪用资金罪，是指公司、企业或者其他单位的工作人员利用职务上的便利，挪用本单位资金归个人使用或者借贷给他人，数额较大、超过3个月未还的，或者虽未超过3个月，但数额较大、进行营利活动的，或者进行非法活动的行为。

本罪的主体与职务侵占罪主体一致，亦为特殊主体。认定构成本罪有以下要点：

（1）必须具有主观上的故意，即行为人明知自己在挪用或借贷本单位资金，并且利用了职务上的便利，而仍故意为之。

（2）如行为人挪用本单位资金归个人使用或者借贷给他人，数额较大、超过3个月未还，此种挪用资金行为需要达到“数额较大”的程度，且挪用时间上要超过3个月。根据最高人民法院、最高人民检察院联合发布的《关于办理贪污贿赂刑事案件适用法律若干问题的解释》第十一条第二款，《刑法》第二百七十二条规定的挪用资金罪中的“数额较大”、“情节严重”以及“进行非法活动”情形的数额起点，按照本解释关于挪用公款罪“数额较大”、“情节严重”以及“进行非法活动”的数额标准规定的2倍执行，即10万元以上为挪用资金“数额较大”。

（3）如行为人挪用本单位资金数额较大、进行营利活动的，则不要求挪用时间超过3个月，所谓“营利活动”是指将挪用来的资金用于经商、投资、购买股票或债券等活动。

（4）如行为人挪用本单位资金进行非法活动的，则既不要求挪用时间超过3个月，亦不要求达到数额较大的标准，即挪用资金进行非法活动即构成本罪，“非法活动”包括走私、赌博等违法行为。

（三）逃税罪——《刑法》第二百零一条

逃税罪是指纳税人采取欺骗、隐瞒手段进行虚假纳税申报或者不申报，逃避缴纳税款数额较大，并且占应纳税额10%以上，扣缴义务人采取欺骗、隐瞒等手段，不缴或者少缴已扣已收税款，数额较大或者因逃税受到两次行政处罚又逃税的行为。

经税务机关依法下达追缴通知后，补缴应纳税款，缴纳滞纳金，已受行政处罚的，不予追究刑事责任；但是，5年内因逃避缴纳税款受到过刑事处罚或者被税务机关给予两次以上行政处罚的除外。即对于逃税的初犯而言，在税务机关依法下达追缴通知，补缴应纳税款，缴纳滞纳金，以及已受到税务机关行政处罚三个条件均满足后，可不予追究刑事责任。但在公安机关已立案的，不影响刑事责任的追究。

云安刑事律师团队在内部分析、论证、梳理出本次事件可能触犯的罪名后，有针对性地向公司提出和调整收集、提取相关证据材料的要求，为律师的工作开展提供相应依据。针对王某可能触犯的刑事罪名的构成及相关司法流程，对此进行详细介绍、讲解。整理相关法律规定向公司管理层、员工进行普法宣讲，增强公司的法律合规意识，提高相关人员的法律认知能力，以便妥善应对后续可能发生的突发情况，维护自身合法权益。

二、刑事风险诊断

根据委托人王某及公司相关人员所述情况，云安刑事律师团队随即对公司的经营、财务情况进行合规梳理，经查，律师认为，公司虽存在财务管理和资金使用上的不规范，但并未实质上违反《刑法》的相关规定，未有非法侵占、挪用公司财产等违法情况，具体法律论证如下：

（一）关于公司的性质，实际上存在着公司与创始人、实际控制人王某个人之间严重混同，公司虽然还有另外两名股东，但其中一名股东有违股东身份义务，在外另行经营同业竞争企业；另一名股东亦未实际付出投入，公司实为王某一人所有、一人控制经营。在此情况下，公司实际是在王某一人推动并投入大量人力、物力下发展起来的，在性质上实际等同于一人公司，存在着公司与实际控制人个人之间的严重混同。因此从职务侵占罪构成的主观要件上来说，公司创始人和实际控制人王某并无侵害公司资金的主观动机和必要。

（二）公司在日常经营财务往来中，存在着公司账户和实际控制人王某本人及其亲属个人账户、亲属参股的关联公司账户之间的混同使用，从而事实上存在着公司与王某个人之间的财务混同情况。公司成立伊始至今，王某常用私人款项垫付公司日常经营所需款项及填补公司资金周转上的不足，公司与王某亲属参股的关联公司也长期存在业务合作、共同经营、营收利润分成和资金拆借等大量资金往来，从而存在彼此财务纠缠互通难以分割的实际情况。基于以上所述公司与个人之间的财务混同情况，公司资金与个人资金在公私银行账户之间彼此往来流动，成为公司商业惯例和客观存在的情况，因此法律上不应简单地将这种情形下公司资金转入私人账户的行为认定为职务侵占，其背后存在的是当前我国小微民营企业未规范经营的较为普遍实际状况。

（三）公司虽然存在诸多管理、经营和财务管理上的不规范，但并未出现侵占公司财产的犯罪行为和情况。公司是一家人数不多的小微企业，并未严格按照《公司法》的规定设置董事会等部门架构，日常经营和财务管理审批等都长期由实际控制人王某具体负责，其他股东仅是挂名且均不参与公司的经营管理。在此情形下，公司的资金往来都是按照日常流程由财务人员报请王某后即行生效，并不需要经过其他流程审批，甚至有些资金往来也根本没有完善的书面报批手续，存在各种财务管理上的不规范情况。但此等公司日常存在的实际资金审批流程，虽不规范，却并未触犯刑事法律。

（四）对于新股东指控王某使用公司资金用于私人购买车辆的指控，根据律师对公司财务及相关知情员工的访谈调查，事实缘由系公司成立之初，急需购买商务车辆用于日常办公以及接待客户等，但由于以公司名义购买车辆手续复杂、时间较长，无法满足公司急于购置车辆的需求。而以个人名义则无需繁杂冗长的手续，可以在最短的时间内满足公司购入车辆之需，在此情况下，王某才决定将公司资金打入私人账户用于购买车辆，且购入车辆后，一直用于公司日常办公、商务接待等对公用途，即车辆虽然是在私人名下，但实际上一直为公司占有和使用，此情况并不应被评价为侵占或挪用公司资金，并不触犯刑事法律。

（五）此外，关于新股东控告的公司股权方面的争议问题。按照国家相关法律规定，如《公安部经侦局关于非法占有他人股权是否构成职务侵占罪问题的工作意见》，只对非法占有公司管理中其他股东股权的行为进行相关规定，且须先考虑和认定行为人主观上是否具有非法占有他人财产的目的。而这一规定的前提是行为人与被侵占、被剥夺股权股东之间的争议，但公司目前所发生的情况并非如此。

股权的价值是一种期望权利，与公司的经营状况密切相关，随着公司的盈亏不断波动，现阶段公司由于经济不景气，陷入经营发展的低谷和困境，目前并不能依此股权获取任何的经济利益。在公司股权价值不能有效认定的前提下，相关争议也不符合刑事立案及追诉的条件。此外，从公司股权回购、资金来源、行为人代持及股权激励等情况综合考量，也不存在职务侵占的相关情形。

综上所述，律师认为公司作为一家小微民营企业，确实存在财务管理上的不规范，也没有严格按照《公司法》和相关法律规定的要求贯彻执行，存在个人、公司财务混同和流程制度不完善等问题。这也是我国大部分私营企业普遍存在的问题和弊病，但从所述事实和证据综合分析，公司及相关个人并不存在违反刑事法律，触及犯罪的情况，目前公司所存在的问题，亟须今后开展规范的经营流程、管理制度建设和强化依法经营管理，为公司的健康有序运营排除隐患。

三、刑事风险应对

（一）针对本案的具体实际情况，律师在法律论证和评判的基础上搜集大量类似案例，通过案例的分析、总结，向客户讲解个案之间共通的风险应对措施，并与其充分沟通，辅导其选择符合自身期望的解决方案。如针对控告方提出的王某将公司资金用于私人购买车辆，就此在对相关人员调查访谈后，协助出具相应的情况说明等材料，以及准备相应的证据材料，应对对方提出的控告。

（二）由于公安机关已对本次事件刑事立案调查，为争取尽快得到妥当的处理，不影响客户的正常生活与公司的有序运营，律师及时向承办机关提交相应的法律文书，根据律师对本案的分析、研判，阐述相应的法律意见，申请公安机关对本案作出结案处理。

（三）鉴于公司存在的经营混乱、财务混同情况，律师协助公司进行全面的合规审查，发现公司在经营中存在的合规漏洞，健全公司的合规管理制度和体系，强化员工的合规意识，防范相关刑事法律风险的再度发生。

四、风险防控成果

在云安刑事律师团队的介入下，经过律师和公司的不懈努力，前期已立案侦查的公安机关对此作出结案处理，王某未被提起刑事法律追诉，保障了公司的正常、有序经营，达到客户的预期诉求。

办案感悟

或许公司在成立初期，主要发展重心在于业务的扩张，疏于内部的制度建设、流程完善及合规经营管理，但此方面缺失带来的后果不容小觑。合规不仅意味着遵守相关标准、合同、有效治理原则或道德标准，也要求公司遵守适用的法律法规及监管规定，终极目标是确保企业合规经营，保障企业经营目标得以实现。一旦刑事风险爆发，极易使公司及相关负责人陷入困境，刑事法律风险的事前防控永远比面临刑事追诉更为行之有效，也更有利于保护公司的良好存续、正常运营，以及保障相关责任人员的自由和权利。

案例七

某公司股东刑事风险防控

案件关键词： 资金借贷　股东　挪用资金　刑事手段插手经济纠纷

案情简介

A系国内某公司股东之一。公司自2013年成立以来，主营业务为各类项目的投资与开发。日常经营模式为股东各自发展投资业务，所得投资回报和收益归公司所有并在股东之间进行分配。此外，公司并无规范健全的运营决策制度，各股东之间主要通过微信、电话来口头约定公司的业务办理、利润分配等事项。

2018年，公司其他股东向公安机关报案称，公司股东A违反公司财务制度和章程规定，与客户W串通，通过虚构项目等手段，挪用公司资金，数额达到刑事立案标准。公安机关收到报案后经初步调查认为，股东A涉嫌违背公司财务规定，利用职务上的便利挪用资金，数额巨大，决定对本案立案调查。

◇操作流程

接受委托后，云安刑事团队律师根据当事人A的陈述及其提供的相关资料，制定了本次刑事风险危机应对工作方案。

（一）刑事风险识别，向公安机关了解A涉嫌的罪名，结合A的陈述和提供的资料，准确识别A所面临的风险；

（二）刑事风险评估，通过收集证据，分析、评估A是否面临现实的刑事法律风险。

（三）刑事风险诊断和应对，通过律师的专业分析和论证，对本案的性质进行评判，积极同检察机关沟通，将法律意见书连同收集的证据材料提交至检察机关，争取当事人重获自由。

一、刑事风险识别、评估

通过与公安机关的沟通，我们了解到A可能涉嫌的罪名主要为《刑法》第二百七十一条“职务侵占罪”和《刑法》第二百七十二条“挪用资金罪”。关于“职务侵占罪”和“挪用资金罪”的法律规定和构成要件，本章“案例六：某公司实际控制人刑事风险防控”中已详述，本案例中不再说明。

本案公安机关立案侦查的重要法律依据之一是2000年《最高人民法院关于如何理解刑法第二百七十二条规定的“挪用本单位资金归个人使用或者借贷给他人”问题的批复》，该批复规定，“公司、企业或者其他单位的非国家工作人员，利用职务上的便利，挪用本单位资金归本人或者其他自然人使用，或者挪用人以个人名义将所挪用的资金借给其他自然人和单位，构成犯罪的，应当依照《刑法》第二百七十二条第一款的规定定罪处罚”。该批复明确了“挪用人以个人名义将所挪用的资金借给其他自然人和单位”为构成该罪的行为手段之一。而本案中报案人提供给公安机关的证据之一为本案嫌疑人A正是通过其本人的银行账号与客户W之间完成的转账收款。公安机关正是基于此认为A有以个人名义将单位资金挪用借给其他自然人使用的重大嫌疑。

二、刑事风险诊断

初步进行评估后，云安刑事团队律师又多次会见嫌疑人，深入了解案件经过，广泛收集相关证据材料并加以分析论证，尽可能客观、全面地还原整个案情，经分析，我们认为本案嫌疑人A的行为系正常履职行为，不构成挪用资金罪。

基本事实如下：2015年6月至10月，A基于公司正常业务运营，将公司多笔资金借给自然人W并约定了利息。在之后的数月时间里，W陆续按照约定将利息付给A，A也及时地将收益转给其他股东，并明确告知其他股东该收益为W借款所付的利息收益。后借款期限届满，W未按时偿付所借款项，导致公司资金无法回流，以至于无法正常运转。公司其他股东出于向A施加压力以达到回笼资金的目的，向公安机关报案声称A与W串通挪用公司资金。

鉴于案件处于侦查阶段，辩护人决定将工作重点提前，结合收集到的证据材料和法律、司法解释关于挪用资金罪的规定，出具嫌疑人A不构成挪用资金罪的法律意见书，并多次与公安机关沟通，但非常遗憾的是公安机关并没有采纳辩护人的法律意见。随后，辩护人将重点转向检察机关的审查批准逮捕阶段，积极与检察机关沟通，争取说服检察机关对该案作不逮捕处理。

挪用类犯罪，实际上属于一种滥用职权类的犯罪，是指具有一定职权的人利用职务上的便利，挪用资金归自己使用的行为。对于非国有公司、企业而言，挪用资金行为主要影响到公司、企业的正常经营活动。因此，构成挪用资金罪的行为本质上系为个人目的侵害公司利益。我们认为，A的行为不构成挪用资金罪，主要基于以下几个方面的原因：

（一）行为人A出借资金的行为具有合法性，不属于刑法意义上的非法活动。现行法律并不禁止公司与个人之间的借贷行为，在私法范畴，法不禁止即可为，那么个人与公司之间的借贷关系是受法律保护的，本案中A基于公司业务范围，将公司资金出借给自然人W的行为受法律保护，具有合法性。

（二）行为人A出于其个人职务权限以及公司正常业务范围出借资金，并未违反公司规章和财务制度，因此其客观上并未实施挪用资金的行为，不构成该罪。如前所述，该公司从成立之初即未形成规范健全的运营决策制度，公司章程对于业务的发展和项目的投资权限并未形成成文的规定，各股东之间主要通过微信、电话来口头约定公司的业务办理、利润分配等事项。因此，本案无证据证明公司要求各股东的投资项目需经各股东全体同意。该公司的股东各自均有权限自行发展投资项目并回笼资金，实践操作中，其他股东也确系自主发展各类投资借贷业务出借资金并回收出借款和利息。因此，行为人A出借资金的行为完全出于其权限范围，并未违反公司相关制度。

（三）行为人A将公司资金借给他人使用系基于公司正常业务范围，并非个人使用，也并非以个人名义实施，不构成挪用资金罪。本案中该公司的主营业务为各类项目的投资及开发，行为人 A 将公司资金出借给其他自然人或法人并未以个人名义为了个人利益而实施，其目的是增加公司业务量，为公司获取利益，并非属于“挪用资金归个人使用或借贷给他人”的行为。在公司成立之初，A 即专门在某银行开设其个人银行账号来用于发放资金和收款，A 的该银行账号实际上已用作公司实际上的“对公账户”，对该事实公司其他股东以及公司员工均知情。因此，A 并非以个人名义将所挪用资金借给其他自然人和单位所使用，不属于该批复规定的挪用资金罪的行为之一。

（四）行为人 A 出借资金后所得收益全部归于公司，其他股东在事后对该笔业务知情且未提出异议。借款行为和挪用行为从法律性质上讲，是完全不同的行为。其区别在于是否经单位同意以及是否需要经单位同意。首先，行为人 A 出借资金系基于自身权限，且系公司长期以来形成的惯例，并不需要经过单位的同意。其次，行为人 A 并未向其他股东隐瞒案件所涉的借贷业务，在收到利息后并未截留而是及时转给了各股东，公司其他股东在收到利息后并未提出异议。因此，A 的行为很明显属于正常借款行为，而非挪用。

（五）A 的行为并未侵犯公司资金使用权，不具有社会危害性。根据《刑法》第十三条关于犯罪的一般定义的文字表述可知，具有社会危害性是犯罪行为最本质的特征，A 出借资金的行为系公司正常业务的开展，其间也有利息回收并在股东间予以了分配，至于借款无法收回的后果系行业风险，其行为本身并未损害公司利益，不应当认定为犯罪行为。

三、刑事风险应对

在侦查阶段，辩护人及时介入，多方收集公司工商登记信息、相关人员银行流水、微信邮件聊天记录等证据材料，认真加以分析、评估，对整个案件事实主线进行了细致的梳理，并用客观、准确的语言将案件事实进行了清晰的表达，在此基础上形成法律意见连同证据材料一并提交至检察机关，最终检察机关采纳了辩护人的建议，对 A 作了不批捕决定。

四、此案凸显的几个问题

经济纠纷刑事化不仅侵害当事人的合法权益，阻滞市场经济的发展，同时损害政府威信和司法公信力。当前，公安部、最高人民检察院、最高人民法院等部门陆续出台多部规定，要求严格区分经济纠纷与经济犯罪的界限，准确把握经济违法行为入刑标准，准确认定经济纠纷和经济犯罪的性质，防范刑事执法介入经济纠纷，防止选择性司法。通过完善司法程序、转变地方政府管理者管理理念等办法，有效减少经济纠纷刑事化，最大限度降低对企业正常生产经营活动的不利影响。

这就要求公检法在办理案件的过程中，基于刑法的“谦抑”原则，对经济交往中发生的行为不宜轻易进行刑事追究或者动用刑罚措施。对于法律界限不明、罪与非罪事实不清的，应该依法公正处理，严格遵循罪刑法定原则、疑罪从无原则，不得以犯罪论处。同时，需要辩护律师对法律、行政法规的充分理解以及对于案件细节和情节的精准把握。在办案过程中，辩护人可以通过收集、调取新的证据材料来证明自己的主张。尤其要针对民事违约、民事侵权或者相关的证明，通过提出证据来证明案件事实实属民事法律关系，使办案机关更清楚地了解案情，作出对当事人有利的决定。

办案感悟

当前，以审判为中心的刑事诉讼制度改革对公安机关刑事执法产生了重大影响，侦查监督的强化、执法规范化建设等一系列举措，一定程度上改善了法治环境，为企业家创业创新创造了良好的平台。但综观全国，侦查机关违法动用刑事手段插手经济纠纷的现象依然时有发生。

在办理此案的过程当中，笔者深深地感受到公权力与私权利之间力量对比之悬殊的现实。但是同时也真真切切地看到了我国司法的进步，检察机关在证据上的严格把关、充分尊重事实和法律，反映出我国目前良好的司法环境，对于广大的律师来说，所要做的是相信法律，充分发挥辩护人的职责，积极履行调查取证权，恪尽职守，最大限度地为当事人争取合法权益。

辩点总结：挪用资金罪的无罪辩护要点

2018 年 5 月 31 日，受到社会各界关注的企业家张某诈骗、单位行贿、挪用资金一案尘埃落定，最高人民法院撤销原审判决，改判张某无罪。在张某终于昭雪的同时，也给企业家们敲响警钟，作为企业家合法权益保护的“标杆”案件，也值得引起企业家以及辩护律师们的高度重视。

根据《刑法》第二百七十二条规定，挪用资金罪，是指公司、企业或者其他单位的工作人员利用职务上的便利，挪用本单位资金归个人使用或者借贷给他人，数额较大、超过 3 个月未还的，或者虽未超过 3 个月，但数额较大、进行营利活动的，或者进行非法活动的行为。

笔者对近年来挪用资金罪的无罪案例进行剖析，发现判断行为人的行为是否构成挪用资金犯罪，必须综合考虑主体、客体、主观方面和客观方面的情况，严格以犯罪构成要件为处断依据，因此该罪名存在着一定的辩护空间。本文总结了十个有效辩护要点，以期对企业家刑事风险防控起到警示作用，对刑事辩护律师关于挪用资金的精准化、有效化辩护具有借鉴意义。

一、被告人不是涉案单位员工，不属于挪用资金罪的犯罪主体

挪用资金罪犯罪行为的主体系公司、企业或者其他单位的工作人员，一般是在单位具有一定职权或者管理权限的人员，利用主管、分管或者直接负责、经手本单位资金的人员。在认定该罪的行为主体时，还需要注意以下情形。

1. 金融机构的工作人员。

《刑法》第一百八十五条第一款规定，商业银行、证券交易所、期货交易所、证券公司、期货经纪公司、保险公司或者其他金融机构的工作人员利用职务上的便利，挪用本单位或者客户资金的，依照挪用资金罪定罪处罚。

2. 受委托管理、经营国有财产的非国家工作人员。

最高人民法院《关于对受委托管理、经营国有财产人员挪用国有资金行为如何定罪问题的批复》规定，对于受国家机关、国有公司、企业、事业单位、人民

团体委托，管理、经营国有财产的非国家工作人员，利用职务上的便利，挪用国有资金归个人使用构成犯罪的，应当依照挪用资金罪定罪处罚。

案例1：张某涉嫌挪用资金罪一案①

裁判要旨： 本院认为，被告人张某未与某公司签订劳动合同或者聘用合同，某公司不给其开固定工资，也没有为其缴纳社会保险。被告人张某不符合劳动部（2005）12号《关于确立劳动关系有关事项的通知》的规定，双方之间不存在劳动关系。因挪用资金主体为特殊主体，必须是本单位员工，认定被告人张某是某公司员工事实不清，证据不足，因此被告人张某不构成挪用资金罪。

案例2：王某涉嫌挪用资金罪一案②

裁判要旨： 挪用资金罪的主体必须同时具备两个条件，即本单位的工作人员和挪用的是本单位的资金。本案被告人被指控为犯挪用资金罪，首先，从主体上看，无任何证据证明王某系公司副总经理，王某是公司工作人员的主体身份不能确定。其次，王某与公司于2011年1月9日签订联合经营合同，合同第五条约定定金及货款一律汇入公司账户，王某收了销售款未交到公司账户的行为属于违约行为，是民法调整的范围，且所收销售款是属于联营体共同的货款，在未结算的情况下，不属于哪一方所有。因而王某不构成挪用资金罪。

二、被告人系一人公司的法定代表人，对公司债务承担无限连带责任，不属于挪用资金罪的犯罪主体

一人公司属个人出资，以个人全部财产对企业承担无限责任，因此企业财产

---

① 审理法院：长春市朝阳区人民法院，案号：（2016）吉0104刑初272号，裁判日期：2016.12.14。［二审法院：长春市中级人民法院，案号：（2017）吉01刑终216号，裁判日期：2017.05.17，裁定长春市人民检察院撤回抗诉，长春市朝阳区人民法院（2016）吉0104刑初272号刑事判决自裁定送达之日起发生法律效力。］

② 审理法院：盐亭县人民法院，案号：（2014）盐刑初字第2号，裁判日期：2013.12.26。（一审判决已生效）

与个人财产实际上存在混同状态，故，一人公司的一般工作人员可以成为本罪主体，但对法定代表人及出资人本人的挪用行为不宜认定为本罪。

案例1：黄某涉嫌挪用资金罪一案①

裁判要旨：本院认为，被告人黄某是某公司的法定代表人，作为一人公司的法定代表人，其对公司资金具有完全的支配权，其挪用公司资金并不涉及损害其他股东利益的问题，也不存在其他社会危害性，故情节显著轻微危害不大，不认为是犯罪。

案例2：肖某涉嫌挪用资金罪一案②

裁判要旨：被告人肖某系××公司的法定代表人兼股东，因该公司系一人有限责任公司，法定代表人肖某在一定条件下对公司的债务要承担无限责任，因此被告人肖某不能成为挪用资金罪的犯罪主体。检察院指控的罪名不成立。

三、被告人主观方面不具有挪用资金的故意

挪用资金罪要求行为人主观上具有直接故意，即明知是单位资金而故意挪归自己使用或者借贷给他人使用。但其犯罪目的仅是暂时获取单位的资金使用权，而并非以永久占有或侵占单位资金为主观目的，若行为人在过程中产生永久占有或侵占单位资金的意图，就有可能会转化成职务侵占罪。

案例1：杜某涉嫌挪用资金罪一案③

裁判要旨：被告人杜某身为公司的常务副总经理，未经合法审批手续，私自

---

① 审理法院：延吉市人民法院，案号：（2015）延刑初字第786号，裁判日期：2016.03.16。[二审法院：延边朝鲜族自治州中级人民法院，案号：（2016）吉24刑终52号，裁判日期：2016.09.13，裁定驳回抗诉，维持原判。]

② 审理法院：宜宾市南溪区人民法院，案号：（2014）南溪刑初字第173号，裁判日期：2015.12.10。（一审判决已生效）

③ 审理法院：海口市龙华区人民法院，案号：（2012）龙刑初字第303号，裁判日期：2014.03.14。（一审判决已生效）

利用本单位资金购买设备，并投入其自主经营、自负盈亏的二车间生产线使用的事实清楚，但其主观方面并非故意侵犯公司的资金使用权，客观上亦无法确认其将所购设备归个人使用。同时，认定被告人杜某的行为是否构成挪用资金罪，还应当从该公司的实际经营情况及客观存在的债权债务关系层面整体把握。

案例2：唐某涉嫌挪用资金罪一案①

裁判要旨：唐某在得知周某已将甲公司出借给××公司的500万元收回的情况下，未经甲公司其他股东同意，将××公司向甲公司所借贷的500万元转为其个人向甲公司借款，以及在甲公司召开股东大会时没有告知股东其妻子周某已从××公司收回500万元借款的行为，应属于唐某自愿承担因周某的行为而给甲公司造成的经济损失。唐某在这一阶段主观上并没有将本单位资金挪归其妻子使用的故意。

四、没有或者无证据证明被告人挪用资金归个人使用为谋取个人利益

挪用资金罪的核心条件系“归个人使用”，关于“归个人使用”的认定，根据《最高人民检察院、公安部关于公安机关管辖的刑事案件立案追诉标准的规定（二）》第八十五条规定：“公司、企业或者其他单位的工作人员，利用职务上的便利，挪用本单位资金归个人使用或者借贷给他人，……具有下列情形之一的，属于本条规定的‘归个人使用’：（一）将本单位资金供本人、亲友或者其他自然人使用的；（二）以个人名义将本单位资金供其他单位使用的；（三）个人决定以单位名义将本单位资金供其他单位使用，谋取个人利益的。”

案例1：周某、黄某涉嫌挪用资金罪一案②

裁判要旨：被告人周某指令被告人黄某将公司500万元资金挪至其他公司使

---

① 审理法院：长沙市天心区人民法院，案号：（2016）湘0103刑初451号，裁判日期：2016.12.23。（一审判决已生效）

② 审理法院：威海市环翠区人民法院，案号：（2018）鲁1002刑初67号，裁判日期：2018.08.03。［二审法院：威海市中级人民法院，案号：（2018）鲁10刑终172号，裁判日期：2019.03.12，裁定驳回抗诉，维持原判。］

用，系被告人周某作为上述涉及的诸公司的法定代表人的身份，以公司名义将公司资金挪给其他单位使用，该行为不符合《关于〈中华人民共和国刑法〉第三百八十四条第一款的解释》（下称《解释》）中规定的情形（一），即将公司资金供本人、亲友或者其他自然人使用，也不符合《解释》中规定的情形（二），即以个人名义将公款供其他单位使用的，其行为特征符合《解释》中规定的情形（三），即个人决定以单位名义将公款供其他单位使用，但该种情形构成犯罪，还需符合谋取个人利益的行为特征。被告人周某挪用涉案款项确实未经公司董事会研究决定，违反了公司法的相关规定，但根据现有证据，不足以证实该挪用行为谋取了个人利益。

被告人周某作为公司的法定代表人，未经公司董事会研究等法定程序，擅自决定并指令被告人黄某将公司500万元资金挪至其他公司使用，属于企业经营行为，该行为违反公司法，如果给公司造成损失，应承担赔偿责任，但现有证据无法证实该二被告人从挪用行为中谋取了个人利益，其行为不符合挪用资金罪的犯罪构成要件，不能认定其行为构成挪用资金罪。

案例2：张某涉嫌诈骗、单位行贿、挪用资金罪一案[①]

裁判要旨：被告人张某与陈某1、田某1共谋，并利用陈某1职务上的便利，将陈某1所在公司4000万元资金转至××投资咨询中心股票交易账户进行营利活动的事实清楚，证据确实。但原判认定张某挪用资金归个人使用、为个人谋利的事实不清、证据不足。故原判认定张某的行为构成挪用资金罪，属于认定事实和适用法律错误，应当依法予以纠正。

案例3：朱某涉嫌挪用资金罪一案[②]

裁判要旨：本案中，涉案资金通过公司账户转至××公司225万元，用于支

---

① 审理法院：最高人民法院，案号：（2018）最高法刑再3号，裁判日期：2018.05.30。（再审判决已生效）

② 审理法院：通辽市中级人民法院，案号：（2017）内05刑终52号，裁判日期：2017.06.14。[二审法院：通辽市中级人民法院，案号：（2018）内05刑终93号，裁判日期：2018.07.05，裁定驳回抗诉，维持原判。]

付××公司的货款，朱某并未以个人名义出借、使用，应认定以单位名义出借、使用资金。上诉人朱某虽有“个人决定以单位名义将本单位资金供其他单位使用”的情形，但认定为“归个人使用”，还应具备“谋取个人利益”的条件。依据现有证据不足以认定其谋取了个人利益，辩护人提出没有谋取个人利益的辩护意见予以采纳。上诉人朱某挪用资金的行为不符合挪用资金罪的法定构成要件，故证据不足，不能认定其有罪。

案例4：李某涉嫌挪用资金罪一案[①]

裁判要旨：本院认为，原审被告人李某为增加村民小组收入，经与小组会计商量后，将小组预收的宅基地转让款50000元，以小组名义借给了××泵风机公司，后又将此事告诉了部分群众代表。原审被告人李某既未以个人名义将款借出，也未谋取个人利益，其行为不符合挪用资金罪的构成要件。

五、没有或者无证据证明被告人利用职务之便挪用资金

行为人“利用职务上的便利”，是挪用资金罪的前提条件，所谓“利用职务上的便利”，是指公司、企业或者其他单位中具有管理、经营等职责的人员，利用其具有的管理、调配、使用、经手本单位资金的便利条件，将资金挪作他用。具体表现包括并不从事具体经手本单位资金的工作，但对本单位资金具有管理、安排、使用等决定性的控制或支配权；通过自己的职权或地位控制，从而利用或影响其他工作人员实施挪用资金的行为等。

案例1：李某、宋某涉嫌挪用资金罪一案[②]

裁判要旨：公诉机关认定被告人宋某为××能源有限公司监事的证据不足。工商登记显示被告人宋某为监事，其公司章程记载公司不设监事会，只设监事一人，

---

① 审理法院：焦作市中级人民法院，案号：（2015）焦刑再一终字第5号，裁判日期：2015.12.30。（再审判决已生效）

② 审理法院：陕西省神木市人民法院，案号：（2018）陕0881刑初455号，裁判日期：2018.12.27。（一审判决已生效）

由××能源投资有限公司任命，但公司也没有任命被告人宋某为公司监事的任命文件。实际提交的工商登记显示为选举产生的监事，选举董事、监事参会股东为被告人李某、被告人宋某，选举被告人李某为董事长，被告人宋某为监事，在股东签字一栏中只有被告人李某的签字，没有被告人宋某的签字。李某也证明只是口头上说过让宋某当监事，公司也没有开过会，具体注册事宜其并不清楚。其他证人也证实宋某并不参与公司的经营管理，仅根据工商登记信息认定宋某利用监事的职务便利挪用资金，证据不足。公诉机关指控二被告人犯挪用资金罪的罪名不能成立。

案例2：张某涉嫌挪用资金罪一案①

裁判要旨：本院认为，本案系自诉案件，自诉人指控被告人张某犯挪用资金罪的犯罪事实，应当事实清楚，证据确实充分，该案的举证责任在于自诉人。从本案查明的事实来看，被告人张某监管该案争议的2500万元，是否系挪用资金的行为，从自诉人方某举示的证据看，是被告人张某擅自划出，而从被告人张某举示的证据看，是公司委托代理人荀某与秦某等人共同商定后安排被告人张某划出，双方证据各执一词，相互矛盾，导致本院无法认定被告人张某利用职务之便将监管的2500万元工程款挪作他用的事实，故本案事实不清，证据不足，张某犯挪用资金罪的指控不能成立，对此自诉人应当承担举证不能的责任。

六、被告人所挪用的资金性质不属于单位资金或资金性质不明

挪用资金罪所侵犯的犯罪客体是单位资金使用权，犯罪对象是单位的资金，主要是以货币形态存在的人民币资金，也包括外币、股票、支票、国库券、债权等有价证券。根据《公安部经济犯罪侦查局关于对挪用资金罪有关问题请示的答复》，对于在经济往来中所涉及的暂收、预收、暂存其他单位或个人的款项、物品，或者对方支付的货款、交付的货物等，如接收人以单位名义履行接收手续的，所接收的财、物应视为该单位资产。若行为人并未侵害单位资金的所有权，而只

① 审理法院：重庆市南川区人民法院，案号：(2015)南川法刑初字第00430号，裁判日期：2016.06.01。(一审判决已生效)

是单纯侵害了他人的资金所有权，如个人借款、股权、暂时保管的资金挪为他用等，则不构成挪用资金罪。

案例1：席某、方某涉嫌挪用资金罪一案①

裁判要旨：挪用资金罪的构成要件之一为“本单位资金”，即行为对象为单位资金。该构成要件是否符合关系到挪用资金罪能否成立。本案310万元是经公司依据施工进度并扣取过管理费用后支付的已完成工程的工程进度回款，是席某、方某二人或者其中一人在工程施工过程中的垫资以及投入的人力、物力等财产的对价，是属于席某、方某二人或者其中一人的财产，并不是公司资金。综上，本案事实与挪用资金罪中的“本单位资金”构成要件不符合，故被告人席某、方某的行为不构成挪用资金罪。

案例2：袁某、蔡某涉嫌虚假出资、抽逃出资、挪用资金罪一案②

裁判要旨：本院认为，本案中被告人和被害人各方对该款项性质从各自的陈述看并不清晰，在各方都有证据支持其观点的前提下，宜从有利于被告人的原则出发认定蔡某收取的508万元涉案款项属于其个人股权转让款，上诉人袁某、蔡某无罪。

案例3：卢某涉嫌挪用资金罪一案③

裁判要旨：本案中，公诉机关指控被告人卢某挪用资金是被告人卢某逮捕后在看守所经三方算账后才形成的，并不是之前就确定挪用资金未还。在这之前公

---

① 审理法院：西安市雁塔区人民法院，案号：（2014）雁刑初字第743号，裁判日期：2018.12.04。［二审法院：西安市中级人民法院，案号：（2018）陕01刑终273号，裁判日期：2018.12.04，裁定准许黔南布依族苗族自治州人民检察院撤回抗诉，西安市雁塔区人民法院（2014）雁刑初字第743号刑事判决自裁定送达之日起发生法律效力。］

② 审理法院：福州市中级人民法院，案号：（2015）榕刑终字第1458号，裁判日期：2016.03.18。（二审判决已生效）

③ 审理法院：张掖市中级人民法院，案号：（2016）甘07刑终68号，裁判日期：2016.07.21。（二审判决已生效）

诉机关指控被告人挪用资金处于不稳定的状态。造成这种不稳定状态的原因是被告人卢某与受害公司对借款产生歧义。公司控告时认为是公司借款，而卢某认为是个人借款，从而造成卢某挪用资金的数额处于不确定状态，在此情况下认定卢某挪用了公司资金长期不还证据不足，不宜认定为犯罪。

案例4：张某涉嫌挪用资金罪一案①

裁判要旨：《××小区项目目标责任书》约定了由泰州×公司负责前期准备工作及有关资金筹措的内容。××公司第一笔工程款1446万元于2011年1月20日汇入张某指定的账户，而张某早在2010年10月即接受该项目并组织人员进行项目前期准备工作，故现有证据不能排除张某有垫资施工的情况，亦不能认定涉案的600余万元性质。

七、被告人的行为属于单位意志的行为，不构成挪用资金罪

如果行为人挪用单位资金，具有单位整体利益性以及单位利益取得性的特征，是单位意志的运作与实现，由单位的主管、分管，或者直接负责、经手的工作人员在单位意志的支配下和指挥下实施的，应当认为属于单位行为，不构成挪用资金罪。

案例1：杨某涉嫌挪用资金罪一案②

裁判要旨：甲公司、乙公司、丙公司三方协商顶付奶牛款的事情，时任甲公司董事长的赵某某与郭某某协商后，征得杨某同意办理。该行为属于甲公司的单位行为，不应认定为杨某的个人行为。

---

① 审理法院：北京市第三中级人民法院，案号：(2013) 三中刑终字第00142号，裁判日期：2014.06.18。(二审判决已生效)

② 审理法院：银川市中级人民法院，案号：(2015) 银刑终字第27号，裁判日期：2015.06.04。(二审判决已生效)

案例2：彭某涉嫌挪用资金罪一案[①]

裁判要旨：本院认为，即便确认彭某已实际挪用上述资金，在推定基础上认定彭某挪用资金归个人使用的具体数额时，应当扣除彭某为公司正当支出的相应数额。公司全体股东通过股东决议形式将股东意志上升为公司意志，彭某执行股东决议而支出费用不应予以刑事处罚，应认定为正当，相应数额应当扣除。本案实质为公司投标收益的股东民事权益纠纷，不应通过刑事途径解决。

八、被告人的行为属于企业经营中的民事权益纠纷，不构成挪用资金罪

挪用资金罪与正当合法的民事纠纷之间的区别就是挪用资金系采用非法手段，往往具有隐蔽性，所侵害的客体是单位对资金的实际控制使用和收益权，供个人使用增加了单位资金的风险，是一种非法行为；而行为人与企业之间的民事纠纷则属于依法合理使用本单位资金的行为，往往通过合法手续进行。

案例：张某涉嫌挪用资金罪一案[②]

裁判要旨：本院认为，上诉人张某作为乐山××公司执行董事、法定代表人，将公司购货款1600万元挪作他用，未给公司造成实际损害，张某的行为应认定为企业违规运转资金，不宜以犯罪处理。公司的财务人员李某证实，公司注册资本为1500万元，但公司的股东除股本金外还向公司有个人借款。张某于2011年5月至2013年3月，陆续借款给公司，共计1亿余元，2011年7月至2013年7月，公司不间断地向张某还款共计9000余万元，现在公司仍差张某2000余万元。原判认定张某2012年挪用资金1600万元的行为，仅仅是这三年来张某与公司资金往来的一小部分。故，张某的行为并未给公司造成实际损害。由于公司各股东之间未进行财务结算，该转出款应认定为企业的违规运转资金，不宜以犯罪处理。

---

① 审理法院：温州市中级人民法院，案号：（2015）浙温刑终字第99号，裁判日期：2015.04.28。（二审判决已生效）

② 审理法院：乐山市中级人民法院，案号：（2016）川11刑终139号，裁判日期：2017.02.15。（二审判决已生效）

九、涉案数额并未达到法定追诉标准，不构成挪用资金罪

根据最高人民法院、最高人民检察院《关于办理贪污贿赂刑事案件适用法律若干问题的解释》第十一条，挪用资金归个人使用或者借贷给他人，进行营利活动或者超过3个月未还，数额在10万元以上的，处3年以下有期徒刑或者拘役；挪用资金归个人使用或者借贷给他人，进行营利活动或者超过3个月未还，数额巨大（500万元以上），或者数额较大（10万元以上）不退还的，处3年以上10年以下有期徒刑；挪用资金归个人使用或者借贷给他人，进行非法活动，数额在6万元以上的，处3年以下有期徒刑或者拘役；挪用资金归个人使用或者借贷给他人，进行非法活动，数额巨大（600万元以上），或者数额较大（600万元以下）不退还的，处3年以上10年以下有期徒刑。

案例：翁某涉嫌挪用资金罪一案①

裁判要旨：关于公诉机关指控的被告人翁某挪用资金21725元的行为性质问题。本院认为，根据最高人民法院、最高人民检察院《关于办理贪污贿赂刑事案件适用法律若干问题的解释》第十一条第二款的规定，挪用资金归个人使用超过三个月未还的“数额较大”标准为10万元。本案中，被告人翁某挪用资金数额仅为21725元，达不到入罪标准，因此被告人翁某的行为不构成挪用资金犯罪。

十、已过追诉时效期限，不予追究刑事责任

《刑法》第八十七条规定，犯罪经过下列期限不再追诉：法定最高刑不满5年有期徒刑的，经过5年；法定最高刑为5年以上不满10年有期徒刑的，经过10年。

---

① 审理法院：福鼎市人民法院，案号：（2016）闽0982刑初25号，裁判日期：2016.07.04。（一审判决已生效）

案例：张某涉嫌挪用资金罪一案①

裁判要旨：关于公诉机关对被告人张某挪用资金的指控，经审查，该指控已过追诉时效期限，依法应终止审理。

办案感悟

本文运用大数据分析的模式，对挪用资金罪的辩护要点进行总结概括。辩护律师对于该类案件可以从以上几个方面着重审查，依照法定程序，以严格的刑事司法证据标准及刑法构成要件的认定来保护犯罪嫌疑人与被告人的合法权益。

① 审理法院：天津市西青区人民法院，案号：（2016）津0111刑初291号，裁判日期：2016.09.06。（一审判决已生效）

案例八
徐某贩卖毒品案

案件关键词： 持有毒品　贩卖毒品　程序瑕疵

案情简介

2013 年 5 月某日夜，龙某（同案被告人）联系本案当事人徐某从广东省 L 市到 S 市。同日零时许，被告人龙某驾驶小轿车搭载被告人姚某（同案被告人）、徐某到达 S 市某酒店，准备向他人购买毒品，龙某、姚某与徐某三人在该酒店开了 1068、1078 两个房间，进行毒品交易。随后，一名男子（目前在逃）拉着装有毒品的黑色拉杆箱来到 1068 房，姚某以每公斤 5 万元人民币的价格向该男子购买了 10 公斤的冰毒，龙某、徐某陪同姚某完成了毒品交易。姚某、龙某叫徐某将装有毒品的黑色背包和黑色拉杆箱放到 1078 房保管。凌晨 1 时许，公安机关接到涉毒人员龙某入住的预警指令，前去检查。在 1078 房内抓获犯罪嫌疑人徐某，在该房内的黑色行李箱中查获 8 包疑似毒品、黑色背包内查获 2 包疑似毒品，共 9801 克，经鉴定，检出氯胺酮。龙某、姚某逃离现场。2013 年 8 月，公安机关在 L 市某汽车站旁，将犯罪嫌疑人姚某、龙某抓获，当场从龙某处查获疑似毒品 20.23 克，经鉴定，检出氯胺酮。随后，公安机关在位于 L 市龙某住处查获 7 包疑似毒品，其中 308.32 克经鉴定检出氯胺酮、5.35 克经鉴定检出甲基苯丙胺；在位于 L 市姚某住处，查获 1 包疑似毒品 47.84 克，经鉴定，检出氯胺酮。

◇指控事实

公诉机关认为，被告人姚某、徐某、龙某无视国家法律，贩卖毒品，数量大，其行为触犯了《刑法》第三百四十七条第二款第一项之规定，应当以贩卖毒品罪追究刑事责任。

◇指控罪名

《中华人民共和国刑法》第三百四十七条——走私、贩卖、运输、制造毒品罪

走私、贩卖、运输、制造毒品，无论数量多少，都应当追究刑事责任，予以刑事处罚。

走私、贩卖、运输、制造毒品，有下列情形之一的，处十五年有期徒刑、无期徒刑或者死刑，并处没收财产：

（一）走私、贩卖、运输、制造鸦片一千克以上、海洛因或者甲基苯丙胺五十克以上或者其他毒品数量大的；

（二）走私、贩卖、运输、制造毒品集团的首要分子；

（三）武装掩护走私、贩卖、运输、制造毒品的；

（四）以暴力抗拒检查、拘留、逮捕，情节严重的；

（五）参与有组织的国际贩毒活动的。

走私、贩卖、运输、制造鸦片二百克以上不满一千克、海洛因或者甲基苯丙胺十克以上不满五十克或者其他毒品数量较大的，处七年以上有期徒刑，并处罚金。

走私、贩卖、运输、制造鸦片不满二百克、海洛因或者甲基苯丙胺不满十克或者其他少量毒品的，处三年以下有期徒刑、拘役或者管制，并处罚金；情节严重的，处三年以上七年以下有期徒刑，并处罚金。

单位犯第二款、第三款、第四款罪的，对单位判处罚金，并对其直接负责的主管人员或者其他直接责任人员，依照各该款的规定处罚。

利用、教唆未成年人走私、贩卖、运输、制造毒品，或者向未成年人出售毒品的，从重处罚。

对多次走私、贩卖、运输、制造毒品，未经处理的，毒品数量累计计算。

◇罪名分析

（一）罪名确定

本罪中规定的“走私”，是指明知是毒品而非法将其运输、携带、寄递进出国（边）境的行为。直接向走私人非法收购走私进口的毒品，或者在内海、领海、界河、界湖运输、收购、贩卖毒品的行为，也属于走私毒品。

“贩卖”，是指明知是毒品而非法销售或者以贩卖为目的而非法收买的行为。有证据证明行为人以牟利为目的，为他人代购仅用于吸食、注射的毒品，对代购者以贩卖毒品罪立案追诉。

“运输”，是指明知是毒品而采用携带、寄递、托运、利用他人或者使用交通工具等方法非法运送毒品的行为。

“制造”，是指非法利用毒品原植物直接提炼或者用化学方法加工、配置毒品，或者以改变毒品成分和效用为目的，用混合等物理方法加工、配制毒品的行为。为了便于隐蔽运输、销售、使用、欺骗购买者，或者为了增重，对毒品掺杂使假，添加或者去除其他非毒品物质，不属于制造毒品的行为。

《刑法》第三百四十七条规定的走私、贩卖、运输、制造毒品罪是一项选择性罪名，针对同一宗毒品的多种犯罪行为，如行为人制造某类毒品后又对该毒品进行运输和贩卖的，按走私、贩卖、制造毒品罪定罪处罚。一般情况下，在本罪罪名确定时，无论相应行为实施时间先后、毒品数量大小或者危害程度大小，一律按照《刑法》第三百四十七条规定的“走私—贩卖—运输—制造”的既定顺序进行排列。在走私、贩卖、运输、制造毒品犯罪中，即便行为人涉及多种犯罪行为，不实行数罪并罚。

（二）主观认定

走私、贩卖、运输、制造毒品犯罪中，要求行为人的主观为直接故意，对此不能仅凭被告人供述断定，应当依据被告人实施毒品犯罪行为的过程、方式、毒品被查获时的情形等证据，结合被告人的年龄、阅历、智力等情况，进行综合判断。

在走私、贩卖、运输毒品犯罪中的主观“明知”，是指行为人知道或者应当知道所实施的是走私、贩卖、运输毒品行为。具有以下情形之一的，如被告人不能作出合理解释的，结合行为人的供述和其他证据综合审查判断，可以认定其主观为“应当知道”，但有证据证明确属被蒙骗的除外：

（1）执法人员在口岸、机场、车站、港口、邮局和其他检查站点检查时，要求行为人申报为他人携带的物品和其他疑似毒品物，并告知其法律责任，而行为人未如实申报，在其携带的物品中查获毒品的；

（2）以伪报、藏匿、伪装等蒙蔽手段，逃避海关、边防等检查，在其携带、运输、邮寄的物品中查获毒品的；

（3）执法人员检查时，有逃跑、丢弃携带物品或者逃避、抗拒检查等行为，在其携带或者丢弃的物品中查获毒品的；

（4）体内或者贴身隐蔽处藏匿毒品的；

（5）为获取不同寻常的高额、不等值报酬为他人携带、运输物品，从中查获毒品的；

（6）采用高度隐蔽方式携带、运输物品，从中查获毒品的；

（7）采用高度隐蔽的方式交接物品，明显违背合法物品惯常交接方式，从中查获毒品的；

（8）行程路线故意绕开检查站点，在其携带、运输的物品中查获毒品的；

（9）以虚假身份或者地址办理托运手续，在其托运的物品中查获毒品的；

（10）有其他证据足以认定行为人应当知道的。

在制造毒品犯罪中的主观“明知”，是指行为人知道或者应当知道所实施的是制造毒品行为。具有以下情形之一的，如被告人不能作出合理解释的，结合行为人的供述和其他证据综合审查判断，可以认定其主观为“应当知道”，但有证据证明确属被蒙骗的除外：

（1）购置了专门用于制造毒品的设备、工具、制毒物品或者配置方案的；

（2）为获取不同寻常的高额或者不等值的报酬为他人制造物品，经检验是毒品的；

（3）在偏远、隐蔽场所制造，或者采取对制造设备进行伪装等方式制造物品，经检验是毒品的；

（4）制造人员在执法人员检查时，有逃跑、抗拒检查等行为，在现场查获制造出的物品，经检验是毒品的；

（5）有其他证据足以证明行为人应当知道的。

（三）毒品数量确定

本罪规制毒品犯罪中的走私、贩卖、运输、制造的单个或多个犯罪行为，在司法实践中往往出现行为人涉及多种犯罪行为、多宗毒品等情况，因此应当予以明晰。

1. 针对同一宗毒品实施了多种犯罪行为的，该毒品数量不重复计算，如行为人针对 A 宗 a 克毒品同时实施了走私、贩卖、制造的犯罪行为，则毒品数量为 a 克，而非 a + a + a 克；

2. 针对不同宗毒品分别实施不同犯罪行为。如行为人走私 A 宗毒品 a 克、B 宗毒品 b 克，制造 C 宗毒品 c 克、D 宗毒品 d 克，在按走私、制造毒品罪定罪的同时，根据不同的犯罪行为所涉及的 A、B、C、D 四宗毒品累计计算毒品数量，即毒品数量为 a + b + c + d 克。

（四）特殊情节处理

1. 以贩养吸

“以贩养吸”是指行为人本身就是毒品的吸食者，同时又向他人贩卖毒品，以此获得其吸食毒品的主要经济来源。最高人民法院出台的《全国部分法院审理毒品犯罪案件工作座谈会议纪要》规定：“对于以贩养吸的被告人，其被查获的毒品数量应认定为其犯罪的数量，但量刑时应考虑被告人吸食毒品的情节，酌情处理；被告人购买了一定数量的毒品后，部分已被其吸食的，应当按能够证明的贩卖数量及查获的毒品数量认定其贩毒的数量，已被吸食部分不计入在内。”

相较于一般以牟利为目的的贩毒行为人，“以贩养吸”之行为人虽也是通过贩卖毒品获取非法利益，但前者的犯罪动机是追求利益的最大化，而后者仅为满足自己吸食毒品的经济来源。因此，鉴于“以贩养吸”之行为人亦是毒品终端消费者之一，即自己行为的受害人，查获毒品中部分亦供自己吸食，其社会危害性相对较小，故在量刑时予以酌情处理。

2. 代购毒品

代购毒品，是指行为人受他人之托，为他人购买毒品的行为。对于有证据证明行为人不以牟利为目的，且为他人代购的毒品仅用于吸食，毒品数量超过《刑法》第三百四十八条规定的最低数量标准的，不以贩卖毒品罪追究行为人的刑事责任，对托购者、代购者应以非法持有毒品罪定罪。如代购者在为他人购买毒品过程中，除交通、食宿等必要开销外还收取“介绍费”、“劳务费”等费用，或者收取部分毒品作为酬劳，属于从中牟利或变相加价贩卖毒品，对代购者应以贩卖毒品罪定罪。

3. 特情介入

特情介入是指公安机关为了侦破毒品案件，由其侦查人员或其授权的特情人员，设计毒品交易的情景、条件和环境等要素，接近正在着手实施或者有可能进行毒品犯罪的行为人，并参与到有关的毒品犯罪活动中。由于毒品犯罪具有较强的隐蔽性，特情介入已成为公安机关破获毒品犯罪的一项有效手段，但由于特情介入的毒品犯罪中存在犯意等方面的引诱，在对相应行为人的定罪量刑应格外审慎。对此《全国部分法院审理毒品犯罪案件工作座谈会议纪要》规定，对特情介入侦破的毒品案件，要区别不同情形予以分别处理。

（1）犯意引诱

简而言之，犯意引诱是指行为人本人没有实施犯罪的主观意图，而是在特情人员的诱惑和促成下形成犯意，进而实施犯罪行为，由于我国司法实践中并未禁止犯意引诱，仅在定罪量刑时有所轻缓。但对于犯意引诱的认定，应当着重区别行为人本身是否已具有实施毒品犯罪的主观意图。

对于有证据证明行为人已经持有毒品，且已准备实施毒品犯罪的，采取特情介入、贴靠、接洽的毒品犯罪案件，属于机会型引诱，非犯意引诱，应当依法处理。

对于行为人自身本没有实施毒品犯罪的主观意图，而是在特情诱惑和促成下形成犯意，进而实施毒品犯罪的，属于犯意引诱。对因犯意引诱而实施毒品犯罪的被告人，根据罪刑相适应原则，应当依法从轻处罚，无论涉案毒品数量多大，都不应判处死刑立即执行。

（2）双重引诱

双重引诱，又称双套引诱，属于犯意引诱的情形之一，是指在特情介入下既为行为人提供上线购买毒品，又为行为人提供下线贩卖毒品的双重引诱情形。由于双重引诱下，行为人的整个毒品犯罪过程均是在特情的诱惑和促成下完成，在定罪量刑时可予以更大幅度的从宽处罚或者依法免于刑事处罚。

（3）数量引诱

数量引诱是指行为人本来只有实施数量较小的毒品犯罪的主观故意，在特请介入的引诱下实施了数量较大甚至达到实际掌握的死刑数量标准的毒品犯罪。对因数量引诱而实施毒品犯罪的被告人，应当依法从轻处罚，即使毒品数量超过实际掌握的死刑数量标准，一般也不判处死刑立即执行。

（4）间接引诱

间接引诱，是指在特情介入的毒品犯罪中，行为人并非介入的直接对象，但其仍然受到特情介入的间接影响而实施毒品犯罪。对于此类犯罪，参照以上原则依法处理。

◇一审辩护

〔辩护要点〕

1. 被告人徐某在实施犯罪时系未成年人，依法应当从轻、减轻处罚。
2. 被告人徐某在本案中属于从犯。
3. 本案所涉罪名系贩卖毒品罪抑或非法持有毒品罪？
4. 程序严重违法，是否影响毒品数量认定？

〔辩护观点及论证〕

一、不构成贩卖毒品罪

辩护人认为公诉机关指控被告人徐某构成贩卖毒品罪存在实体和程序两方面的问题，结合全案证据，认定其构成贩卖毒品罪未达到“事实清楚、证据确实充分、排除合理怀疑”的要求，故徐某不构成贩卖毒品罪，理由如下：

（一）实体方面存在问题

公诉机关对被告人徐某犯贩卖毒品罪的指控，缺乏《刑法》第三百四十七条必备的构成要件，既不符合贩卖毒品罪主观方面的构成要件，也不符合其客观方面的构成要件。

1. 主观方面

被告人徐某不具有贩卖毒品的主观故意，具体表现如下：

第一，从本案被告人的供述来看，被告人徐某的供述自始至终都非常稳定，均未承认其贩卖毒品。本案其他被告人姚某、龙某的供述也印证了徐某没有贩卖毒品的故意。

首先，被告人徐某事先没有与姚某、龙某共谋。徐某并不知晓被告人姚某、龙某是否在贩卖毒品。被告人徐某从广东省 L 市来到 S 市后，只是按照被告人姚某、龙某的指使将黑色背包和黑色拉杆箱从某酒店 1068 房间放到 1078 房间保管。其次，被告人姚某、龙某并未向被告人徐某明示或者暗示过他们贩卖毒品。

第二，从本案物证来看，不能证明被告人徐某具有贩卖毒品的主观故意。本案中，侦查机关虽然从被告人徐某入住的某酒店 1078 号房间里的黑色背包及黑色拉杆箱中搜查出毒品 9801 克，但是，在没有运输、贩卖毒品的证据情况下，不能仅因为被告人徐某持有的毒品数量巨大就推定其具有贩卖的故意。

2. 客观方面

被告人徐某客观上没有实施贩卖毒品的行为，具体分析如下：

第一，被告人徐某的供述从未承认其有贩卖毒品的行为，仅承认其帮助被告人姚某、龙某将黑色背包和黑色拉杆箱从某酒店 1068 房间放到 1078 房间。

第二，综合本案的全案证据，也无法证明被告人徐某客观上有贩卖毒品的行为。

（二）本案在程序方面存在严重违法，作为定案根据的毒品数量存疑

1. 查获毒品程序违法

《公安机关缴获毒品管理规定》第十二条规定：“对办理毒品案件过程中发现的毒品，办案人员应当及时固定、提取，依法予以扣押、收缴。办案人员应当在缴获毒品的现场对毒品及其包装物进行封装，并及时完成称量、取样、送检等工作；确因客观原因无法在现场实施封装的，应当经办案部门负责人批准。”

但本案中，侦查人员在案发现场收缴毒品时，未严格按照上述规定的要求执行，未对收缴的毒品进行现场称量、取样、封存。

2. 收缴入库程序违法

《公安机关缴获毒品管理规定》第十三条规定：“办案人员依法扣押、收缴毒品后，应当在二十四小时以内将毒品移交本部门的毒品保管人员，并办理移交手续。异地办案或者在偏远、交通不便地区办案的，办案人员应当在返回办案单位后的二十四小时以内办理移交手续。需要将毒品送至鉴定机构进行取样、鉴定的，经办案部门负责人批准，办案人员可以在送检完成后的二十四小时以内办理移交手续。”

但本案中，侦查人员在案发现场收缴毒品后，并未严格按照上述规定的要求执行，未将毒品及时、如数上缴入库。

3. 侦查人员违法截留提取，涉嫌犯罪

本案中，侦查人员杨某、李某对收缴的毒品私自截留、提取，甚至有被拿去贩卖的可能性，案发后被追究刑事责任（杨某、李某因私自截留、提取被收缴的毒品涉嫌犯罪，在对两人的讯问笔录中，杨某称回到宿舍后，便将放在宿舍的九个袋子里面的疑似毒品，每个袋子都取出一点放在其准备的两个袋子里；李某称其当时拿走一包，该包内是白色物品，其与杨某说拿走一包找人验一下）。

4. 毒品鉴定人资格有重大瑕疵

本案中，关于本案毒品出具的鉴定文书之鉴定机构、鉴定人资质不明，不符

合最高人民法院《关于适用〈中华人民共和国刑事诉讼法〉的解释》第八十五条第一、二项之规定。根据上述规定，鉴定机构不具备法定资质，或者鉴定事项超出该鉴定机构业务范围、技术条件的；鉴定人不具备法定资质，不具有相关专业技术或者职称，或者违反回避规定的，其出具的鉴定意见不得作为定案的根据。

（三）本案证据未达到证明标准

本案的现有证据尚未达到认定构成刑事犯罪的证明标准——“事实清楚、证据确实充分”，具体如下：

1. 被告人徐某的供述与被告人姚某、龙某的供述之间未形成印证，在认定三被告人共同贩卖毒品的共同故意层面，事实不清，缺少证据证明。

2. 本案认定的毒品是否为案发现场查获的毒品，由于被查获的毒品已经被严重的程序违法所污染，无法认定，故事实不清，缺少证据证明。

二、量刑部分

本案被告人徐某不构成贩卖毒品罪，目前在案的仅有构成非法持有毒品罪的证据，但被告人徐某具有以下从轻、减轻的量刑情节：

1. 被告人徐某在本案中系从犯。其在本案中的作用，仅是次要的、辅助性的，相对于其他被告人而言，被告人徐某作为从犯，应当从轻、减轻处罚。

2. 案发时，被告人徐某年仅16周岁，尚未成年，应当减轻处罚。

3. 被告人徐某认罪态度良好，确有悔罪表现。

4. 被告人系初犯，无犯罪前科。被告人徐某以往表现一贯良好，无劣迹。其之所以卷入案件，也是一时糊涂，误入歧途，希望法庭在量刑时考虑其以往的良好表现，从轻处罚。

综上所述，本辩护人恳请法庭就已查明的案件事实，结合上述被告人徐某的量刑情节，依法从轻处罚，让其能够早日回归社会。

〔辩护对裁判的影响〕

一审法院认为，关于公诉机关指控被告人姚某、龙某、徐某构成贩卖毒品罪的事实。经查，本案中，仅有被告人姚某于供述中承认其和龙某、徐某一起到酒店帮他们买一批毒品，并以每条五万元的价格向对方买了十条冰毒，一条冰毒就是一千克，交易完成后让徐某把冰毒带到用徐某的身份证开的那间房。对于上述事实，公诉机关仅有被告人姚某的供述，未有其他证据予以佐证，公诉机关指控被告人姚某、龙某、徐某犯贩卖毒品罪，证据不足，一审法院未予支持。

一审法院认为，被告人姚某、龙某、徐某无视国家法律，违反毒品管理法规，明知是毒品而非法持有，其行为已构成非法持有毒品罪。本案系共同犯罪，被告人姚某、龙某积极主动参与，并安排、指使他人实施犯罪，地位、作用突出，均系主犯，均应按照其参与的全部犯罪进行处罚。被告人徐某受他人指使参与犯罪，起次要作用，系从犯，应当从轻处罚。被告人徐某犯罪时已满16周岁、未满18周岁，系未成年人，依法应当减轻处罚。被告人龙某曾因聚众斗殴罪被判处有期徒刑，刑罚执行完毕后五年内又犯应判处有期徒刑以上刑罚之罪，系累犯，依法应当从重处罚。本案涉案毒品数量特别巨大，该毒品一旦流入社会将造成极大的社会危害，一审法院对此于量刑时予以充分体现。综合评判被告人姚某、龙某、徐某的犯罪事实、性质、情节、在犯罪中所起作用、对于社会的危害程度以及悔罪表现等，一审法院判决如下：

1. 被告人姚某犯非法持有毒品罪，判处无期徒刑，剥夺政治权利终身，并处没收个人全部财产。

2. 被告人龙某犯非法持有毒品罪，判处无期徒刑，剥夺政治权利终身，并处没收个人全部财产。

3. 被告人徐某犯非法持有毒品罪，判处有期徒刑七年，并处罚金人民币五千元。

本案经过辩护律师的辩护，合议庭最终采纳了辩护人关于不构成贩卖毒品罪的辩护意见，改变了案件定性，转而判决构成非法持有毒品罪。合议庭采纳了辩护人关于被告人徐某系从犯的辩护意见。但遗憾的是，判决书中未对辩护人提出的侦查人员在侦查过程中程序上存在的瑕疵问题作出回应，也并未说明理由。

一审后，部分被告人提起上诉，二审法院维持原判，判决已生效。

办案感悟

本案是一个较为复杂的共犯结构，因此，剖析共同犯罪结构、厘清各被告人在共同犯罪结构中的地位、作用，对被告人的定罪、量刑有着重要的意义。

辩护人通过会见被告人徐某、阅读案件证据材料，发现被告人徐某与其他两名被告人虽为共犯结构，但其与其他两名被告人在主观故意方面有所不同。因此，在厘清了被告人徐某在共犯结构中的地位与作用后，辩护人决定为其做定性辩护，即被告人徐某并不构成贩卖毒品罪这一刑法较重的罪名，而应改变定性为非法持有毒品罪这一刑罚较轻罪名。最终在庭审中，合议庭采纳了辩护人的辩护意见，公诉机关指控被告人徐某贩卖毒品罪不能成立。

此外，本案留给辩护人印象最为深刻的是，在庭审的举证质证阶段，公诉人未出示两份有利于被告人的证据。辩护人当即向合议庭表明该部分证据系对被告人有利的证据，请公诉人予以出示，若公诉人不出示该部分证据，那么辩护人将在举证阶段进行出示。最后，在辩护人的努力下，审判长向公诉人释明应当出示包括对被告人有利的证据，最终使得该部分证据得以出示，为案件的定性改变，以及被告人徐某得以轻判打下了坚实的基础。

案例九
于某贩卖毒品案

案件关键词： 附条件不起诉　贩卖毒品罪　未成年人　在校学生

案情简介

于某，在校学生，出生于2001年。2017年2月左右，于某在网上认识了毛某（另案处理），于2017年3月得知毛某处有毒品麦角酸二乙胺（LSD）（半人工型致幻剂、新型毒品，俗称“邮票”）出售。2017年4月，于某以每张80元的价格从毛某处购入五张麦角酸二乙胺，并在网上发布出售毒品的广告。群众任某得知后与于某联系，佯装约定以700元购买毒品，同时将此情况向S市公安局某分局举报。时隔数日，于某拿到毒品后告知任某，让其前往S市某街道某路段进行交易，双方在约定地点交易时，于某被设伏的公安民警抓获，缴获毒品十余毫克。

2017年4月，S市公安局某分局以涉嫌贩卖毒品罪对于某采取刑事拘留，2017年6月，S市某区人民检察院以涉嫌贩卖毒品罪批准逮捕于某。

◇指控事实

公安机关认为，于某从毛某处购入毒品后，向他人出售毒品，其行为涉嫌贩卖毒品罪。

◇指控罪名

《中华人民共和国刑法》第三百四十七条——走私、贩卖、运输、制造毒品罪

走私、贩卖、运输、制造毒品，无论数量多少，都应当追究刑事责任，予以刑事处罚。

走私、贩卖、运输、制造毒品，有下列情形之一的，处十五年有期徒刑、无期徒刑或者死刑，并处没收财产：

（一）走私、贩卖、运输、制造鸦片一千克以上、海洛因或者甲基苯丙胺五十克以上或者其他毒品数量大的；

（二）走私、贩卖、运输、制造毒品集团的首要分子；

（三）武装掩护走私、贩卖、运输、制造毒品的；

（四）以暴力抗拒检查、拘留、逮捕，情节严重的；

（五）参与有组织的国际贩毒活动的。

走私、贩卖、运输、制造鸦片二百克以上不满一千克、海洛因或者甲基苯丙胺十克以上不满五十克或者其他毒品数量较大的，处七年以上有期徒刑，并处罚金。

走私、贩卖、运输、制造鸦片不满二百克、海洛因或者甲基苯丙胺不满十克或者其他少量毒品的，处三年以下有期徒刑、拘役或者管制，并处罚金；情节严重的，处三年以上七年以下有期徒刑，并处罚金。

单位犯第二款、第三款、第四款罪的，对单位判处罚金，并对其直接负责的主管人员和其他直接责任人员，依照各该款的规定处罚。

利用、教唆未成年人走私、贩卖、运输、制造毒品，或者向未成年人出售毒品的，从重处罚。

对多次走私、贩卖、运输、制造毒品，未经处理的，毒品数量累计计算。

◇罪名分析

相关罪名分析已在案例八中进行详细阐述，在此不再赘述。

◇律师工作及成果

辩护人在侦查阶段及时介入，与办案机关多次沟通，并向检察院提交了羁押必要性审查申请书、申请附条件不起诉法律意见书，检察院作出附条件不起诉决定，成功地防止当事人进入刑事审判程序。

◇诉前辩护

〔辩护观点及论证〕

一、于某具有法定从轻、减轻情节

被告人于某系未成年人，根据《刑法》第十七条第三款规定，已满14周岁不满18周岁的人犯罪，应当从轻或者减轻处罚。被告人在作案当天，年龄刚满16周岁，系未成年人，属于未成年人犯罪，具有法定从轻或者减轻处罚的情节，依法应当从轻或减轻处理。根据《人民检察院办理未成年人刑事案件的规定》第二条规定，人民检察院办理未成年人刑事案件，实行教育、感化、挽救的方针，坚持教育为主、惩罚为辅和特殊保护的原则。这是我国对未成年人违法犯罪处理的基本方针，对于未成年人犯罪，处罚只是手段，教育保护才是目的。

二、被告人于某具有立功表现

被告人于某归案后，除了如实供述自己的罪行外，还向侦查机关提供其上家微信号、QQ号等具体信息。我国《刑法》对贩卖毒品罪的认定不以犯罪嫌疑人如实供述毒品上家为必备条件，犯罪嫌疑人是否如实供述上家或上家是否被成功抓获，并不是犯罪嫌疑人贩卖毒品罪成立的证据标准。可见，犯罪嫌疑人是否如实回答（供述）的标准，只在于如实供述所持有的毒品是否用于贩卖。侦查人员根据于某所提供上家的联系方式，进而将其抓获。最高人民法院《关于处理自首和立功具体应用法律若干问题的解释》第五条规定，根据《刑法》第六十八条第一款的规定，犯罪分子到案后……提供侦破其他案件的重要线索，经查证属实，应当认定为有立功表现。另外，根据最高人民法院《关于处理自首和立功若干具体问题的意见》，“五、关于‘协助抓捕其他犯罪嫌疑人’的具体认定：犯罪分子具有下列行为之一，使司法机关抓获其他犯罪嫌疑人的，属于《解释》第五条规定的‘协助司法机关抓捕其他犯罪嫌疑人’：……提供司法机关尚未掌握的其他案件犯罪嫌疑人的联络方式、藏匿地址的”。根据上述规定，辩护人认为，于某符合立功的条件，应认定为立功。

三、于某具有酌定从轻情节

被告人于某系初犯、主观恶性不大，且被告人于某归案后能如实供述犯罪事实，认罪、悔罪态度较好。根据《刑事诉讼法》（2012 年）第十五条规定：“犯罪嫌疑人、被告人自愿如实供述自己的罪行，承认指控的犯罪事实，愿意接受处罚的，可以依法从宽处理。”

四、犯罪嫌疑人于某涉案情节轻微，危害不大

根据起诉意见书认定，于某涉嫌贩卖的毒品为麦角酸二乙胺，数量仅为十余毫克。辩护人认为，本案涉嫌罪名虽为贩卖毒品罪，但从涉案毒品数量与种类上看，犯罪嫌疑人于某所贩卖毒品数量仅为十余毫克，数量极少；毒品种类为麦角酸二乙胺，并非传统意义上的硬性毒品，其对吸食人员瘾癖性及身体损伤远不如传统意义上的硬性毒品。综上所述，于某犯罪情节轻微，社会危害性较小。

五、本案事实清楚、证据确实、充分

被告人于某系现场抓获到案，现场查获涉案毒品及毒资，并经于某辨认确认，后期经过鉴定证实所涉案毒品为麦角酸二乙胺，数量为十余毫克；对于毒品来源于某亦如实供述，并帮助、配合公安机关将上家抓获。案件事实清楚，证据确实、充分。

六、被告人于某认罪态度良好，确有悔罪表现

犯罪嫌疑人于某被抓获后即如实供述自己的犯罪事实，积极认罪、悔罪，具有坦白情节，且积极帮助、配合公安机关将上家抓获，有立功表现，可见其主观恶性较小，确有悔罪表现。

综上，被告人于某系未成年人，涉嫌贩卖毒品罪，其涉嫌贩卖毒品数量为十余毫克，情节轻微，其行为可能判处拘役、管制或者缓刑，犯罪事实清楚，证据确实、充分，且认罪悔罪态度良好，完全符合《人民检察院办理未成年人刑事案件的规定》及《刑事诉讼法》第二百七十一条所规定之附条件不起诉的规定。根据我国对未成年人的刑事处罚采取能轻则轻，能减则减，能免则免，最大限度地降低对未成年限制人身自由的原则，建议依法对被告人于某作出附条件不起诉的决定。

办案感悟

本案中的毒品，其外观上看似与普通邮票无异，实际上是一种新型毒品，学名叫麦角酸二乙胺，简称 LSD。新型毒品，是相对鸦片、海洛因这一类传统麻醉毒品而言的，如鸦片、海洛因主要取材于天然植物，而新型毒品是以化学合成为主的一类精神药品，因此又称合成毒品。该类毒品直接作用于人的中枢神经系统，有的有兴奋作用，有的有致幻作用，也有的有中枢抑制作用。

以本案的“邮票”为例，该毒品毒性是一般摇头丸的 3 倍，且可通过皮肤吸收，几微克就足以让人产生幻觉，使用后通常会心跳加速，血压升高，并出现急性精神分裂和强烈的幻觉，对人体的中枢神经具有强大的破坏作用。又由于该类新型毒品较传统毒品外观形式新颖、隐蔽性更强，涉世未深的青少年群体极易涉足其中。

未成年人涉毒是当前打击毒品犯罪的严峻课题，根据最高人民检察院的统计数据，[①] 2018 年至 2019 年 5 月以来，有部分地区未成年人毒品犯罪有增多趋势，社会影响恶劣。对于涉毒未成年人，最高检采取少捕慎捕，对犯罪情节轻微的作不起诉处理的态度。

就本案的辩护工作而言，辩护人紧抓当事人为未成年人、贩卖毒品数量极少等情节作为切入点，向办案机关多次提交相关法律意见进行沟通，最终为当事人争取到附条件不起诉的结果。在我国严厉打击毒品犯罪的一贯态势下，不仅防止该案进入刑事审判程序，避免当事人遭受严厉的刑事惩罚，更使得其得以继续完成学业，避免其今后的人生道路受此影响，取得了较为全面的辩护成果。

---

① 参见最高人民检察院：“未成年人毒品犯罪呈增多趋势　家庭教育缺失是原因之一”，https：//www.spp.gov.cn/spp/zdgz/201906/t20190625_422907.shtml，最后访问时间 2019 年 9 月。

辩点总结：走私、贩卖、运输、制造毒品罪辩护要点

◇无罪辩护要点

一、没有或无证据证明行为人具有走私、贩卖、运输、制造毒品的主观故意

对于公诉机关指控被告人有罪的证据应当相互印证，达到证据确实、充分的法定证明标准，形成完整的证据链条。笔者认为，对于案件事实的认定，应当明确行为人是否具有走私、贩卖、运输、制造毒品的动机，是否存在走私、贩卖、运输、制造毒品的主观故意。在行为人是否具有走私、贩卖、运输、制造毒品主观故意无法证实的情况下，应当坚持恪守证据裁判原则和“疑罪从无”的理念。

案例1：朱某飚涉嫌运输毒品罪一案①

裁判要旨：对被告人朱某飚的主观故意方面，本案中现场相片显示公安机关在被告人朱某飚驾驶小轿车副驾驶位脚踏处查获甲基苯丙胺（俗称冰毒）重计49.44克，该位置是被告人陈某所坐，查获的毒品是被告人陈某所有。本案中能证实被告人朱某飚明知被告人陈某运输毒品的证据仅有被告人陈某在公安机关的供述，除此之外没有其他证据予以印证，且在原审的庭审中被告人陈某翻供称被告人朱某飚不知道其身上带有毒品一事，直至二审、重审的庭审中均供述被告人朱某飚对其身上携带毒品不知情。证人朱某职、朱某柱证言及被告人朱某飚供述均证实被告人朱某飚作为的士司机，驾驶汽车运载客人是其工作，现有证据无法认定被告人明知有毒品在车上，其主观上没有运输毒品的故意。公诉机关指控被告人朱某飚构成运输毒品罪事实不清、证据不足，不予支持。

---

① 审理法院：陆丰市人民法院，案号：（2017）粤1581刑初112号，裁判日期：2017.11.30。（一审判决已生效）

案例2：陈某涉嫌运输毒品罪一案①

裁判要旨：本案没有足够证据能够证明陈某明知车上运输的是毒品，亦没有相关事实能够推定陈某应当知道车上运输的是毒品等违禁物品。陈某对其相关反常行为表现，能够作出较合理解释，其辩解并不明显违背常理，且侦查机关不能提供足够证据予以否定，故不能据此合理推定陈某应当知道车上载有毒品。运输毒品罪，根据法律规定，指的是行为人明知是毒品而参与运输。而本案在本院对陈某的两次有罪供述依法予以排除后，现有证据不足以证明陈某明知是毒品仍协助他人运输，故陈某主观上是否具有运输毒品的故意存疑。认定行为人构成犯罪，应坚持主客观相一致原则，因此原审判决认定陈某明知是毒品而受雇帮助他人运输毒品，尚未达到事实清楚，证据确实、充分的定罪标准。

二、没有或者无证据证明行为人存在走私、贩卖、运输、制造毒品的共同犯罪行为

多个自然人参与实施走私、贩卖、运输、制造毒品的犯罪案件中，应当着重审查关于共同犯罪行为的认定。主观方面要求两名以上的行为人在主观上具有共同的故意，即既要求行为人之间主观知道系毒品而进行非法走私、贩卖、运输、制造，或者根据行为人的社会经历、认识能力、毒品的藏入方法、交易价格、联络方式、言行表现、同案犯的证言等方面的综合分析判断，应当明知是毒品；又要求行为人之间具有共同走私、贩卖、运输、制造毒品的主观意思联络，具有共同的犯罪故意。客观方面要求两名以上的行为人具有共同的犯罪行为，即具有走私、贩卖、运输、制造毒品的共同行为，与涉案毒品之间存在因果关系。

① 审理法院：广东省高级人民法院，案号：（2016）粤刑终321号，裁判日期：2016.12.12。（二审判决已生效）

案例1：谢某海、张某心、张某福涉嫌贩卖毒品罪一案①

裁判要旨：被告人张某福对起诉指控的2104.87克毒品没有预谋，对谢某海物流快递2104.87克毒品并不明知，甚至对谢某海贩卖、运输2104.87克毒品的行程亦不明确，且被告人谢某海和张某心对张某福存有疑心，对此次所运送毒品的情况及行程有意规避。另外，从三被告人的手机通话录音反映出，被告人张某福曾在谢某海的指使下频繁交易贩卖毒品，但对以前贩卖的毒品并未查获，亦未指控，用没有查证属实的事实，来推定必然参与其他被告人以后的犯罪行为，不符合刑事证据的证明标准，故现有的证据不能证明被告人张某福有参与预谋的共同犯罪行为，起诉书指控被告人张某福参与贩卖所查获2104.87克毒品的事实，因现有证据无法查清，应以证据不足，指控的犯罪不能成立，对被告人张某福宣告无罪。

案例2：刘某、赖某涉嫌贩卖毒品罪一案②

裁判要旨：关于水围村某房查获的毒品。本案现有证据仅能证明，被告人赖某与被告人刘某持杨某松的身份证租赁了水围村某房，且被告人赖某曾进出该房屋。但该房屋的钥匙为被告人刘某持有，被告人赖某亦没有实际居住在该房屋内，现无证据证明被告人赖某实际控制或使用上述房屋，不能推定其明知被告人刘某有贩卖毒品的行为且其明知水围村某房是用于存放毒品的。故不能认定被告人赖某与被告人刘某构成贩卖毒品的共同犯罪。

三、走私、贩卖、运输、制造毒品原料灭失或未被查获，毒品来源、毒品种类及数量不明，涉案工具来源去向不明

对于走私、贩卖、运输、制造毒品罪的认定，应当取决于对于物证、书证、

---

① 审理法院：天水市中级人民法院，案号：（2018）甘05刑初11号，裁判日期：2018.10.16。（一审判决已生效）

② 审理法院：深圳市福田区人民法院，案号：（2016）粤0304刑初218号，裁判日期：2017.03.23。[二审法院：深圳市中级人民法院，案号：（2017）粤03刑终1168号，裁判日期：2017. 06. 27，裁定驳回上诉，维持原判。]

鉴定意见的审查和判断，要求构成犯罪的毒品种类、来源、数量，涉案的工具，作案的手段、方式等事实必须有确实的证据予以证明，且证据之间能够形成完整的证据锁链，排除任何不合理怀疑，得出结论具有唯一性。若走私、贩卖、运输、制造毒品案件中因毒品原料灭失或未被查获，则无证据证明涉案毒品交易行为的存在；若毒品来源、毒品种类、含量及数量等核心事实不明，则犯罪构成要件事实缺乏必要的证据证明，案件事实无法查清，必要的物证不足，不构成犯罪。当然，在司法实践中，对于毒品的客观状态灭失或未被查获的情形，若有被告人的稳定供述或有二人以上见证人见证，且对毒品走私、贩卖、运输的时间、地点、数量等情节基本一致的，可以认定行为人的犯罪事实。

案例：蔡某金、郭某翔涉嫌制造毒品罪一案①

裁判要旨：本案除同案人郭某翔的指认外，并无其他更有证明力的证据能够证实蔡某金制造毒品，属于典型的“一对一”证据；同时，本案仍存在制造毒品的原料、工具来源及去向不明等情况。虽侦查机关、一审公诉机关高度怀疑上诉人蔡某金涉嫌毒品制造，但综合考虑本案的证据，认定蔡某金制造毒品的证据不足，从疑罪从无的角度，不宜认定蔡某金制造毒品。

四、没有或无证据证明行为人实施走私、贩卖、运输、制造毒品罪的客观行为，行为人与危害结果不具有关联性

毒品犯罪案件中，行为人的客观构成要件主要体现在犯罪的行为表现方式中，因此，结合具体案件事实，分析判断危害结果、危害行为与危害结果之间是否存在因果关系，从而判定行为人是否存在走私、贩卖、运输、制造毒品罪的客观行为。

---

① 审理法院：广东省高级人民法院，案号：（2017）粤刑终205号，裁判日期：2017.09.29。（二审判决已生效）

案例1：玉某涉嫌走私、贩卖、运输、制造毒品罪一案①

裁判要旨：上诉人玉某的有罪供述因来源不合法不能作为证据使用，现有证据只能证实玉某交给岩某两个箱子，无证据证实玉某交给岩某的两个箱子内物品为本案交易毒品的毒资，无证据证实玉某与本案查获的毒品具有关联性。

案例2：梁某涉嫌走私、贩卖、运输、制造毒品罪一案②

裁判要旨：本案缺乏可以证明梁某明知是毒品而携带上车进行运输的主客观证据，梁某归案后始终否认其实施运输毒品行为，在案其他证据均不能证明梁某与涉案毒品有关，而本案又有其他涉案嫌疑人员尚未归案。原判据以定案的证据没有形成完整的证明体系，不足以排除合理怀疑，不能得出梁某运输毒品的唯一性结论。原审判决认定的事实没有达到证据确实、充分的法定证明标准，认定梁某犯运输毒品罪的事实不清，证据不足，依法应当以证据不足、指控的犯罪不能成立，判决宣告上诉人梁某无罪。

◇罪轻辩护要点

一、被告人在受人雇用运输毒品过程中才意识到运输的是毒品的案件，应作为酌定从轻情节予以考虑——【马某运输毒品案】③

对运输毒品案件被告人的处刑，应当根据《刑法》第六十一条规定的量刑原则，结合案件的具体情况，如行为人运输毒品的数量，对所运输毒品的明知程度以及其他情节，依法判处刑罚。

毒品数量是确定毒品犯罪案件被告人刑罚的重要情节，但不是处刑的唯一标

---

① 审理法院：云南省高级人民法院，案号：（2016）云刑终799号，裁判日期：2017.05.04。（二审判决已生效）

② 审理法院：广东省高级人民法院，案号：（2016）粤刑终348号，裁判日期：2016.12.28。（二审判决已生效）

③ 《刑事审判参考》总第4集第28号，最高人民法院刑事审判一、二、三、四、五庭主办，法律出版社1999年第4集。

准。在审判实践中，不能只强调毒品数量，而忽视案件的其他情节，而应当结合案件的具体情况，根据被告人的主观恶性程度，判处的刑罚应当与犯罪分子所犯罪行相适应。运输毒品的犯罪人多为他人雇佣而实施犯罪，其主观恶性因案各异：有的运输之前就知道是毒品、有的在运输中才推测出是毒品、有的意识到自己运输的只是违禁品，这反映出同是运输毒品，而不同案件的被告人主观恶性不同，对此，应当作为酌定情节在处刑时予以考虑。

二、贩卖毒品数量较大，但毒品含量极低的，在处刑时应酌情考虑——【李某贩卖毒品案】①

最高人民法院《全国法院毒品犯罪审判工作座谈会纪要》中明确说明，根据刑法的规定，对于毒品的数量不以纯度折算。但对于查获的毒品有证据证明大量掺假，经鉴定查明毒品含量极少，确有大量掺假成分的，在处刑时应酌情考虑。特别是掺假之后毒品数量才达到判处死刑的标准的，对被告人可不判处死刑立即执行。本案被告人李某贩卖海洛因的次数多、数量大，又系再犯，本应依法从重处罚。但本案查获的302克海洛因经鉴定含量仅为3.98%，由陈某经手贩卖、李某存放在其租住处的146克海洛因亦未作含量鉴定，另外150克海洛因被李某贩卖销售，因李某购买的海洛因均系从同一地点向同一人购买的，从有利于被告人的权益考虑，未作含量鉴定的和被其销售的海洛因亦应按被查获的经鉴定的海洛因含量3.98%计算。那么，李某贩卖的海洛因共计598克，经计算，不足纯海洛因24克，这与法律规定和最高法院掌握的判处死刑的标准有较大差距。鉴于李某贩卖的毒品含量较低，对其判处死刑，可不立即执行，故最高人民法院在复核本案时对李某改判了死缓。

三、因同案犯在逃致被告人在共同犯罪中地位、作用不明的应慎用死刑——【宋某运输毒品案】②

在运输毒品行为中，宋某、叶某及杨某的地位、作用如何，是本案量刑的关

① 《刑事审判参考》总第46集第364号，最高人民法院刑事审判一、二、三、四、五庭主办，法律出版社2005年第5集。

② 《刑事审判参考》总第51集第405号，最高人民法院刑事审判一、二、三、四、五庭主办，法律出版社2006年第4集。

键问题。叶某供述杨某是毒品的所有人，其与宋某均受雇于杨某。由于杨某在逃，三人在共同运输毒品中的地位和作用，难以查清。宋某虽是携毒者，但不能因为毒品在谁包里就推定谁的地位更重要、作用更大。判断共犯所处的地位和作用，必须全面分析。宋某、叶某在共同犯罪中的地位与作用，根据现有证据尚不足以认定。在叶某已被判处死缓且裁判已经生效的情况下，一、二审法院对被告人宋某判处死刑，立即执行，在两被告人之间很可能出现量刑失衡问题。宋某虽系累犯，但因其所犯前罪为犯罪未遂，且不属毒品再犯，根据本案的具体情节，对宋某判处死刑，可不立即执行。据此，最高人民法院改判宋某死缓，既与本案事实、证据相符合，也与叶某的量刑相平衡。

四、对有特情介入因素的案件如何量刑——【王某、刘某贩卖毒品案】①

最高人民法院2008年12月印发的《全国部分法院审理毒品犯罪案件工作座谈会纪要》对特情引诱问题作了进一步规定，指出对特情介入侦破的毒品案件，要区别不同情形予以分别处理。对已持有毒品待售或者有证据证明已准备实施大宗毒品犯罪者，采取特情贴靠、接洽而破获的案件，不存在犯罪引诱，应当依法处理。对因“犯意引诱”实施毒品犯罪的被告人，根据罪刑相适应原则，应当依法从轻处罚，无论涉案毒品数量多大，都不应判处死刑立即执行。行为人在特情既为其安排上线，又提供下线的双重引诱，即“双套引诱”下实施毒品犯罪的，处刑时可予以更大幅度的从宽处罚或者依法免予刑事处罚。对因“数量引诱”实施毒品犯罪的被告人，应当依法从轻处罚，即使毒品数量超过实际掌握的死刑数量标准，一般也不判处死刑立即执行。对不能排除“犯意引诱”和“数量引诱”的案件，在考虑是否对被告人判处死刑立即执行时，要留有余地。

---

① 《刑事审判参考》总第51集第537号，最高人民法院刑事审判一、二、三、四、五庭主办，法律出版社2009年第2集。

案例十
某大学教授诈骗案

案件关键词： 外国专家补贴　诈骗　不起诉决定

案情简介

叶某，2002 年于国外留学，毕业归国后一直担任某大学教授。2015 年叶某在某项目评审会上认识古某，经古某介绍接触到 S 市政府引进高技术人才计划（以下简称“K 计划”），经双方初步交流，古某认为叶某符合该计划的申请条件，并告知叶某其可以申请该计划获得相应补贴、资助，可以由古某妻子陈某具体负责办理相关事务。叶某知晓后先自行查询 S 市“K 计划”的申请条件，并就该申请条件进一步向陈某咨询，当叶某询问是否需要实际在 S 市有长期工作时，陈某告知其符合计划的申请条件，可以通过陈某在 S 市的公司申请该计划的外国专家补贴，并不需要实际在该公司工作，但相关补贴发放后叶某本人只能取得一般的补贴款项，剩余部分作为陈某帮助其申请补贴的社保、公司运营及关系疏通等费用。叶某的疑问得以确认后即配合陈某办理申请“K 计划”的相关事宜，在 2016 年初成功申请该计划，收到了部分计划项下的外国专家补贴，同时，叶某在收到补贴后将当初约定的一半款项转账给陈某。

同年，S 市公安局辖区派出所接到 S 市外国专家局报案称有人伪造虚假的文件材料骗取 S 市海外专项人才奖励补贴，S 市公安局辖区分局接到报案后即对案件展开立案调查。叶某因涉嫌诈骗罪于 2016 年 3 月被 S 市公安局辖区分局传唤，后被采取取保候审强制措施。

◇指控事实

2014 年，犯罪嫌疑人古某获知了 S 市政府为引进国外留学人才而实施“K 计划”（对符合条件的人才给予政府补贴），其遂萌发通过虚构材料骗取 S 市政府补贴的犯罪意图，其伙同犯罪嫌疑人李某，由李某为其具体操办，虚构了 S 市某电子公司的劳动关系，提交申请材料，骗取了政府补贴 16 万元。

随后古某为继续诈骗政府补贴，又安排李某注册成立某科技公司的空壳公司，该公司成立后未进行任何实质性业务，犯罪嫌疑人古某与其妻子陈某为公司的实际控制人。古某、陈某、李某三人利用该公司为挂靠，先后与犯罪嫌疑人林某、叶某、史某等人达成协议，双方虚构在某科技公司的劳动就业关系，向 S 市政府外国专家局提供虚构材料申请补贴，获得补贴后公司从中收取一半作为“疏通费用”。2014 年至 2015 年，某科技公司为林某、叶某、史某三人各骗取 S 市政府补贴 16 万元，合计 48 万元，事后该公司与申请人平分非法所得。林某、叶某在骗取补贴之后，从中发现获取非法利益的“商机”，又各自与他人注册成立某公司及其他空壳公司，虚构劳动关系，以期继续骗取补贴。

S 市公安局辖区分局认为叶某的行为触犯了《中华人民共和国刑法》第二百六十六条之规定，涉嫌诈骗罪，将案件移送检察院审查起诉。

◇指控罪名

《中华人民共和国刑法》第二百六十六条——诈骗罪

诈骗公私财物，数额较大的，处三年以下有期徒刑、拘役或者管制，并处或者单处罚金；数额巨大或者有其他严重情节的，处三年以上十年以下有期徒刑，并处罚金；数额特别巨大或者有其他特别严重情节的，处十年以上有期徒刑或者无期徒刑，并处罚金或者没收财产。本法另有规定的，依照规定。

◇罪名分析

一、主体要求

诈骗罪的主体为一般主体。凡是达到刑事责任年龄和具有刑事责任能力的自然人，均可构成诈骗罪的主体。根据我国目前现行的法律规定，单位暂时不能成为一般诈骗罪的主体。但是针对一些利用诈骗行为进行犯罪的特殊犯罪，单位则可以成为其主体，如金融诈骗罪、合同诈骗罪、骗取出口退税款罪等诈骗犯罪，单位可以成为其主体。但这些犯罪已作为独立罪名从诈骗罪中剥离出来，因此对于一般诈骗罪，单位仍不能构成本罪主体。

二、罪行表现

（一）主观

一般认为，构成诈骗罪要求行为人具有直接的主观故意，且以非法占有为目的。非法占有目的，是指排除权利人，将他人的财物作为自己的所有物进行支配，并遵从财物的用途进行利用、处分的意思。关于“非法占有为目的”的相关认定已在本书案例三中进行详细描述，在此不再赘述。

（二）客观

诈骗罪在客观方面表现为行为人实施欺诈行为，他人因为该欺诈行为而陷入错误认识进而处分财产。根据《刑法》规定，诈骗罪的行为方式主要有两种：一是虚构事实，即捏造根本不存在的事实；二是隐瞒真相，指行为人隐瞒了客观存在的事实。行为人采取欺诈手段，使被害人产生了错误的认识，从而自愿交付财物。

本文认为，认定诈骗罪成立，不仅需要行为人实施了虚构事实、隐瞒真相的行为，也需使被害人产生相应的“处分意识”，即被害人知道自己接下来的行为是在向他人进行财产处分的主观认知。

被害人有无“处分意识”是区分诈骗罪、盗窃罪的重要界限。诈骗罪与盗窃罪中的财产转移占有，前者基于被害人有瑕疵的意识而转移占有，后者则是违反被害人的意志而转移占有。在被害人不具有处分意识的情况下，被害人对其财产被转移占有是处于不知情状态，实际上只符合构成诈骗罪中的个别要素，即行为人实施了欺诈行为，被害人产生了错误认识。而此时被害人其实并没有形成处分财产的主观意思，也即没有基于此前产生错误认识从而产生向行为人交付财产的主观心态，即便客观上致使财产转移占有，也不是被害人基于瑕疵意识而完成的，因此不应当认定构成诈骗罪。由此，有意识的处分行为，是区别诈骗罪、盗窃罪的重要标准，唯有判断被害人是否具有处分意识，方能准确划定诈骗罪和盗窃罪之界限，从而将诈骗罪和盗窃罪相区隔。

被害人处分财产不能与处分意识相割裂。处分财产是诈骗罪的构成要件之一，其要求被害人客观上交付了财产，也需要被害人主观上有转移占有的主观意识，即被害人此时不仅仅完成了交付行为，而且该行为还体现了被害人对财产形成处分。在汉语语境中，“交付”更强调客观上的转移财产占有关系，而“处分”则意味着除了转移财产占有关系的客观行为之外，还必须具有内在转移占有并让他人支配的意思，即外在的交付行为并不一定就意味着行为人有处分财产的意思。而诈骗罪的认定中，不仅仅要求被害人客观上向行为人交付了财产，亦要求被害人此时主观上欲通过处分自己财产使得行为人可取得财产的完整支配权，即要求行为人是在错误的认识下对原属于自己的财产进行处分。

在实际生活中，掺杂欺诈行为的新式取得财产型犯罪并非少见，在司法适用的特定场合下，一旦不在构成要件上进行清楚辨析，现实中必然要面对竞合处理的困境。如坚持诈骗罪中被害人无需具有处分意识，在单一的财产型犯罪中，则可能得出行为人既构成诈骗罪亦构成盗窃罪的结论，进而会使得本来结构严谨，逻辑缜密的取得型财产犯罪罪名体系出现混乱、崩盘的危险。而采用处分意识必要说的观点，能够实现盗窃罪和诈骗罪之间的相应分割，避免了取得型财产犯罪体系中竞合现象的发生，从源头上对取得型财产犯罪体系理论上的短板进行封补，使得取得型财产犯罪之罪名体系更加融通圆满、逻辑自洽。

关于诈骗罪中“数额较大”、“数额巨大”、“数额特别巨大”相关量刑情节的认定，根据最高人民法院、最高人民检察院出台的《关于办理诈骗刑事案件具体应用法律若干问题的解释》，诈骗公私财物价值3000元至1万元以上、3万元至10万元以上、50万元以上的，应当分别认定为《刑法》第二百六十六条规定的“数额较大”、“数额巨大”、“数额特别巨大”。此外，经最高人民法院、最高人民检察院备案后，各省、自治区、直辖市高级人民法院、人民检察院可以结合本地区经济社会发展状况，在前款规定的数额幅度内，共同研究确定本地区执行的具体数额标准。上述文件还规定了实施诈骗行为可依法从重处罚、不起诉或者免于刑事处罚以及不按犯罪处理的情形，并且相关司法部门还通过出台《关于办理电信网络诈骗等刑事案件适用法律若干问题的意见》、《关于串付强诈骗案如何认定诈骗数额问题的电话答复》、《关于审理扰乱电信市场管理秩序案件具体应用法律若干问题的解释》、《关于对伪造学生证即贩卖、使用伪造学生证的行为如何处理问题的批复》、《关于通过伪造证据骗取法院民事判决占有他人财物的行为如何适用法律问题的答复》等文件，对刑法条文中“本法另有规定的，依照规定”的相关情形认定进行补充，以应对司法实践中出现的复杂情形。

◇**律师工作及成果**

当事人叶某在审查起诉阶段委托笔者担任辩护律师，笔者在接受委托后第一时间介入，经过阅卷以及与叶某、办案机关的多次沟通，并向检察院提交不起诉的法律意见书，最终经检察院审查对叶某作出不起诉决定，成功地防止当事人进入刑事审判程序。

◇**诉前辩护**

〔争议焦点及辩护要点〕

1. 叶某是否认识到自己并不符合申请“K 计划”的资格要求，是否具有明知不能为而为之的主观故意？

2. 叶某在某科技公司为其申请补贴过程中，是否知道、认同该公司虚构相关材料之行为？

3. 叶某与本案其他犯罪嫌疑人是否有犯意联络，是否存在共犯结构？

〔辩护观点及论证〕

（一）叶某自认为符合“K 计划”的资格要求，是属于对该计划文件相关内容的理解错误，并无“明知不能为而为之”的主观故意

1. 叶某符合“K 计划”中 C 类人才基本资格条件。

叶某先后获得中国某学院学士学位、国际某大学硕士学位、国际某大学博士学位，并获得中国某高校青年学者称号，现为中国某大学特聘教授。

根据S市《关于实施引进海外人才“K计划”的意见》附件一、二之规定，叶某符合申请C类人才的基本资格条件。

2. 关于叶某对“K计划”中“在S市工作、创业或已与S市单位签订聘用合同”条件的错误理解的发生原因。

叶某与本案犯罪嫌疑人古某认识后，由其向叶某推荐了“K计划”，并由本案另一犯罪嫌疑人陈某（古某之妻子）向叶某发送“K计划”申请资料，陈某在解答叶某的询问时，根据陈某的讯问笔录，其向叶某告知“在他们公司（即某科技公司）兼职”是符合“K计划”要求的。

叶某在网上查阅“K计划”时对“在S市工作、创业或已与S市单位签订聘用合同”条件中的“与S市单位签订聘用合同”的理解为：“聘用”是前述“在S市工作”、“在S市创业”的并列条件，可以包括“兼职”或“技术顾问”等非在S市工作的情形，故也认可了之前本案犯罪嫌疑人陈某“兼职也符合‘K计划’要求”的说法。

叶某之前没有和任何申请“K计划”的人员接触过，对‘K计划’是否包括“兼职”情形，也包括从其在江浙沪等地区接触到的类似地方政府人才补贴计划允许“兼职”情形予以认知的推定。

尽管如此，出于对该申请的慎重，叶某还是于2015年6月，带着国外留学和国外工作的证明资料，到S市“留学生资格审查处”递件送审。该次送审的资料均为叶某个人留学、工作的真实证明资料，并无任何虚假。送审后，S市“留学生资格审查处”也确认了叶某符合“K计划”C类人才的基本资格条件，并颁发了S市“海外留学资格人员证书”。

到这一步，叶某是本人参与并提交了真实合法的证明资料，并按照“K计划”附件一第十条的规定完成了初步资格审查。

（二）叶某认为某科技公司是正常运营的公司，且对其与该公司之间的虚假劳动关系，既不知情也不认同，更没有参与其中

1. 叶某对某科技公司的认知与合作。

叶某对某科技公司的认知来自于古某、陈某的介绍。古某、陈某在上海、苏

州都有从事科创活动的正常公司，且都取得了一定的经营业绩，叶某即认为该公司是正常运营的公司。

叶某与古某、陈某接触过程中就与某科技公司的合作有着明确、具体的内容：（1）把国际上胎牛血清的高新制备设备技术及高新技术项目引入该公司；（2）与该公司开展转基因试剂盒技术及产品代理并锁定东北市场，而且对以上合作内容已开始了实质性的推进。

2. 叶某没有伪造虚假劳动合同，没有虚构劳动就业关系。

本案中，使S市外国专家局产生错误认知的关键书证劳动合同，是犯罪嫌疑人李某冒签、伪造的，与叶某没有关系。对于李某伪造劳动合同的行为，叶某既没有授意，也没有授权，其完全不知情。

3. 叶某与犯罪嫌疑人古某、陈某、李某无犯意联络，非共同犯罪。

叶某向S市海外专家局申请补贴的行为，是基于兼职的技术专家可以申报的认识。兼职的技术专家可以申报的错误认知，系源于古某、陈某夫妇的误导，也源于本人对“K计划”相关规定的误读。

叶某与李某无犯意联络，对李某提供冒签、虚假的劳动合同并不知情也无授意，二者并非共犯结构。向S市外国专家局申请补贴过程中，李某提供冒签、虚假的劳动合同，是李某单方行为。

叶某向S市海外专家局申请补贴过程中，与犯罪嫌疑人古某、陈某无犯意联络，非共同犯罪。虽然，叶某是通过古某、陈某夫妇了解到“K计划”，且通过某科技公司进行申报，但是，叶某对“K计划”的认知和申请的目的是与两者不同的，叶某是基于其认为自身的专家身份符合“K计划”人才标准，并通过与某公司的真实合作，从而依法申请获取相应的专家补贴。

叶某对于获取“K计划”专家补贴款16万元的分配行为，并非分赃。叶某在获取“K计划”专家补贴款16万元后，通过银行转账8万元给陈某的行为，并非分赃，其认为支付的该部分款项为公司管理运营费用及购买其个人社保费用。

（三）某公司设立情况，叶某并不知情，且未参与公司设立后的任何经营活动，更无起诉意见书所述“从中发现获取非法利益的‘商机’，又与他人注册空壳公司，虚构劳动关系，以期继续骗取补贴”的主观故意和客观行为

虽然某公司的注册登记信息上显示，叶某为该公司的股东，但其对于该公司的设立情况毫不知情，其本人并未授权他人以自己的名义设立该公司。对于某公司设立后的运营情况、制度管理也一无所知，更无参与公司运营管理。对于林某等四人以某公司名义向S市外国专家局申请补贴的行为，叶某既不知情，更与其没有任何关系。

起诉意见书上所述“（叶某）从中发现获取非法利益的‘商机’，又与他人注册空壳公司，虚构劳动关系，以期继续骗取补贴”，与事实不符。

叶某获批申请补贴是在2015年12月，而某公司成立时间是在2015年8月，起诉意见书上的表述在实际上是矛盾的，没有任何事实证据的支撑。

综上，辩护人认为，叶某主观上无骗取S市海外专家局专家补贴的犯罪故意，客观上并无实施任何诈骗行为，其与古某、陈某、李某之间，不存在犯意联络，不是共同犯罪。叶某的行为并不构成犯罪，应对其作出不起诉的决定，也是对S市“K计划”和留学人员的呵护，让广大留学人才真心、放心地为S市的产业创新作出应有的贡献。

办案感悟

无罪推定是现代法治国家刑事司法公认的一项重要原则，是现代刑事司法的重要基石，也是国际公约确认和保护的一项基本人权。联合国有关文件认为，无罪推定原则是刑事司法领域制定和推行的最低限度标准之一，也是衡量一国刑事司法文明的一项标志性要求。一般认为，无罪推定原则包含证据裁判、控方举证、疑罪从无、保持沉默等派生规则。

那么无罪推定原则在我国是否已得以全面确认？从理论界目前的观点及结合本案中的实际情况，本文认为答案是否定的。虽然我国《刑事诉讼法》第十二条规定，未经人民法院依法判决，对任何人都不得确定有罪，此规定一定程度上体

现了无罪推定的精神，然而，仅有上述规定并不意味着真正确认了无罪推定原则。首先，《刑事诉讼法》第十二条真正表达的是突出人民法院的最终定罪权，并无一处言及无罪推定，即判决前不确定被告人有罪也不承认其无罪。其次，无罪结果并非仅可由人民法院判决得出，在刑事案件中公安机关、检察机关及法律规定的其他特定机关可以通过不立案、撤销案件、不起诉等方式不同程度地依法行使无罪确定权，而遗憾的是《刑事诉讼法》第十二条乃至《刑事诉讼法》均未系统、完整地对该等司法机关作出无罪推定的要求。最后，我国目前无罪推定仅在一定程度上体现了疑罪从无的规则要求，但从《刑事诉讼法》第五十一条、第一百二十条等规定来看，犯罪嫌疑人应当如实回答侦查人员的提问，被告人必须回答公诉人及审判人员的讯问，某种程度上还需要自证其清白，因而保持沉默、控方举证等规则未得到确认与真正落实，并非真正意义上的无罪推定。

回归本案，侦查机关提交的起诉意见书体现了有罪推定倾向，其称“叶某从中发现获取非法利益的‘商机’，又与他人注册空壳公司，虚构劳动关系，以期继续骗取补贴”。众所周知，刑事司法实践中行为人的主观认定是一个极为复杂的过程，需要结合行为人在案件中的客观行为、事实依据等众多因素进行判断。然而如果侦查机关在证据明显矛盾且无其他任何事实证据支撑的情况下，即对犯罪嫌疑人之主观作出有罪的判断，是对其明显的有罪推定，无论是对公民个体还是其所履行的职责，都是不公平与不负责的表现。

无罪推定，不仅仅要求裁判者公正不阿，也应当要求公安机关、检察机关及其他特定机关在办案过程中明确无罪推定原则，忠于事实、证据，实事求是、不偏不倚。

案例十一
曲某诈骗案

案件关键词： 软件开发　后台操作　诈骗

案情简介

2018年1月，南京市某公司（以下简称A公司）与香港某公司（以下简称B公司）签署《软件项目开发合同》，约定由A公司根据B公司之需求，为其开发用于艺术品交易的系统软件。曲某作为A公司法定代表人，在上述合同上签字、盖章，并参与系统软件的具体开发。A公司完成开发、交付系统软件后，B公司在业务经营交易中，通过系统软件的后台参数减少消费者账户金额，涉嫌诈骗。曲某因为B公司开发涉嫌诈骗之系统软件，由此涉案，于2018年6月被S市公安局某分局刑事拘留。

◇指控事实

公安机关认为，B公司涉嫌的诈骗一案中，曲某作为A公司法定代表人及系统开发人员，与B公司签署《软件项目开发合同》，为其开发、提供涉案的系统软件，其行为亦涉嫌诈骗。

◇指控罪名

《中华人民共和国刑法》第二百六十六条——诈骗罪

诈骗公私财物，数额较大的，处三年以下有期徒刑、拘役或者管制，并处或者单处罚金；数额巨大或者有其他严重情节的，处三年以上十年以下有期徒刑，并处罚金；数额特别巨大或者有其他特别严重情节的，处十年以上有期徒刑或者无期徒刑，并处罚金或者没收财产。本法另有规定的，依照规定。

◇律师工作及成果

辩护人在侦查阶段及时介入，与办案机关多次沟通，并向检察院提交不予批准逮捕的法律意见书，检察院作出不批准逮捕决定，成功地防止当事人进入刑事审判程序。

◇诉前辩护

〔争议焦点及辩护要点〕

1. 曲某行为是否属于单位行为？
2. 曲某与B公司是否属于共犯结构？
3. 软件开发商对其软件使用者的使用意图是否具有审查的义务？

〔辩护观点及论证〕

一、曲某行为是否属于单位行为

（一）曲某所在公司系依法设立的合法单位

本案涉案公司为A公司，根据企业基本信用信息查询资料及该公司营业执照显示，该公司系依法设立的合法单位。该公司自成立后，一直合法合规经营，且曾承揽过当地政府的软件研究开发项目。

在本案中，A公司系以公司名义与B公司签订《软件项目开发合同》，以公司名义为B公司开发软件，且该合同签订前经过公司法律顾问审核，签完合同后由公司软件开发人员设计开发，所得收益亦归公司所有。

（二）曲某所在公司具备软件开发的合法资质

根据A公司营业执照显示，该公司的经营范围为：网站建设、维护；软件研发及技术咨询；计算机网络系统集成；展览、展示服务；平面设计；图文设计、制作。由此可见，该公司的经营范围包括国家工商行政管理部门核准的“软件研发”经营项目，具备软件开发的合法资质，曲某所在A公司为B公司开发软件在其合法经营范围内。

（三）曲某与B公司签订《软件项目开发合同》，该软件开发属于正常的业务行为

曲某所在A公司系依法从事软件开发等经营活动，B公司也系依法设立的公司，该公司有软件开发的业务需求。双方经协商，依法签订《软件项目开发合同》，并根据该合同约定正常履行合同义务，收取正常报酬，未获取任何非法利益，完全属于正常的业务行为。

二、曲某与B公司是否属于共犯结构

（一）曲某等人及其公司为B公司所开发软件，不存在追求非法目的的主观故意

从涉案软件开发的收费上看，该软件开发合同总价10余万元，预付定金30%，完工后付30%，剩余费用每月月底按比例支付，后续每月支付部分维护费。从该收费方式上可见，曲某等人及其公司仅收取基本的软件开发费用及后续维护费用，完全未参与B公司的利润分成。

从给B公司的培训内容看，双方签署的《软件项目开发合同》第十条第二款约定：“乙方对甲方的相关人员进行软件使用、管理培训，培训目标为受训者能够独立、熟练地完成操作，实现依据本合同所规定的软件目标和功能。”即该培训的内容仅限于使软件使用者能够独立、熟练地完成操作，而不存在任何传授犯罪方法等违法违规内容。

从上述分析可见，曲某及其公司为客户开发软件，系出于正常业务经营活动需要，不存在任何追求非法目的的主观故意。

（二）曲某及其公司作为软件开发商，不具有防止其所开发软件被人用于实施诈骗犯罪的法益保护义务

曲某及其公司作为软件开发商，其宗旨在于根据客户需求，为客户开发设计

相应的软件。本案中，曲某及员工在与B公司洽谈过程中，了解到该公司主要从事艺术品的交易经营活动，且该公司系依法设立。在B公司委托其开发软件之时，其不可能认识到该开发的软件将被客户用于诈骗犯罪活动。即使该软件有可能被用于违法犯罪活动，其本身亦没有防止该软件被他人用于违法犯罪的法定义务。就如同刀具的生产商没有义务防止其所生产刀具被用于杀人抢劫犯罪一样。否则，无异于要求每一个作为软件开发商的“曲某”都充当网络警察的角色。

（三）曲某及其公司在开发软件时，不具有犯罪意图，更未意识到自己的软件开发行为将会侵犯法益

根据前述分析，曲某及其公司被告知该软件系用于艺术品交易，其软件开发行为仅系一个软件开发商的正常商业行为，也系其公司软件开发人员的一般职务行为，其目的在于获取正常的软件开发收入，而根本不具有任何犯罪意图。作为软件开发商，其在与对方签订《软件项目开发合同》时在合同第八项中申明：“甲方（B公司）在使用该软件时，应严格遵守相关法律、法规，不得传播任何法律、法规禁止的有害信息。”可见，其已经完全履行了作为一个软件开发商的审慎的审查义务，曲某及其公司完全不具有犯罪意图，也未意识到自己公司所开发软件会被对方用于诈骗犯罪。且进一步说，法律也没有规定软件开发商在开发完成一个软件之后，具有保证该软件不被他人用于违法犯罪的义务。

倘若作为软件开发商的正常软件开发行为被认定为犯罪。那么，从经济发展的角度来看，这无异于让每个软件开发商对其软件使用者的使用意图都具有审查的义务。这无疑将使处于正常经营的公司陷入混乱，无法正常进行经营活动，影响日常交易的稳定性，阻碍技术的进步、新兴网络技术的发展，进而阻碍社会经济的发展。

（四）曲某等人及其公司所开发软件从未涉嫌犯罪，其无从预见所开发软件将被客户用于违法犯罪

A公司成立于2015年，公司成立后，在其经营范围内主要从事软件开发业务，为客户开发过众多软件，也曾为政府机构开发设计过软件。所开发软件从未曾涉嫌犯罪，也从未曾受到过任何工商行政部门的处罚，乃至从未曾收到过相关

监管部门责令采取改正措施的通知、指令等，故其无法预见其所开发软件将被客户用于违法犯罪。

（五）即使客观上该软件开发行为对B公司实施诈骗犯罪起到一定的促进作用，其行为亦仅为日常的业务行为

曲某等人及其公司为涉案B公司开发软件纯属业务行为，在该业务行为过程中，仅收取正常费用，未追求任何非法目的。假如其行为客观上对B公司实施诈骗犯罪起到了一定的促进作用，亦非其公司积极追求所致，该软件开发行为仅为日常的业务行为。

结合上述分析，辩护人认为，曲某所在A公司系合法设立，具备软件开发的合法资质。该公司在经营范围内以公司接受B公司委托为其开发软件，纯属日常业务行为。

作为软件开发商，首先，曲某及其公司不具有防止其所开发软件被他人用于实施违法犯罪的法益保护义务；其次，在该软件开发过程中，曲某及其公司均无追求非法目的的主观故意，不具有犯罪意图，也未曾认识到其公司所开发软件将会被他人用于违法犯罪；最后，即使曲某及其公司的软件开发行为对B公司实施诈骗犯罪起到了一定促进作用，其行为亦仅为中立的技术开发行为，主观上不存在犯意。

综上，辩护人认为曲某及其公司的行为不构成犯罪，不符合《刑事诉讼法》第七十九条所规定之逮捕条件，申请对曲某不予批准逮捕。

办案感悟

本案的辩护难点在于界定曲某为B公司开发软件的行为是否与B公司构成共犯关系。笔者介入案件后，通过分析曲某公司的设立、经营范围、经营资质等情况，以及曲某与B公司所签订合同中的具体条款，确立了曲某为B公司开发软件的行为仅属于中立的技术开发行为，这种行为本身没有任何法益侵害性和社会危害性，不构成诈骗罪共同犯罪的辩护思路。

对于曲某及其公司的中立性帮助行为之论证，若判定该帮助行为是否具有可

罚性，首先，应当考量帮助人的主观方面，即帮助人应当具有一定的犯罪违法性认识。若帮助人与正犯行为人之间并不存在通谋的犯罪故意，帮助人对正犯行为人的犯罪行为及危害后果不具有主观认识及意图，则其行为不具有可罚性。其次，应当考量帮助人行为的客观方面，帮助行为是否具备社会危害性与法益侵害性是判断其可罚性的根本基础。若该帮助行为与正犯行为、行为的危害后果之间不存在事实上的因果关系，也未对法益造成任何实质上的危险，则其不具有可罚性。结合本案，曲某的行为不仅从主观上未有共犯的通谋，从客观表现来看也仅系正常的业务行为，收取正常的开发费用，履行了合同所约定的工作职责范围与其应尽的审查义务，单独审查该帮助行为，未侵害任何法益，对社会不存在任何危险性。综上不应认定帮助人曲某与行为人B公司之间构成共犯关系。

为了维护社会的和谐稳定，实现科学、公平、合法的入罪，应当严格限制刑事司法权力的任意扩张，审查和把握帮助行为的主客观方面，从而对该帮助行为进行合理的司法规制。

辩点总结：诈骗罪的无罪辩护要点

我国《刑法》规定的诈骗罪是指行为人以非法占有为目的，采用虚构事实或者隐瞒真相的方法，骗取数额较大的公私财物的行为。

司法实务中，由于对法律规定与法律概念的理解过于片面，加之诈骗罪很容易涉及刑民交叉领域，与经济纠纷、民事欺诈或者其他罪名发生混淆，又由于诈骗罪手段新颖多变，容易将一些新型经济业态定性成为一种新型诈骗，从而使司法机关的执法尺度加大，扩大了诈骗罪的打击范围。因此，笔者认为，判定是否构成诈骗罪，应当坚持主客观相一致的原则，对于主观上行为人是否具有非法占有目的，客观上行为人是否采用虚构事实或者隐瞒真相的方式，应当具有确实、充分的证据予以证明，明确诈骗行为的本质、内容以及表现形式，辨别罪与非罪、此罪与彼罪之间的界定，不能单纯地因被害人遭受了财产损失就进行客观归罪。

一、行为人主观上不具有或者无证据证明具有非法占有目的

“非法占有目的”其实是一种行为人的主观心理活动。判断行为人是否具有

非法占有目的，虽然属于主观心理事实认定的范畴，但必须结合案件的客观事实来进行综合判定。司法实践中，行为人获取财物的动机、行为人有无采取骗取的手段、行为人对财物的处置形式以及行为人的履行态度等，都是需要重点考量的方面。即使行为人实施了“虚构事实、隐瞒真相”的行为，客观上符合诈骗罪的构成要件，但若在案证据能够证明行为人不具有非法占有目的，或者无证据证明行为人具有非法占有目的的，行为人不构成诈骗罪。

案例：门某涉嫌诈骗罪一案①

裁判要旨：本院认为，对于门某及其辩护人辩称门某不构成诈骗犯罪的意见，经查，门某向被害人转述了刘某编造的虚假信息，用其本人的银行卡为刘某骗取了款项转账，帮助取现，事实清楚，证据确实充分，其行为客观上为刘某骗取他人财物起到了帮助作用。但是，其何时参与到诈骗被害人的行为中，何时客观上明知刘某诈骗他人财物而实施帮助行为的证据，只有刘某前后矛盾的供述。门某银行往来账目也不能证实门某将被害人的钱用于个人消费、偿还债务，故认定或推定门某主观上有诈骗他人财物的故意证据不足。

二、没有或者无证据证明被告人具有共同实施诈骗行为的犯罪故意

根据《刑法》第二十五条规定，共同犯罪是指二人以上共同故意犯罪。多人实施诈骗罪的行为属于共同犯罪，共同犯罪的主观要件要求共同犯罪人必须具有共同的犯罪故意，即各共同犯罪人有共同的犯意联络，并认识到他们的犯罪行为会发生危害后果，希望或放任这种结果发生的心理状态。若没有或者无证据证明共同犯罪人具有共同的犯罪故意，之间没有共同的犯意联络，则不能认定其构成诈骗罪的共同犯罪。

---

① 审理法院：衡水市中级人民法院，案号：（2018）冀11刑终348号，裁判日期：2018.12.28。（二审判决已生效）

案例：贾某涉嫌诈骗罪一案[①]

裁判要旨：无法认定张某在骗取刘某20万元时，与被告人贾某事先共同预谋，具有共同诈骗的故意。而自诉人刘某汇款给张某的20万元，虽然是贾某告知其汇款账号，但此款并没有被贾某占有。故现有证据无法认定被告人贾某具有诈骗20万元的主观故意，其是否具有非法占有的目的不清。故自诉人刘某诉被告人贾某犯诈骗罪的指控，事实不清，证据不足，指控的犯罪不能成立。

三、行为人客观上未实施或未有证据证实存在虚构事实或隐瞒事实真相的行为

案例1：张某中、张某春涉嫌诈骗罪一案[②]

裁判要旨：本院认为，××集团在申报国债技改贴息项目时，国债技改贴息政策已有所调整，民营企业具有申报资格，且××集团所申报的物流项目和信息化项目均属于国债技改贴息重点支持对象，符合国家当时的经济发展形势和产业政策。原审被告人张某中、张某春在××集团申报项目过程中，虽然存在违规行为，但未实施虚构事实、隐瞒真相以骗取国债技改贴息资金的诈骗行为，并无非法占有3190万元国债技改贴息资金的主观故意，不符合诈骗罪的构成要件。故原判认定张某中、张某春的行为构成诈骗罪，属于认定事实和适用法律错误，应当依法予以纠正。

案例2：熊某涉嫌诈骗罪一案[③]

裁判要旨：本院认为，原判认定上诉人熊某虚构事实，隐瞒真相，骗取被害人张某现金106万元，构成诈骗罪的事实不清，证据不足。证实上诉人熊某虚构

---

① 审理法院：松原市宁江区人民法院，案号：(2018)吉0702刑初95号，裁判日期：2018.08.21。(一审判决已生效)

② 审理法院：最高人民法院，案号：(2018)最高法刑再3号，裁判日期：2018.05.30。(再审判决已生效)

③ 审理法院：银川市中级人民法院，案号：(2019)宁01刑终27号，裁判日期：2019.05.09。(二审判决已生效)

幼儿园工程，骗取张某钱财的直接证据只有证人陈某的证言，而该证言的做出，是在上诉人熊某与陈某因还款问题发生矛盾，陈某到公安机关报称上诉人对其实施诈骗行为未果，又由张某报案称上诉人实施了诈骗行为的情况下做出。同时，张某的第一次陈述，对于见到上诉人熊某的时间，其给熊某转账的时间、金额的陈述均与相关书证、证人陈某的证言、上诉人的供述不符，因此，其陈述本身的客观真实性存疑，不能作为有效证据佐证陈某的证言内容。由此，原判认定上诉人熊某具有虚构事实、隐瞒真相，实施诈骗行为的证据，仅有陈某的证言证实，显然属于孤证且该证言前后不一的矛盾未予排除，客观真实性存疑。综上，认定上诉人熊某向张某虚构固原市幼儿园工程的事实，实施诈骗行为的事实不清，证据不足。

四、行为人的行为系合法的民事行为，由民事法律规范调整，不构成刑事犯罪

在司法实践中，应当正确区分诈骗罪与民商事活动中民间借贷纠纷、民事欺诈行为。诈骗罪要求行为人在主观上应当具有非法占有他人财物的目的，这也是区分诈骗罪与民事行为的关键点。根据最高人民法院编写《新刑法条文释义》，“区分诈骗罪与借贷行为的界限，编造谎言或隐瞒真相而骗借款物，到期不能偿还的，只要没有非法占有的目的，也没有挥霍一空，不赖账，不再弄虚作假骗人，确实打算偿还的，仍属借贷纠纷，不构成诈骗罪”。而民事欺诈行为系欺诈行为人主观上希望通过履行民事法律行为而获得利益，追求民事法律关系的客观实现，欺诈行为人实际具有一定的履约能力，且有履行的实际行动，仅是一种违背诚实信用原则的民事行为，并不涉及刑事犯罪。

案例1：王某涉嫌诈骗罪一案①

裁判要旨：首先，证人钟某、吴某的证言以及王某的供述相互印证，证明吴某在借款时曾专门对借款事宜进行考察，公司前法人马某出面，并表示王某可代

① 审理法院：荆门市中级人民法院，案号：（2019）鄂08刑终32号，裁判日期：2019.03.11。（二审判决已生效）

表公司，吴某之所以借款给王某个人，一方面是基于公司前法人马某的授权，另一方面是基于对钟某的信任，现有证据不能证明王某采取虚构事实、隐瞒真相的方法使吴某陷入错误认识，而违背本人意愿处置财物，相反的是，吴某始终坚持认为其与王某之间是合法的民间借贷，其本人没有受到王某的诈骗。其次，公司主张王某与吴某签订的借款协议上公司的公章系王某偷盖的，公司对王某与吴某之间的借款并不知情，但现有证据不能证实该情节。最后，本案出借人吴某以借款合同纠纷为由向人民法院提起了民事诉讼，人民法院终审判决认定吴某与王某签订借款合同有效，王某应当承担还款责任，公司承担连带责任。综上，现有证据不能证明王某以非法占有为目的，采用虚构事实或隐瞒真相的方法，骗取他人财物，其行为不构成诈骗罪。

案例2：李某涉嫌诈骗罪一案①

裁判要旨：上诉人李某为解决公司经营投资困难，确有虚构事实进行诈欺的情节，但所获得的资金均是用于正当经营，没有恶意挥霍等行为，其非法占有他人财物的主观故意并不明显。且本案中，李某已与蔡某写有民事借条，该行为符合民事法律行为的特征，缺乏诈骗罪的构成要件。综上，原判认定李某构成诈骗罪的证据达不到确实、充分的证明标准。原公诉机关指控上诉人李某所犯罪名不能成立。李某在本案中形成的债务及行为，完全可以在民事法律规范调整的范围内作出恰当的法律责任追究及诚信经营的法律评价。刑法作为最严厉的犯罪惩罚手段，必须恪守谦抑审慎的原则。故对本案上诉人李某作出非犯罪化的评价，符合证据裁判的要求，也契合当下宽严相济的刑事司法政策，体现理性法治社会对市场风险的尊重，及对市场创业者、失败者应具有的包容。

---

①　审理法院：延安市中级人民法院，案号：（2016）陕06刑初30号，裁判日期：2018.09.26。（一审判决已生效）

案例3：李某涉嫌诈骗罪一案[①]

裁判要旨：综观本案查明的事实和证据，本案系由婚姻纠纷引起的财产纠纷案件，通过民事诉讼程序用民事法律规范加以调整和解决即可达到解决矛盾和化解纠纷的效果，但本案却直接用刑事法律规范替代民事法律规范进行调整和解决，有违刑法的谦抑性原则。

五、行为人系通过合法手段取得资金款项，行为不存在违法性

刑法学界通说认为，诈骗罪的基本逻辑构造为：行为人主观上基于不法占有之目的实施了欺诈行为—被害人产生错误认识—被害人基于错误认识处分财产—行为人取得被害人交付的财产—被害人遭受损失。按照上述逻辑构造，要认定诈骗罪成立，必须要满足诈骗罪构成要件的所有节点与因果链条。若行为人未实施欺诈行为，其财物的取得也并非基于被害人的错误认识，则其行为不具有违法性，不构成诈骗罪。

案例：田某涉嫌诈骗罪一案[②]

裁判要旨：本院认为，被告人田某之所以能够取得某公司工程款，是因为某公司只认可田某，并不认识被害人高某，高某也无法直接从该公司取得该工程款。因此，被害人高某在拨款后将该情况告诉田某，被告人田某从某公司领取了工程款，该款项的取得并不存在违法性。从诈骗罪的犯罪构成上讲，被告人田某并不是从被害人高某手中骗取的涉案款项，也没有使高某产生错误认识而处分财产。因此，公诉机关指控被告人田某犯诈骗罪的证据不足，不予支持。

---

① 审理法院：临沂市中级人民法院，案号：（2016）鲁13刑终615号，裁判日期：2018.06.22。（二审判决已生效）

② 审理法院：河北省昌黎县人民法院，案号：（2018）冀0322刑初17号，裁判日期：2018.07.18。（一审判决已生效）

六、没有或者无证据证明被害人系因为产生或维持错误认识而因此交付、处分财物，被害人与被告人的行为之间无事实上的因果关系

诈骗罪在客观上的表现为，行为人实施了虚构事实、隐瞒真相的行为，使被害人产生错误认识，并基于错误认识处分财产而遭受财产损失。因此，欺骗行为与财产损失之间应当具有刑法上的因果关系。换言之，即便行为人实施了诈骗行为，但被害人没有因此陷入错误认识，仍然选择交付财物给行为人，被害人遭受了财产损失，也与行为人的诈骗行为不具有因果关系，行为人不构成诈骗罪。

案例1：侯某涉嫌诈骗罪一案[①]

裁判要旨：本院认为，公诉机关的指控缺乏能够锁定侯某作案的客观证据证实，侯某是否向侯某1承诺可以办理出租车增容业务不能确认，侯某是否向侯某1索要过钱款不能确认，侯某1给予侯某100万元钱款之原因是被欺骗还是主动赠与、借出亦不能确认，无法排除合理怀疑。在案关于侯某有罪的证据没有形成完整的证据链条，没有达到犯罪事实清楚，证据确实、充分的法定证明标准。

案例2：马某、张某涉嫌诈骗罪一案[②]

裁判要旨：本院认为，由于在案证据不能否定被拆迁的厂房存在水电设施的事实，在张某提供了两份水电预算证明后，拆迁工作组未尽实地勘察核实评估之责直接与被拆迁方达成补偿协议，且赔偿时并未将两份预算证明直接作为赔偿依据；因此，两份预算证明并未让拆迁工作组陷入错误认识而主动交付财物；且7225103元拆迁补偿款具有磋商性质，是双方协商的结果；故原判认定上诉人马某、张某犯诈骗罪的事实不清，证据不足，应宣告无罪。

---

① 审理法院：哈尔滨市香坊区人民法院，案号：(2018) 黑0110刑初168号，裁判日期：2018.12.19。[二审法院：哈尔滨市中级人民法院，案号：(2019) 黑01刑终206号，裁判日期：2019.04.12，裁定驳回抗诉，维持原判。]

② 审理法院：青海省高级人民法院，案号：(2018) 青刑终9号，裁判日期：2018.07.17。(二审判决已生效)

七、诈骗数额尚未达到法律规定的数额较大的定罪标准

最高人民法院、最高人民检察院《关于办理诈骗刑事案件具体应用法律若干问题的解释》第一条规定："诈骗公私财物价值三千元至一万元以上、三万元至十万元以上、五十万元以上的，应当分别认定为刑法第二百六十六条规定的'数额较大'、'数额巨大'、'数额特别巨大'。各省、自治区、直辖市高级人民法院、人民检察院可以结合本地区经济社会发展状况，在前款规定的数额幅度内，共同研究确定本地区执行的具体数额标准，报最高人民法院、最高人民检察院备案。"同时，第三条规定："诈骗公私财物虽已达到本解释第一条规定的'数额较大'的标准，但具有下列情形之一，且行为人认罪、悔罪的，可以根据刑法第三十七条、刑事诉讼法第一百四十二条的规定不起诉或者免予刑事处罚：（一）具有法定从宽处罚情节的；（二）一审宣判前全部退赃、退赔的；（三）没有参与分赃或者获赃较少且不是主犯的；（四）被害人谅解的；（五）其他情节轻微、危害不大的。"

案例：董某涉嫌诈骗罪一案①

裁判要旨：本院认为，被告人董某非法占有他人财物4500元，其行为属于诈骗行为，但尚未达到法律规定的数额较大的定罪标准，公诉机关指控本案的事实清楚，但罪名不能成立。辩护人就此提出无罪的辩护意见，符合法律规定，予以采纳。

八、关于诈骗数额的认定事实不清、证据不足

刑事诉讼的证明标准认定犯罪应当"犯罪事实清楚，证据确实、充分"。《刑事诉讼法》第五十五条第二款规定"证据确实、充分"应当符合以下条件：（一）定罪量刑的事实都有证据证明；（二）据以定案的证据均经法定程序查证属实；（三）综合全案证据，对所认定事实已排除合理怀疑。故，若公诉方指控的诈骗

① 审理法院：苍南县人民法院，案号：（2018）浙0327刑初51号，裁判日期：2018.12.05。[二审法院：浙江省温州市中级人民法院，案号：（2018）浙03刑终1991号，裁判日期：2019.03.24，裁定驳回抗诉，维持原判。]

数额尚未达到“犯罪事实清楚，证据确实、充分”，则不能认定被告人构成诈骗罪。

案例1：籍某涉嫌诈骗罪一案[①]

裁判要旨：本院认为，对于诈骗数额问题，虽然公诉机关提交了大量的银行转账记录等，但被告人籍某不予认可，认为存在现金交易及利息重复计算问题，那么双方之间真实的借款数额是多少，籍某归还三被害人资金数额是多少，事实不清。本案现有证据尚不能形成完整的证据链条，排除合理怀疑，不能得出被告人籍某构成诈骗罪的唯一结论。故本案证据不足，公诉机关指控的犯罪罪名不能成立，依法应当判决宣告被告人无罪。

案例2：杜某涉嫌诈骗罪一案[②]

裁判要旨：本案犯罪数额无法认定。本案中即便认定该5万元系补偿的土地及地面附着物，只有扣除地面附着物的实际价值，才能准确认定杜某诈骗的数额。但案发后土地上的附着物已灭失，无法对牛圈及相关附着物进行价格鉴定，无法准确定罪量刑。

九、案件超过诉讼时效

根据《刑法》第八十七条规定，犯罪经过下列期限不再追诉：法定最高刑均不满5年有期徒刑的，经过5年；法定最高刑为5年以上不满10年有期徒刑的，经过10年。

---

① 审理法院：永年县（现为河北省邯郸市永年区）人民法院，案号：（2018）冀0408刑初58号，裁判日期：2018.10.22。（一审判决已生效）

② 审理法院：武安市人民法院，案号：（2018）冀0481刑初40号，裁判日期：2018.06.27。（一审判决已生效）

案例：王某涉嫌诈骗罪一案①

裁判要旨：2011年7月，被告人王某谎称其丈夫在某市高级人民法院工作，以帮助被害人李某为其在某市中级人民法院起诉的民事案件疏通关系为名，骗取被害人李某人民币5万元用于个人消费。公诉机关指控的事实清楚，证据充分。本案案发时间是2011年7月，且被害人李某的陈述、证人王某的证言均证实，给被告人王某送钱后过了几天，李某一家人通过多方打听，已经知道王某的老公不在某市高级人民法院上班，而是在某市中级人民法院工作，即被害人李某已经发现自己被骗。现有证据受案登记表、立案决定书证明，被害人李某报案时间是2017年7月，公安机关立案侦查时间是2017年7月，其间已经超过5年，依据《中华人民共和国刑法》第八十七条第（一）项的规定，本案已经超过诉讼时效。

十、被告人具有自首情节，且已和被害人达成和解，可对其免予刑事处罚

被告人犯罪情节显著轻微，危害不大的，且是有被害人谅解的轻微刑事案件，可以对其免于刑事处罚。《刑法》第三十七条规定："对于犯罪情节轻微不需要判处刑罚的，可以免予刑事处罚，但是可以根据案件的不同情况，予以训诫或者责令具结悔过、赔礼道歉、赔偿损失，或者由主管部门予以行政处罚或者行政处分。"

《刑事诉讼法》第二百九十条规定："对于达成和解协议的案件，公安机关可以向人民检察院提出从宽处理的建议。人民检察院可以向人民法院提出从宽处罚的建议；对于犯罪情节轻微，不需要判处刑罚的，可以作出不起诉的决定。人民法院可以依法对被告人从宽处罚。"

---

① 审理法院：张家口市桥西区人民法院，案号：（2018）冀0703刑初76号，裁判日期：2018.08.28。（二审判决已生效）

案例：李某涉嫌诈骗罪一案[①]

裁判要旨：本院认为，鉴于原审被告人李某犯罪情节轻微，具有自首情节，其家属于案发前已经代其偿还了其参与诈骗的被害人剩余贷款的一半，且已和被害人达成和解，可对其免予刑事处罚。原审判决认定的事实不清，适用法律错误，应予以改判。

办案感悟

诈骗犯罪的形式新颖，手段各异，因此在司法实践过程中难免会出现诸多问题。辩护律师在办理此类案件时应当详细审查在案证据，透过现象看本质，紧扣诈骗罪的基本构成要件以及主客观要件，遵循立法精神，优化法律的解释和运用，尊重社会经验法则，恪守刑法的谦抑性与罪刑法定原则，最大限度地实现保障人权，维护社会公平正义的要求。

---

① 审理法院：长春市中级人民法院，案号：（2017）吉01刑终490号，裁判日期：2018.06.29。（二审判决已生效）

案例十二
魏某对非国家工作人员行贿案

案件关键词： 产品推广　行贿　非国家工作人员

案情简介

魏某，Q市某网络科技公司（以下简称网络科技公司）市场总监，其所在公司2014年与某公司（以下简称C公司）签署游戏推广协议，协议约定由C公司为网络科技公司推广手机游戏产品，具体推广规则由C公司拟定，利润分成约定网络科技公司与C公司各占50%。协议履行过程中，C公司员工林某通过朋友关系与魏某取得联系，称其具有推广资源，可以提高网络科技公司所运营手机游戏的用户量，并主动向魏某索要“推广费”10余万元。魏某知悉后，出于业务合作考虑，向其所在公司申请推广费，通过个人银行账户向林某支付相应款项。2016年12月，魏某因涉嫌对非国家工作人员行贿被G市某派出所刑事拘留，后办案机关向S市某区人民检察院提请审查逮捕。

◇指控事实

公安机关认为，在网络科技公司与C公司的推广合作中，推广协议已就推广费用进行相应约定，无需另向C公司员工支付其他推广费用。而魏某在推广协议约定之外，向林某单独支付所谓的10余万元“推广费”，其行为涉嫌对非国家工作人员行贿。

◇指控罪名

《中华人民共和国刑法》第一百六十四条第一款——对非国家工作人员行贿罪

为谋取不正当利益，给予公司、企业或者其他单位的工作人员以财物，数额较大的，处三年以下有期徒刑或者拘役，并处罚金；数额巨大的，处三年以上十年以下有期徒刑，并处罚金。

◇罪名分析

一、主体要求

对非国家工作人员行贿罪的主体分为两类，一类是自然人，另一类是单位，《刑法》第一百六十四条第三款规定，单位亦可成为该罪之主体。

在该罪的行为主体层面，应该注意的是，该罪的构成不论行为主体本身或其所在单位的性质，即无论是国有单位还是非国有单位，其单位本身或者单位中的自然人实施行贿行为的，与对非国家工作人员行贿罪的定性没有任何影响。也就是说，只要行贿的对象是非国有单位的公司、企业或者其他单位的工作人员，在具备其他构成要件的情况下就构成对非国家工作人员行贿罪，至于该罪主体的身份如何则不是定罪的要件。

在该罪的行为对象层面，对非国家机关工作人员行贿罪的对象主体要求为只限于“公司、企业或者其他单位的工作人员”。此处的对象分为三类：一是公司的工作人员，具体是指有限责任公司、股份有限公司的董事、监事或者职员；二是企业的工作人员，是指上述公司以外，企业中非国家工作人员，包括各种所有制成分的企业中的行政人员、业务人员和其他受聘从事企业相关事务的人员；三是其他单位的工作人员，该类人员是指公司、企业以外的其他单位中的职工，其中既包括事业单位、社会团体、村民委员会、居民委员会和村民小组等常设性组织的工作人员，也包括为组织体育赛事、文艺演出或者其他正当活动而成立的组委会、筹委会、工程承包队等非常设性组织的工作人员。

但需要注意的是，此处所谓“公司、企业或者其他单位的工作人员”，可以是包括国有公司、企业以及其他国有单位中从事非公务的非国家工作人员，但不能是国有公司、企业或者其他单位中从事公务的人员以及国有公司、企业或者其他国有单位委派到非国有公司、企业或者其他单位从事公务的人员，如行为人向该等主体行贿，应当以行贿罪论处。

二、罪行表现

（一）主观

根据对非国家工作人员行贿行为的性质和特点，构成对非国家工作人员行贿行为的主观表现应为故意，而且为直接故意。结合《刑法》第一百六十四条第一款之规定，“为谋取不正当利益”是认定构成对非国家工作人员行贿犯罪的主观要件，即要求行为人系基于谋取交易机会、交易条件等不正当利益之目的，给付对方财物或其他非财产性利益。

刑法学界的通说认为，谋取不正当利益是行贿犯罪的目的，也是构成行贿犯罪的必要条件之一。犯罪故意包括认识因素、意志因素两方面的内容。在对非国家工作人员行贿犯罪中，行为人为了谋取商业利益，明知自己向非国家工作人员行贿财物的行为必然发生扰乱公平竞争的市场经济秩序的危害结果，但依然希望这种结果的发生，即可认定“为谋取不正当利益”。

“为谋取不正当利益”是构成本罪的必要条件，但若行为人为谋取正当利益，即为提高公司、企业或其他单位的经济效益，加速本公司、企业或者其他单位正常资金周转等，从而给予公司、企业或者其他单位非国家工作人员以财物或其他利益的，则不应当认定构成本罪。

（二）客观

该罪的客观表现为，行为人为谋取不正当利益，给予公司、企业或者其他单位非国家工作人员以财物或其他非财产性利益，达到数额较大或情节严重的行为。

行贿行为具有主动性，通常表现为主动给予财物，而若行为人仅被动给予财物，即在他人索要而给予钱财的情形中，则不必然构成本罪，需结合行为人之主观心态进行考量。如行为人系遭胁迫，出于维持业务正常经营之目的，而不得不向索贿人给付财物的情形，则不应当认定构成本罪；如行为人在索贿人提出索要财物的要求后，认为有利可图进而给予财物的，则其实际上具有谋取不正当利益之心态，此情形下即可认定构成本罪。

此外，对非国家工作人员行贿的方式表现多样。从行为的实施手段来看，有堂而皇之直接给予财物，有巧立名目通过隐蔽手段输送财物；从行贿行为的实施时间来看，可分为事前行贿、事中行贿和事后行贿。但不论采取何种方式，采取哪种手段，只要行贿人为谋取不正当利益而给予非国家工作人员以财物或其他非财产性利益的，即可认定构成对非国家工作人员行贿罪。

◇律师工作及成果

辩护人在侦查阶段及时介入，与办案机关多次沟通，并向检察院提交不予批准逮捕的法律意见书，检察院作出不批准逮捕决定，成功地防止当事人进入刑事审判程序。

◇诉前辩护

〔争议焦点及辩护要点〕

1. 魏某行为是否属于单位行为？
2. 魏某是否谋取不正当利益？
3. 魏某是否属于被动行贿？

〔辩护观点及论证〕

一、魏某行为是否属于单位行为

首先，刑法意义上的“单位”，是指依法成立，由一定的物质条件和人员组成的，具有一定的组织机构，能够承担一定责任的相对独立的社会组织（外延要广于民法意义上的“法人”）。根据1999年最高人民法院《关于审理单位犯罪案件具体应用法律有关问题的解释》第二条的规定，个人为进行违法犯罪活动而设立的公司、企业、事业单位实施犯罪的，或者公司、企业、事业单位设立后，以实施犯罪为主要活动的，不以单位犯罪论处。

本案涉案的网络科技公司，根据企业基本信用信息查询资料及该公司营业执照显示，该公司在某市某区市场监管局登记设立，注册资本为2000万元，有独立的财产利益；有固定经营场所；该公司分别设置有执行董事、监事及总经理，法人治理结构完善。

在本案中，该公司系以公司名义与C公司签订游戏推广合同，所得收益亦归属于公司所有，由公司分配。且魏某给予林某10余万元的出发点是维护公司利益，行贿行为体现单位意志。故本案涉案行为属于单位行为。

其次，涉案金额未达单位行贿立案追诉标准，其行为不构成犯罪。根据《关于公安机关管辖的刑事案件立案追诉标准的规定（二）》第十一条，为谋取不正当利益，给予公司、企业或者其他单位的工作人员以财物……单位行贿数额在20万元以上的，应予立案追诉。

本案中，魏某给予林某10余万元，属于单位行为，但该涉案金额尚未达到单位行贿的立案追诉标准，其行为不构成对非国家工作人员行贿罪。

二、魏某是否谋取不正当利益

首先，魏某属于被动行贿，其给予10余万元的行为系因林某索贿。根据犯罪嫌疑人魏某供述，本案中，林某通过朋友关系与魏某取得联系，主动向魏某索要10余万元，且明示魏某会帮助其公司提高游戏曝光率，林某的行为系凭借其职权对魏某及其公司利益产生直接制约关系的索贿行为。魏某基于林某的要求，给予林某10余万元，本质上是为了维护公司本身的正当利益，防止林某从中刁难。若不给予林某10余万元，林某可能会以其权限降低其公司游戏的曝光率，使该公司在公司之间正当的竞争中处于劣势，从而影响到公司的整体利益及正常经营，该行为属被动给予，魏某主观上并无任何向林某行贿的意图。

其次，魏某及其公司客观上谋取的是正当利益，未有谋取任何不正当利益的行为。根据最高人民法院、最高人民检察院《关于办理商业贿赂刑事案件适用法律若干问题的意见》第九条规定，“谋取不正当利益”是指行贿人谋取违反法律、法规、规章或者政策规定的利益，或者要求对方违反法律、法规、规章、政策、行业规范的规定提供帮助或者便利条件。

本案中，公司的游戏曝光率属于公司的正当、合法收益。从实体方面，并无任何违法之处，林某未对公司的推广提供任何违反法律、法规、规章或者政策规定的利益。魏某所在公司已与 C 公司签订游戏推广协议，C 公司本身就有为魏某所在公司提供游戏推广的义务，该游戏曝光率为魏某所在公司的正当利益，未损害其他竞争者的利益，也未扰乱市场秩序。即使魏某不给予林某 10 余万元，对于魏某所在公司的曝光率原则上不会产生任何影响。故，魏某给予林某 10 余万元的行为并未为公司谋取任何不正当利益。

从制度流程方面，魏某及公司并未要求林某提供任何违反法律、法规、规章、政策、行业规范规定的帮助或者方便条件，不存在谋取不正当利益的程序性违法事项。

综上，魏某及其公司所谋求的曝光率，系符合法律、法规、规章及政策规定的利益，并且获得该利益并没有享受到程序上的帮助或者便利条件，属于实体正当且程序正当的正当利益。

三、魏某及其公司不具有为“谋取不正当利益”的主观故意

本案中，魏某给予林某 10 余万元，主观上是为了维护公司的应得正当利益，排除业务妨碍。如若不给予林某 10 余万元，可能会造成该公司游戏原有曝光率被人为降低，在竞争中处于劣势地位，其主观上并非为谋取任何不正当利益。

综上所述，本案中魏某行为属于单位行为，涉案金额未达单位行贿立案追诉标准。且魏某属于被动行贿，其给予支付 10 余万元的行为系因林某索贿，客观上谋取的亦是正当利益，目的是维护公司的应得正当利益，排除业务妨碍，未有谋取任何不正当利益的主观故意及客观行为，不应认定构成对非国家工作人员行贿罪。

办案感悟

本案的争议焦点之一，在于行为人系被索贿的认定。一般情况下，对非国家工作人员行贿罪中的犯罪行为往往由行贿人产生，受贿人收受贿赂即完成。但在商业贿赂成为行业普遍“潜规则”的大背景下，对非国家工作人员行贿罪的完成在很多情况下起源于受贿方的索贿行为，行贿人属于被索贿人。然而，我国《刑法》第一百六十四条关于对非国家工作人员行贿罪的规定存在片面性，仅规定了对非国家工作人员行贿罪的一般情形，而忽略了实践中因受贿人的索贿行为而被动提供贿赂的特殊情况。本案正是存在着这种情况，笔者通过阐明行为人系被受贿人索要、勒索贿赂，完全出于被迫才交付财物，而并非出于自愿，从而论证其不构成对非国家工作人员行贿罪，向检察院提交了不予批捕的法律意见，最终检察院作出不予批捕决定。

近年来全国各地不断开展打击商业贿赂专项行动。行动开展以来，查处了一批涉嫌商业贿赂案件，对涉案人员采取刑事强制措施或调查措施，形成治理商业贿赂的高压态势。不难理解，这种严厉的打击商业贿赂行动是当前亟需且必要的，不仅能够有效防止行贿人通过不正当竞争手段获取交易机会，维护正常的市场竞争秩序，同时也保障非公有制企业的合法利益，减少企业所受危害。然而，如果司法机关执法尺度失当，极易触及甚至逾越刑法条文的界限进行扩张解释，扩大商业贿赂的打击范围，本案即是个例。因此，作为辩护律师，应当厘清罪与非罪的界限，根据案件的不同情况，作出有效的辩护策略，最大限度维护犯罪嫌疑人或被告人的合法权益。

辩点总结：对非国家工作人员行贿罪的无罪辩护要点

一、行为人所行贿的对象不是非国家工作人员

对非国家工作人员行贿罪的行贿对象是自然人，且只能是非国家工作人员，即限于“公司、企业或者其他单位的工作人员”，若行为人向非国家机关的公司、企业、其他非国有性质的单位给予财物，或向国有公司、企业或者其他国有单位中从事公务的人员，或向国有公司、企业、其他国有单位委派到非国有公司、企业以及其他单位从事公务的人员行贿，均不构成此犯罪，但有可能构成行贿罪。

另外，为谋取不正当商业利益，给予外国公职人员或者国际公共组织官员以财物的，成立对外国公职人员、国际公共组织官员行贿罪。

二、没有或者无证据证明行为人存在为“谋取不正当利益”的主观故意

《关于办理商业贿赂刑事案件适用法律若干问题的意见》第九条第一款规定：“在行贿犯罪中，‘谋取不正当利益’，是指行贿人谋取违反法律、法规、规章或者政策规定的利益，或者要求对方违反法律、法规、规章、政策、行业规范的规定提供帮助或者方便条件。”

《关于办理行贿刑事案件具体应用法律若干问题的解释》第十二条规定：“行贿犯罪中的‘谋取不正当利益’，是指行贿人谋取的利益违反法律、法规、规章、政策规定，或者要求国家工作人员违反法律、法规、规章、政策、行业规范的规定，为自己提供帮助或者方便条件。违背公平、公正原则，在经济、组织人事管理等活动中，谋取竞争优势的，应当认定为‘谋取不正当利益’。”

以上规定将谋取不正当利益的违法范围扩大到地方政府规章和政策，谋取不正当利益的违法表现包括了违法获取的利益、违规获取的利益以及在特定行业中为谋求竞争优势或便利条件所获取的利益。

刑法通说认为，“谋取不正当利益”是对非国家工作人员行贿罪的主观构成要件，即只要行为人存在谋取不正当利益的动机和目的，具有谋取不正当利益的心态和故意，即使客观上未获得不正当利益，只要贿赂双方在内心对于牟利已经达成默契和合意，仍然构成犯罪。但若行为人主观上没有谋取不正当利益的故意，一般不宜认定为对非国家工作人员行贿罪。

因此，在实践中，着重审查行为人的主观心态，遵从“主客观相统一”原则，防止客观归罪。

三、行为人系被索贿，客观上未获取任何不正当利益

一般情况下，行贿罪与受贿罪之间是对向且同时存在的关系，但《刑法》第三百八十九条第三款规定，因被勒索给予国家工作人员以财物，没有获得不正当利益的，不是行贿。即因被勒索而给予财物，客观上未获取不正当利益的，不构成行贿罪。

虽然上述规定仅在行贿罪的条款中作了明确规定，但是从立法精神来看，该规定适用于所有贿赂类犯罪。在认定对非国家工作人员行贿罪的过程中，若行为人行贿系被勒索，客观上没有获取不正当利益，则行为人未侵犯公司、企业职务的廉洁性，也不具有谋取不正当利益的主观故意，不构成犯罪。

四、行为人的正当馈赠行为，不构成对非国家工作人员行贿罪

《关于办理商业贿赂刑事案件适用法律若干问题的意见》第十条规定：“办理商业贿赂犯罪案件，要注意区分贿赂与馈赠的界限。主要应当结合以下因素全面分析、综合判断：(1) 发生财物往来的背景，如双方是否存在亲友关系及历史上交往的情形和程度；(2) 往来财物的价值；(3) 财物往来的缘由、时机和方式，提供财物方对于接受方有无职务上的请托；(4) 接受方是否利用职务上的便利为提供方谋取利益。”

在司法实践中，存在着诸多复杂的情形和因素，而行贿与正当馈赠的外在表现形式相似，针对不同情况，应当具体问题具体分析，区分罪与非罪。为“谋取不正当利益”是行贿与馈赠差异表征之一，若行为人主观上不具有谋取不正当利益的动机和目的，客观上受赠人也未通过利用职务之便为行为人提供便利关系，其仅是因简单的人情往来在合法层面上进行馈赠、捐赠，一般不宜认定为对非国家工作人员行贿罪。

五、区分单位犯罪与个人犯罪，单位犯罪量刑标准大幅优于个人犯罪

根据最高人民法院、最高人民检察院《关于办理贪污贿赂刑事案件适用法律若干问题的解释》第十一条规定，对非国家工作人员行贿罪的追诉标准是数额较大，数额起点为 6 万元。

最高人民检察院、公安部《关于公安机关管辖的刑事案件立案追诉标准的规定(二)》第十一条规定：“为谋取不正当利益，给予公司、企业或者其他单位的工作人员以财物，个人行贿数额在一万元以上的，单位行贿数额在二十万元以上的，应予立案追诉。”该规定将单位行贿的数额起点定为 20 万元。根据我国《刑法》第三百九十三条规定，单位行贿罪，是指单位为谋取不正当利益而行贿，或者违反国家规定，给予国家工作人员以回扣、手续费，情节严重的行为。因此，单位犯罪与个人犯罪在犯罪主体、行为表现，量刑数额起点上均不同，而单位犯罪量刑标准明显大幅优于个人犯罪。因此，若行为人行贿的出发点是为谋求单位的集体利益，所得收益亦归属于单位所有，由单位分配，一般认定为单位犯罪，若该涉案金额尚未达到单位行贿的立案追诉标准，其行为不构成对非国家工作人员行贿罪。

六、行为人在被追诉前主动交代行贿行为可以减轻或者免除处罚

根据《刑法》第一百六十四条，关于对非国家工作人员行贿罪和对外国公职人员、国际公共组织官员行贿罪，行贿人在被追诉前主动交代行贿行为的，可以减轻处罚或者免除处罚。

最高人民法院、最高人民检察院《关于办理行贿刑事案件具体应用法律若干问题的解释》第七条规定，因行贿人在被追诉前主动交代行贿行为而破获相关受贿案件的，对行贿人不适用《刑法》第六十八条关于立功的规定，依照《刑法》第三百九十条第二款的规定，可以减轻或者免除处罚。单位行贿的，在被追诉前，单位集体决定或者单位负责人决定主动交代单位行贿行为的，依照《刑法》第三百九十条第二款的规定，对单位及相关责任人员可以减轻处罚或者免除处罚；受委托直接办理单位行贿事项的直接责任人员在被追诉前主动交代自己知道的单位行贿行为的，对该直接责任人员可以依照《刑法》第三百九十条第二款的规定减轻处罚或者免除处罚。

行为人在被追诉前主动交代行贿行为的量刑优于自首和立功，甚至可以免除处罚。

案例十三
顾某虚假诉讼案

案件关键词： 套路贷　虚假诉讼　恶势力犯罪集团　执业律师

案情简介

2013年，何某、夏某夫妇笼络亲友、雇请社会闲散人员，以民间借贷为名，利用借款人急需资金的心理向其发放贷款，与借款人签订虚假合同、空白合同，以各种名义向其收取高额利息，并通过复利、违约金等形式虚高借款人债务。

2014年，崔某、高某合伙设立某投资咨询有限公司（后改名为某资产管理有限公司，以下简称某资产管理公司），公司设立后，主营业务为民间借贷。但在公司业务经营开展过程中，崔某、高某等人通过签署空白协议、虚假合同等形式向借款人发放贷款，以“砍头息”、“保证金”、“违约金”等名义向借款人收取高额利息，并通过各种形式高筑借款人债务，导致借款人最终无力偿还。

在通过上述手段取得对债务人的高额债权后，该一众人等通过各种方式向债务人追讨债权。2015年，时任广东省某律师事务所执业律师的顾某，接受何某、夏某夫妇聘请的同时，也受聘作为某资产管理公司常年法律顾问，受托分别为何某、夏某夫妇，以及崔某、高某等人向相应借款人提起民事诉讼追偿债权。此外，何某、夏某夫妇以及崔某、高某等人还纠集社会闲散人员、雇请打手，以威胁、恐吓、限制人身自由等方式向债务人追讨债务。

2018 年 4 月，顾某因涉嫌虚假诉讼罪，被 S 市公安局某分局刑事拘留，后经 S 市某区人民检察院批准，于 2018 年 6 月逮捕。

◇指控事实

公诉机关指控称：

一、何某、夏某恶势力犯罪集团的犯罪事实

2013 年开始，被告人何某、夏某夫妇通过笼络亲友、胁迫他人、雇请打手、聘用律师等途径，逐步建立以何某、夏某夫妇为组织者、领导者，以被告人顾某、曹某等人为积极参加者，被告人霍某等人为一般参与人的恶势力犯罪集团。

该恶势力犯罪集团假借民间借贷之名，有组织、有预谋地利用被害人急需资金的心理而向被害人放贷，并以“砍头息”、“保证金”、“违约金”、“行业规矩”等各种名义诱骗或强迫被害人签订空白或虚假的借款合同、抵押合同、租赁合同、授权委托书等合同，先是通过“虚假银行交易流水”、“肆意认定违约”的合同陷阱形成虚高借款，后以威胁、恐吓、非法拘禁或虚假诉讼等暴力、“软暴力”或其他方式逼迫被害人偿还虚假债务，甚至利用各种各样的空白合同侵占被害人的房产等，最终有“套路”地实现了非法侵占被害人财物的目的。

其中被告人何某、夏某为该犯罪集团的首要分子（何某或夏某一般以个人的名义向被害人放贷）。被告人何某主要负责发展物色借贷客户（被害人），被告人夏某主要负责财物转账及虚假合同整理，被告人曹某等人主要负责“走流水”、追债、提供场地等。该等人各有分工、相互合作，在合同签订、流水走账、追讨债务多个环节交叉参与，而被告人霍某等人则充当追债、“打手”等角色，积极参与对被害人的暴力追债。而被告人顾某（广东某律师事务所律师）则充当“法律顾问”等角色，不仅指导被告人何某如何诱骗被害人签订空白合同，如何过虚假银行流水，如何规避法律风险以及如何提起虚假诉讼等，还作为虚假民事诉讼案件的诉讼代理人以捏造的事实和证据积极参与对被害人的虚假诉讼，通过法庭胜诉判决占有被害人财产。

以被告人何某、夏某夫妇为首的犯罪团伙通过实施一系列有组织的诈骗、敲诈勒索、寻衅滋事、非法拘禁、虚假诉讼等违法犯罪活动，扩大了自己的势力和影响，获取了一定的经济实力，逐步形成了以家庭为基础、以血缘为纽带、以律师为顾问、以经济为后盾，人数众多、成员相对固定、分工明确的恶势力犯罪集团，在S市某区等一定范围和行业内为非作歹，严重破坏了当地正常的经济、社会、生活秩序。

二、崔某、高某恶势力犯罪集团的犯罪事实

2014年底，被告人崔某、高某开始一起合伙经营某投资咨询有限公司（2017年8月改名为某资产管理有限公司）。为达到非法占有他人钱财的目的，被告人崔某、高某等人以该公司为幌子，利用“套路贷”的方式实施诈骗、敲诈勒索、虚假诉讼等违法犯罪行为，其犯罪手段为：被告人崔某、高某等人以民间借贷为幌子，有组织、有预谋地利用被害人急需资金的心理而向被害人放贷，并以“行业规矩”、“保证金”、“违约金”等各种名义诱骗被害人签订空白或虚假的借款合同、抵押合同、租赁合同、授权委托书等合同，先是通过制造“银行交易流水”、“单方认定违约”的合同陷阱形成虚高借款，后以威胁、恐吓等手段逼迫被害人偿还虚假债务，甚至利用各种各样的空白合同向法院提起虚假诉讼，最终有“套路”地实现了非法侵占被害人钱财的目的。该恶势力犯罪集团以被告人崔某、高某为首要分子，以被告人顾某、高某某为积极参与者。该恶势力犯罪集团一般以个人的名义向被害人放贷，被告人崔某主要负责发展物色借贷客户（被害人），对客户资料及情况进行收集分析，被告人高某主要负责向客户催款和提起虚假诉讼，被告人高某某作为公司业务员，主要负责“走流水”、催款追债等，三人各有分工、相互合作。而被告人顾某作为该公司聘请的法律顾问，积极为该犯罪集团出谋划策，不仅教被告人崔某、高某等人如何诱骗被害人签订空白合同，如何过虚假银行流水，如何规避法律风险以及如何提起虚假诉讼胜诉等，并且还作为虚假民事诉讼案件的诉讼代理人以捏造的事实和证据积极参与对被害人的虚假诉讼，通过法院胜诉判决占有被害人财产。

◇指控罪名

《中华人民共和国刑法》第三百零七条之一第一款——虚假诉讼罪

以捏造的事实提起民事诉讼，妨害司法秩序或者严重侵害他人合法权益的，处三年以下有期徒刑、拘役或者管制，并处或者单处罚金；情节严重的，处三年以上七年以下有期徒刑，并处罚金。

◇罪名分析

一、主体要求

根据《刑法》第三百零七条之一规定，虚假诉讼罪的行为主体可以是自然人，也可以是单位，且均没有特殊身份或性质的要求。虽然该条第四款规定“司法工作人员利用职权，与他人共同实施前三款行为的，从重处罚；同时构成其他犯罪的，依照处罚较重的规定定罪从重处罚”，该款规定也仅是针对本罪中特殊主体的特殊量刑情节，而非认定特殊主体构成本罪的规定。

二、罪行表现

（一）主观

《刑法》第三百零七条之一虽然未明文规定本罪的主观形态，但通过其关于行为人客观行为表现的规定来看，构成本罪的主观形态为故意，且是直接故意。另外，从实施虚假诉讼行为造成的“妨害司法秩序或严重侵害他人合法权益”结果来看，本罪并不要求行为人进行虚假诉讼的主观目的是谋取利益，即仅需行为人明知自己是以捏造的事实提起民事诉讼。

（二）客观

1. 行为发生领域

根据《刑法》第三百零七条之一的字面规定，虚假诉讼罪所发生的领域为民事诉讼领域，即排除了该罪在行政诉讼、刑事诉讼领域中的存在。然而，为何在罪名设立时将虚假诉讼罪的领域仅限于民事诉讼，该限定又是否合理?

首先，就刑事诉讼的特点而言，其程序相较于民事诉讼程序更为严格，其证明标准也高于民事诉讼证明标准，因此该等先决条件使虚假诉讼难以在刑事诉讼中存在。其次，即使虚假诉讼的行为在刑事诉讼领域发生，我国《刑法》亦设有相关罪名对其行为进行规制。如侦查人员对犯罪嫌疑人进行了刑讯逼供等伪造证据的行为，可以按滥用职权罪和其他相关罪名处理；刑事自诉案件的原告捏造事实、伪造证据的可以诬告陷害罪定罪；刑事诉讼参加人作虚假证明按伪证罪处理等。

而在行政诉讼领域，尽管虚假诉讼在此领域发生的可能性较小，但并非不可能发生，例如，某行政机关对甲和乙的土地使用权纠纷作出行政裁决，裁定该土地使用权归乙所有，实际上该土地使用权也确实为乙所有，但甲虚构事实、捏造证据向法院提起行政诉讼，法院基于该虚假事实错误地作出了归甲所有的裁判。由此可见，虚假诉讼同样可能发生于行政诉讼领域，且若发生在行政诉讼之中，同样会对司法秩序及他人的合法权益造成损害，甚至会产生更严重的危害性。然而，我国《刑法》目前未将虚假诉讼罪扩展至行政诉讼领域中，一旦有类似上述情形出现，则可能面临《刑法》无相应罪名予以规制的窘境。

2. 行为表现

虚假诉讼罪的客观行为表现为以捏造的事实提起民事诉讼，根据2018年9月26日最高人民法院、最高人民检察院发布的《关于办理虚假诉讼刑事案件适用法律若干问题的解释》第一条规定，采取伪造证据、虚假陈述等手段，实施下列行为之一，捏造民事法律关系，虚构民事纠纷，向人民法院提起民事诉讼的，应当认定为《刑法》第三百零七条之一第一款规定的“以捏造的事实提起民事诉讼”：

（1）与夫妻一方恶意串通，捏造夫妻共同债务的；

（2）与他人恶意串通，捏造债权债务关系和以物抵债协议的；

（3）与公司、企业的法定代表人、董事、监事、经理或者其他管理人员恶意串通，捏造公司、企业债务或者担保义务的；

（4）捏造知识产权侵权关系或者不正当竞争关系的；

（5）在破产案件审理过程中申报捏造的债权的；

（6）与被执行人恶意串通，捏造债权或者对查封、扣押、冻结财产的优先权、担保物权的；

（7）单方或者与他人恶意串通，捏造身份、合同、侵权、继承等民事法律关系的其他行为。

隐瞒债务已经全部清偿的事实，向人民法院提起民事诉讼，要求他人履行债务的，以捏造的事实提起民事诉讼论。

向人民法院申请执行基于捏造的事实作出的仲裁裁决、公证债权文书，或者在民事执行过程中以捏造的事实对执行标的提出异议、申请参与执行财产分配的，属于《刑法》第三百零七条之一第一款规定的“以捏造的事实提起民事诉讼”。

从上述规定可见，虚假诉讼罪主要规制的情形为实践中常见多发的夫妻债务认定、以物抵债、公司债务、知识产权侵权和不正当竞争、企业破产、民事执行等类型案件，并以兜底条款对捏造民事法律关系的行为应当如何界定作了进一步明确。

从虚假诉讼所涉主体来看，还可分为单方虚假型虚假诉讼和双方串通型虚假诉讼。

单方虚假型虚假诉讼，民事诉讼双方当事人之间是对立状态，其中一方企图以虚假诉讼的方式致使另一方的合法权益受到损害。比如在民间借贷案件中，债权人在借贷已经被偿还的情形下要求对方再次偿还，或者通过欺骗、威胁等不法手段获取的虚假借条来向法院提起诉讼主张债权。

双方串通型虚假诉讼，即民事诉讼双方当事人相互勾结，以侵犯他人的合法权益为目的进行虚假诉讼。在该种类型虚假诉讼中，表面上双方虽然存在矛盾，但实际上双方目标是一致的，一般有以下特征：一是双方当事人多为近亲属或者朋友等较为亲密的关系，往往存在乡邻、亲属、朋友等特殊关系或者其他利益关系；二是原告的诉讼标的额或者起诉所依据的事实不符合常理；三是诉讼进程异常顺利，原告不主动参加诉讼，而被告积极应诉，甚至主动自认，案件最终多以调解或和解结案。

3. 行为后果

虚假诉讼罪的行为后果为“妨害司法秩序或者严重侵害他人合法权益”，《关于办理虚假诉讼刑事案件适用法律若干问题的解释》第二条规定，以捏造的事实提起民事诉讼，有下列情形之一的，应当认定为《刑法》第三百零七条之一第一款规定的“妨害司法秩序或者严重侵害他人合法权益”：

（1）致使人民法院基于捏造的事实采取财产保全或者行为保全措施的；

（2）致使人民法院开庭审理，干扰正常司法活动的；

（3）致使人民法院基于捏造的事实作出裁判文书、制作财产分配方案，或者立案执行基于捏造的事实作出的仲裁裁决、公证债权文书的；

（4）多次以捏造的事实提起民事诉讼的；

（5）曾因以捏造的事实提起民事诉讼被采取民事诉讼强制措施或者受过刑事追究的；

（6）其他妨害司法秩序或者严重侵害他人合法权益的情形。

◇一审辩护

〔辩护要点〕

1. 顾某不存在指导他人提起虚假诉讼并作为诉讼代理人通过虚假诉讼占有被害人财产的行为。

2. 顾某仅提供事后关于合同规范性的法律咨询，不存在策划虚假诉讼之情形。

3. 顾某作为案件诉讼代理人不等于参与虚假诉讼的行为人，不能据此推定顾某与同案被告人之间具有相同的犯罪故意及意思联络。

4. 顾某仅收取正常律师费用，未占有被害人任何财产。

〔辩护观点及论证〕

一、顾某不存在指导被告人何某提起虚假诉讼并作为诉讼代理人通过虚假诉讼占有被害人财产的行为

（一）顾某对何某以虚假材料起诉曹某的事实不知情，顾某与曹某、何某之间不具有共同的犯罪故意与意思联络

1. 何某的供述指证顾某对其虚假诉讼一事“应该不清楚”

被告人何某的供述证实，顾某没有教唆并指导其利用虚假诉讼的方式起诉曹某，直接证实顾某不存在虚假诉讼的行为。

何某在 2018 年 4 月的供述中提到其与柳某、顾某在律师事务所商量事情，但

并未提到是否商量虚假诉讼一事，并且随后何某称系柳某提出由其起诉曹某，从侧面证实该虚假诉讼系何、夏二人商量的结果。

此外，何某不仅在2018年5月的供述中否定顾某对何某以虚假材料起诉柳某的事实知情，而且在2018年10月的供述中否认顾某指导过他们，该两次供述直接证实顾某对于柳某与何某合议以虚假诉讼方式规避黄某欠款一事并不知情，不存在虚假诉讼的行为。（后附部分为被告人供述）

何某2018年3月讯问笔录	柳某说他因为工程的事被蔡某起诉欠50万元，并且位于××的房子被查封了，他说他没有欠黄某钱，让我帮个忙帮他打官司，当时我就请了律师帮他打官司……之前欠款我会找律师起诉他们，具体起诉多少我不清楚，之前我一直让一个叫××的律师事务所帮我做，我跟他们一个叫顾某的律师熟悉，很多案子都是他办的。
何某2018年3月讯问笔录	问：为何朱某跟傅某都签了空白欠条、协议、委托？ 答：是我要求他们签空白欠条、协议、委托的，为了保障他们还款，这样有空白的在手里他们就怕到时他们不还钱我会乱写欠款。
何某2018年5月讯问笔录	问：你用过流水的账单作为证据起诉柳某时，律师顾某是否知情？ 答：顾某应该不清楚。
何某2018年8月讯问笔录	问：柳某让你起诉的事情，顾某是否知情？ 答：不记得了。
何某2018年10月讯问笔录	问：你起诉柳某时，是谁代理的官司？ 答：是顾某律师事务所代理的，代理律师我记不得了，起诉需要的资料是我提供给顾某，没有教过我什么。 问：代理律师是不是顾某？ 答：不是。

2. 被告人柳某所有供述未指证顾某对虚假诉讼一事知情

被告人柳某在供述中未提及顾某教唆其利用虚假诉讼规避债务的内容，不能证明顾某存在教唆虚假诉讼的行为。

柳某的供述中，前两次关于其与被告人何某之间的虚假诉讼的陈述，完全未提到顾某；开始提及顾某是在顾某被羁押传唤后，但提及内容与起诉意见书所指控顾某如何教唆柳某进行虚假诉讼以规避王某的欠款无关。柳某在2018年3月讯问笔录供述中明确指出系何某提出虚假诉讼的主意，而至于顾某对此是否知情，柳某表示并不清楚。（后附部分为被告人供述）

柳某2018年3月讯问笔录	当时我跟王某有官司，在2016年1月的时候我位于××的房子被查封了，当时何某就找到我跟我出假诉讼这个主意，当时他说过，要有几笔大额的银行交易，这样打官司的胜算就大一点。
柳某2018年3月讯问笔录	当时何某教我假诉讼，然后我私下协定把卖房子的钱先给何某，在法院又和何某写了调解协议书，所以才会把钱打到他名下的。
柳某2018年8月讯问笔录	顾某我认识，见过两次面，是何某的律师。何某和顾某怎么到法院诉讼我的，我都不清楚，都是何某一手操办好的，让我签字和按手印，我就签字和按手印，对何某的话我只能听了。
柳某2018年10月讯问笔录	都是何某在操作的，顾某具体怎么参与的我不清楚。

3. 被告人夏某的陈述亦未指证顾某对何某虚假诉讼一事知情

被告人夏某虽然提到顾某，但她只是了解到顾某是这起案件的代理律师，并不清楚顾某是否有教唆过何某过银行假流水或签空白合同，也不清楚顾某是否教唆柳某提起虚假诉讼，不能证明顾某存在虚假诉讼的行为。（后附部分为被告人供述）

夏某2018年4月讯问笔录	民事调解书是我老公何某让我去签的……这个起诉当时是他们俩商量好的再去起诉的…… 问：在你与顾某的接触过程中，顾某有无跟你们谈到过银行流水或空白合同的事？ 答：不太记得了。
夏某2018年8月讯问笔录	问：顾某到法院起诉柳某，你是否知道？ 答：我不知道具体情况。

综合上述分析，本案被告人顾某在柳某诉王某案件中的地位仅为委托代理人，根据2018年8月顾某的供述，其诉讼材料是由被告人何某、夏某提供的，并且在双方的委托代理协议上写明对提供材料的真实性负责，顾某已经尽到律师的审慎义务。因此，基于上述被告人供述，顾某对柳某和何某提起虚假诉讼的事情并不知情，其与柳某和何某之间并没有意思联络，顾某不存在教唆被告人柳某虚假诉讼的行为。

（二）顾某所提供的是事后关于合同规范性的法律咨询，没有任何证据证明顾某策划了何某以虚假材料起诉柳某的案件

根据顾某的供述，其未指导何某填写空白合同，何某送来的资料有空白的借款合同也有填好的借款合同，顾某只收取填好的那份。证人唐某的证言也证实了何某系在签订完合同及过银行流水之后，才向顾某询问该合同签订及银行流水是否妥当。因此，顾某不存在对何某事前的教唆行为。

根据何某的供述，（2016）粤某号的虚假诉讼是柳某提出的，根据柳某的供述称“何某教我假诉讼”，二人均未指认顾某存在教唆二人提起虚假诉讼的行为。根据何某的询问笔录，（2016）粤某号诉讼材料是何某准备好的。顾某也不存在帮助何某准备虚假诉讼材料的行为。（后附部分为被告人供述）

顾某2018年4月讯问笔录	问：何某送过来的资料有没有空白的？ 答：何某送过来的资料里面有空白的借款合同、收据、借据（条），也有填好的借款合同、收据、借据（条），我们只收取他填好的那份，空白的他带回去。 问：他那些填好的借款合同、收据、借据（条），是你指导他填的吗？ 答：不是，是他自己填的。
柳某2018年3月讯问笔录	问：用谁的账户打给何某的，为何会打给他？ 答：当时何某教我假诉讼，然后我私下协定把卖房子的钱先给何某，在法院我又跟何某写了调解协议，所以才会把钱打到他名下的。
唐某2018年5月询问笔录	问：你怎么知道何某签完空白合同后打给的就是律师顾某？ 答：我跟何某接触过这么多次就发现只要何某签合同跟过银行流水后几乎都会打电话给顾某问一下当时签的合同是否妥当……
何某2018年4月讯问笔录	……2016年初我跟柳某就到顾某办公室跟顾某商量这个事，后来柳某提出是否能够由我来起诉他，然后法院先由我跟他达成调解协议，这样就可以先让担保公司把钱给我，这样柳某也算先还我的85万元左右的债……
岳某2018年5月询问笔录	问：我们在某法院调取了一份民事调解书（2016）粤某号该案是否是你经手的？ 答：该案是我经手的。 问：你把当时该案的全部过程说一下？ 答：这个案子是2016年11月顾某告诉我何某、夏某要有个案子给我做，当天何某与夏某与我接触，材料何某已经准备好，我接案后就按流程准备材料了，接着通知要求要调解，于是我就约法院在本年12月调解了。

可见，何某诉柳某的虚假诉讼一案是由柳某提议，何某准备诉讼材料，顾某在该案中仅是提供一般法律服务的角色，没有任何证据证明顾某存在策划该案的行为。顾某所提供的是关于合同签订后的事后规范性确认，目的是在发生纠纷时能够运用合同和银行流水维护当事人的权益，防止合同内容不规范而无效，而非事前的指点教唆。

（三）没有任何证据证明顾某存在参与何某对潘某与陈某的虚假诉讼行为

1. 顾某不具有非法占有潘某、陈某财产的主观目的

顾某本人对其涉嫌参与何某对潘某与陈某的虚假诉讼毫不知情。根据补充侦查工作卷中顾某控告书中表明，顾某并不知晓也未参与何某逼迫陈某签虚假欠条及过虚假银行流水等行为，更没有非法占有陈某房产的主观目的。

2. 顾某未参与分配潘某、陈某案件的任何赃款

没有任何证据证明顾某参与分配了潘某、陈某案件的赃款。共同犯罪的严重危害性来源于其整体性，而分取赃款的行为是诈骗分子达到犯罪目的不可缺少的重要组成部分。顾某在检察院控诉的所有诈骗案件中均没有参与分配诈骗所得的赃款，因此不能认定其为诈骗罪的共犯。

3. 何某的供述、陈某的经过描述与潘某询问笔录均表明顾某与何某没有任何事前的犯意联络

（1）根据潘某询问笔录，潘某未提及顾某，更未指证是何某伙同顾某向潘某与陈某提起民事诉讼，致使潘某房子被法院查封。

（2）根据陈某书写的经过，其并未提到顾某，其所述“以上所陈述事件均为何某一手策划，胁迫本人与他们签下天额借款合同单据，希望公检法机关尽快打击他们的违法行为”，表明陈某认为是由于何某多次逼迫其签虚假欠条及过虚假银行流水并逼迫陈某找来潘某做担保人，最终致使潘某的房子被查封，与顾某没有关系。

（3）补充侦查卷中，何某讯问笔录，何某明确指出“起诉需要的资料是我提供给顾某的，没有教过我什么”。

4. 仅有的判决书只能证明顾某为该案的诉讼代理人，不能证明顾某与同案被告人存在犯意联络，参与虚假诉讼

（2016）粤某号民事判决书仅能证明顾某是该案件的代理律师，并不能证明何某伙同顾某以捏造的证据向陈某与潘某提起虚假诉讼，何某供述中也未指认顾某对该事件知情。该案件由顾某代理，也只能证明顾某负责案件的起诉，不能因此证实顾某与同案被告人存在犯意联络，参与虚假诉讼。

（四）顾某收取的律师费仅包括代理何某的案件诉讼费，符合律师收费标准，不存在另外收费的情况

顾某与何某关于律师费的供述互相得到印证。顾某作为何某的诉讼案件的委托代理人，收取的费用仅包含诉讼费，以及涉及财产后按标的额比例的加收费，不存在其他收费，符合《广东省物价局、司法厅律师服务收费管理实施办法》附件中，广东省律师服务政府指导价涉及财产的民事、行政诉讼收费标准。（后附部分为被告人供述）

顾某 2018 年 4 月讯问笔录	我们只是正常地收取律师费，每个案件前期预收 3000 元至 5000 元不等的律师费，后期是按照收回金额的 6% 至 8%（减去前期预收的费用）收取律师费，我们总共收到何某支付的律师费 × 万元左右，具体金额以转账记录为准，但上述费用不够支付我们的诉讼成本。
何某 2018 年 3 月讯问笔录	除了一般的案件受理费、查封费等，还有就是后期如果法院判决执行回来以后要给 8 个点，没有执行就不用了。

二、现有证据不足以证明顾某存在教唆被告人崔某等人签订空白合同、过虚假银行流水等虚假诉讼行为

（一）顾某不存在教唆被告人崔某、刘某提起虚假诉讼的行为

在顾某担任公司法律顾问之前，被告人崔某、刘某利用空白合同、伪造虚假流水，提出虚假诉讼的行为可能已经存在。

颜某与刘某民间借贷纠纷二审民事判决书证实，上诉人颜某曾主张其在与刘某签订的空白《个人借款合同》和《收条》上签字时没有签署时间，本案是刘某炮制的虚假诉讼。该案判决时间为 2013 年 11 月，而顾某作为刘某案件的委托代理人起诉时间是在 2015 年后，不能排除在顾某担任刘某的法律顾问之前，被告人

崔某、刘某已经利用空白合同，伪造虚假银行流水，提出虚假诉讼。

此外，补充侦查卷中被告人顾某供述证实，被告人崔某、刘某对签订空白合同以及过虚假流水的认知是一种行业惯例，也是这一类型犯罪的显著特征。并不是由顾某指导后才产生利用空白合同以及虚假流水进行虚假诉讼的情形，不能认定顾某存在“教唆”行为。

（二）在无其他证据佐证的情况下，仅凭同案被告人的言词证据不能互相印证且排他性地证明顾某存在指导崔某等人虚假诉讼的行为

1. 对于同案被告人崔某、刘某、田某的供述细节存在矛盾之处，不能够相互印证，不具有证明力。

（1）同案被告人崔某 2018 年 4 月某日讯问笔录与 2018 年 4 月某日讯问笔录内容存在矛盾。

被告人崔某在 2018 年 4 月某日的讯问中称，顾某仅告知其在起诉的时候应当签好合同的时间和金额，不要有矛盾的地方，规范文书文件。从该供述也可得知，这是由于当时崔某的官司败诉，向顾某进行法律意见咨询，顾某针对崔某提出的问题，主要围绕合同规范的内容提出了法律建议，依法履行职责，并不存在“出谋划策”的行为。同时，崔某在 2018 年 4 月某日的供述中也印证了前述所说，当时官司败诉的原因是合同资料不齐，因此顾某对其的指导是围绕着合同规范的要件，根据其提供的证据、陈述的事实、提供的线索进行指导。

此外，根据 2018 年 4 月某日崔某供述，2015 年后，在这个行业就已经开始出现签订空白合同、过虚假流水的情况。可见，崔某对签订空白合同以及伪造虚假流水的方法认知是从这种行业惯例中得来，而并不是由顾某指导后知晓。崔某的前述供述与其之后供述“顾某比较专业，他说到过虚假流水起诉过程中的重要性”相矛盾，不能证实是由顾某对其虚假诉讼的行为进行教唆指导。（后附部分为被告人供述）

崔某 2018 年 4 月某日讯问笔录	2015 年官司打败后，我和刘某还有顾某律师在 ×× 的办公室谈过这个官司的事情，我记得顾某说过要签好合同的时间和金额，不要有矛盾的地方。其他我就记不清楚了……

续表

崔某2018年4月某日讯问笔录	问：起诉客户官司里有无律师和你们针对案件进行过探讨和教你们一些方式方法？ 答：他们只是叫我们如何规范文书文件，其他的没有。
崔某2018年4月某日讯问笔录	随后刘某、我、顾某在××的办公室谈谢某官司的事情，当时顾某就说合同不规范，资料不齐，并给我们指出过转账要转到借款人那里去，并要签订委托收款书，转账要转到实际借款人那里去，并且要和借款合同、借款借据、收款收据的金额一致，这样就能把官司打赢。像郝某、姜某信等这些客户我们都是这样操作的。
崔某2018年4月某日讯问笔录	问：谁教你们做这个虚假流水？ 答：2015年在我们这个行业就开始出现签空白合同、过虚假流水，2015年因为没有流水所以官司很难打，后面我们跟顾某、刘某就探讨这个事，因为顾某比较专业，当时他就说到过虚假流水在起诉过程中的重要性，后期我们都会按照探讨的流程过这个虚假流水。

（2）同案被告人刘某讯问笔录内容存在矛盾。

对于刘某所供述的以虚假流水记录起诉的案件，均没有其他证据能够印证均是由顾某作为案件的委托代理人，且根据（2017）粤某号刘某与王某民间借贷纠纷一案判决书，原告刘某的委托代理人并非顾某。因此，刘某的供述与事实情况相矛盾，其供述的真实性和可信性降低。且，即使这些案件是由顾某代理，也只能证明顾某负责案件的起诉，不能因此证实顾某与同案被告人存在犯意联络，参与虚假诉讼。（后附部分为被告人供述）

刘某2018年4月讯问笔录	我们以虚假流水记录起诉了客户的案件有：……6. 王某，借款时间忘记了，借款金额忘记了，忘记了当时是向哪个法院起诉了…… 除了刘某明不是顾某给我们代理外，周某峰我不确定是否顾某代理，其他所有案件都是顾某给我们代理的。

（3）同案被告人崔某与同案被告人刘某之间的供述相互矛盾。

刘某与崔某关于顾某行为的供述相矛盾。根据被告人崔某的供述，顾某的行为只是一般的法律咨询，为客户进行合同规范的专业辅导；而被告人刘某的供述则指认顾某教他们在银行过高于实际借款金额的流水和签订空白的借款合同，才能打赢官司。对于这一案件事实，刘某与崔某的陈述相矛盾，作为证据所应有的证明力与其他证据相互印证无从反映，刘某不利于顾某的证言真实性无从判断，不具有排他性的证明力，不足以作为证据采信。

刘某与崔某关于郝某的供述相矛盾。根据被告人刘某的供述，他只负责给客户打款，而不负责收款等事项，因而不认识郝某。但根据被告人崔某的供述，崔某负责前期的客户资料收集以及风控，而刘某是负责后期向客户催款和对不按时还款的客户进行起诉。且刘某称其不认识郝某，但却称该案过流水的操作方式是顾某指导的，该供述内容存在矛盾，不能够作为认定顾某参与虚假诉讼的证据采信。（后附部分为被告人供述）

刘某2018年4月某日讯问笔录	2015年左右，我们在和一些客户打官司时因为法院不支持我们签订的借款利率，被客户反咬一口说每个月还的是本金（其实按照合约客户每个月还的是利息，但是法院不认可），所以最后我们官司都打输了，这件事之后顾某律师就教我们要在银行过高于实际借款金额的流水和签订空白的借款合同，这样才能保证打赢官司。 当时是在××的办公室里跟我们说的，当时在场的还有崔某，只有我们三个在场……
崔某2018年4月某日讯问笔录	2013年的时候有一个客户从刘某处借了20万元左右……经过法院的审判，发现还的利息已经超过了本金，判客户胜诉，随后我们就找到了顾某律师，让他帮我们处理官司。 2015年官司打败后，我和刘某还有顾某律师在××的办公室谈过这个官司的事情，我记得顾某说过要签好合同的时间和金额，不要有矛盾的地方。其他我就记不清楚了。因为我是负责风控的，刘某则负责追债和诉讼的事情，所以他会更清楚点。
刘某2018年4月某日讯问笔录	问：你讲一下郝某的情况？ 答：我不认识，我在公司主要负责给客户打款，收款是崔某，收款账户都是指定的。 问：过流水的操作方式是谁指导的？ 答：就是顾某律师指导的。
崔某2018年4月某日讯问笔录	问：郝某你是否认识？ 答：认识，他2015年向我们借了15万元，是我跟他谈的借款事项，谈了6分还是5分利息，然后交给刘某、田某办的借款追的债。后面他不还钱，由顾某代理在某法院诉讼他了。

根据《人民检察院刑事诉讼规则》第六十三条："人民检察院侦查终结或者提起公诉的案件，证据应当确实、充分。证据确实、充分，应当符合以下条件：（一）定罪量刑的事实都有证据证明；（二）据以定案的证据均经法定程序查证属

实；（三）综合全案证据，对所认定事实已排除合理怀疑。”本案，仅有同案被告人供述，在无其他证据佐证的情况下，仅凭同案被告人的言词证据来认定顾某的犯罪事实，要求对于同案被告人供述的各个细节之间的矛盾必须得到排除。但同案被告人崔某、刘某、田某的供述前后与相互之间均存在矛盾之处，其供述不能够相互印证。对于起诉意见书中认为顾某教被告人崔某、刘某、田某签订空白合同，过虚假流水，规避法律风险，并经被告人崔某、刘某、田某的委托，向法院提起郝某一案虚假诉讼的行为不能达到事实清楚，证据“确实、充分”的证明标准。因此，在认定事实存在模糊之处难以正确适用法律时，应作出有利于被告人的结论，不能认定顾某存在犯罪事实。

2. 同案被告人与顾某存在直接利害关系，其供述不能直接采信。

根据最高人民法院《关于适用〈中华人民共和国刑事诉讼法〉的解释》第一百零九条：“下列证据应当慎重使用，有其他证据印证的，可以采信：……（二）与被告人有亲属关系或者其他密切关系的证人所作的有利被告人的证言，或者与被告人有利害冲突的证人所作的不利被告人的证言。”由于作证主体的利害相关性和证言来源的特殊性，如果仅凭同案被告人的供述定案，那么整个案件事实认定的基础就极不扎实，不能够确保案件事实认定的客观真实性。

具体到本案，对于事实认定的关键在于顾某是否明知同案被告人存在虚假诉讼的行为，并且指导同案被告人签订空白合同、伪造假流水来规避法律风险。以现有的证据来看，对于该关键事实的证明只有同案被告人崔某、刘某和田某的供述，且三人又与该关键事实存在直接的利害冲突，存在着虚假的可能，不能排除同案被告人存在试图推诿关于空白合同、虚假流水以及参与诉讼的责任的情况，且没有其他证据与同案被告人供述相互印证。因此，对于顾某的事实行为认定基础证据不足，仅凭同案被告人的供述不足以认定顾某的犯罪事实。

3. 同案被告人崔某、田某的供述多数内容属于猜测性言词证据，不具有证据资格。

被告人崔某的供述内容属于猜测性的言词证据，该言词证据不具有证据资格，不能作为认定顾某犯罪的事实依据。（后附部分为被告人供述）

崔某2018年4月某日讯问笔录	以前需要打官司时都是顾某自己过来拿资料，来之前他打电话说过：要把时间和金额填好，不要和银行转账流水的时间、金额有矛盾，一般需要打官司时都是借款之后好几个月的事了，这个时候他还提醒我填好时间和日期，说明他心里知道我们签的是空白合同，所以我觉得他是知道我们和客户签订的空白借款合同和过银行流水的……
崔某2018年4月某日讯问笔录	问：顾某是否清楚你们签的空白合同和过的银行流水？ 答：我认为他是知道的，签空白合同和过的银行流水我们嘴上不说，顾某心里是知道的……

被告人田某的供述内容属于猜测性的言词证据，完全属于自己的主观推断，不具有证据资格，不能作为认定顾某犯罪的事实依据。（后附部分为被告人供述）

田某2018年5月某日讯问笔录	顾某应该清楚，但是这个应该是他们几个的事情，具体的情况我不清楚，至于和客户签署过空白合同和过银行流水的业务形式顾某是否知道我也不清楚。 首先我们公司只有一个律师顾某，我知道的所有的案件起诉都是顾某代理的。再就是我们跟借款人签好了空白合同后都是由崔某原封不动地保管的，谁都不会动这个合同。后面直到借款人不还钱或什么其他情况等顾某来了才会把合同拿出来商量，让顾某指点的。再就是顾某一来找崔某、刘某就会让其他人全部出去，他们三个人在办公室谈，我记得有一次我想在旁边听，想听一下，结果被他们叫出去了，那次搞得很不开心。
田某2018年5月某日辨认笔录	该辨认笔录中田某辨认“30号男子是律师顾某，我不知道他是否和崔某、刘某商量过虚假流水的事”。

最高人民法院《关于适用〈中华人民共和国刑事诉讼法〉的解释》第七十五条第二款：“证人的猜测性、评论性、推断性的证言，不得作为证据使用，但根据一般生活经验判断符合事实的除外。”据此，关于顾某对于崔某、刘某等人虚假诉讼的行为是否明知，并且是否同其他被告人有犯意联络，指导签订空白合同，伪造虚假流水属于推定的证言。因此，对于这些具有推断性、猜测性的言词证据，应当予以排除，其对于顾某的指控就不能够被认定。

4. 基于“存疑有利于被告人原则”，对于被告人顾某的辩解内容应当予以采信。

根据最高人民法院《关于适用〈中华人民共和国刑事诉讼法〉的解释》第八十条规定，对被告人的供述和辩解应当着重审查以下内容：……（7）被告人的供述和辩解与同案被告人的供述和辩解以及其他证据能否互相印证，有无矛盾。被告人顾某在供述中直接否认他指导被告人崔某、刘某伪造高于实际借款金额的银行流水和签订空白合同的行为，且与其相矛盾的同案被告人的不利证言并没有与其他证据能够相互印证，对于顾某的有利辩解不能得到合理排除，基于刑法中"存疑有利于被告人原则"，对于上述顾某的辩解应当予以采信。

顾某的供述称其未看过郝某的案卷，该案的案卷材料是由其助理梁某处理，而银行流水是由刘某提供作为证据使用。该供述与补充侦查卷中证人梁某、周某的证人证言能够印证，基于刑法"存疑有利于被告人原则"，对于顾某的供述应当予以采信。

此外，顾某在供述中称他不了解顾某鹏的案件，且被告人崔某、刘某、田某也未曾有关于顾某代理顾某鹏一案的供述，因此，没有任何证据证明顾某参与了顾某鹏案件。（后附部分为被告人供述）

顾某2018年4月某日询问笔录	问：你有没有跟崔某、刘某说过要过高于实际借款金额的银行流水和签空白合同的事？ 答：我没有。
顾某2018年8月某日询问笔录	问：起诉郝某时有没有和崔某、刘某商量？ 答：没有。郝某的案件是梁某助理办理的。 问：你把顾某鹏的案件说一下？ 答：我不记得了，印象中没有这个案件，也不知道有这个人。
顾某2018年10月某日询问笔录	问：顾某鹏案件诉讼的情况？ 答：我不清楚，没有一点印象。 问：郝某案件诉讼的情况？ 答：我没有看过郝某这个案件，这个案件是梁某到法院立的案，材料是梁某做的，开庭是周某去的，最后结果是庭内调解。 问：是否过银行流水？ 答：这个我不知道，我看不出来是否是真的银行流水，郝某的银行流水是刘某提供的。

（三）顾某作为郝某案件的诉讼代理人不等于参与虚假诉讼的行为人，不能据此推定顾某与同案被告人之间具有相同的犯罪故意及意思联络

在案证据终止委托书证实，在郝某案件庭审前刘某已解除与顾某之间的委托代理关系，终止对顾某的授权，由周某律师作为郝某案件的委托代理人。对于这

一案件事实，补充侦查卷中顾某供述证实，郝某案件是他安排其助理梁某收集诉讼材料，包括填好的借款合同和银行流水，后刘某和郝某达成和解，便委托周某到法院签订和解协议。

补充侦查卷中梁某证人证言证实，当事人刘某委托被告人顾某代理其与郝某民间借贷纠纷。刘某于委托时陈述，该案件借款期限届满，借款人未偿本付息。鉴于此，贷款人为之起诉，完全符合正常逻辑。因此，结合刘某提供的借款合同、借据、收据、银行电子回单等一系列证据，团队尽了相应的审慎义务，审查了该系列证据后，起草了诉讼材料，由刘某在起诉状上签名确认，案件诉讼的材料就此完成。2015 年 10 月，由实习律师梁某在布吉法庭立案。2015 年 11 月，由律师周某出庭调解，双方达成调解协议。

可见，顾某基于被告人刘某的委托担任其诉郝某的法定代理人。在刘某陈述案件经过并提交完整的证据后，便将案件材料交由其助理梁某处理，梁某对于刘某提供的证据已尽到形式上的审慎义务，起草诉讼材料，最后由团队律师周某代为出庭调解。从顾某在该起案件中的地位及作用来看，其并未对刘某提供的证据材料进行过指导，更没有积极参与虚假诉讼。顾某作为郝某案件的诉讼参与人不等于是参与虚假诉讼的行为人，其主观上未追求任何非法目的，顾某与被告人崔某、刘某等人之间不具有任何犯意联络，不能因此证明顾某存在参与虚假诉讼的行为。

（四）顾某仅收取正常的律师费，没有占有被害人任何财产

顾某 2018 年 4 月某日讯问笔录	我们只是正常地收取律师费，每个案件前期预收 5000 元律师费，后期是按照收回金额的 5%（减去前期预收费用）收取律师费，我们总共收到崔某、刘某支付的律师费 × 万元左右，具体金额以转账记录为准。
刘某 2018 年 4 月某日讯问笔录	他在帮我们打官司的时候，每次能获取起诉金额的 5% 作为报酬。

综合以上几点，辩护人认为，顾某构成诈骗罪事实不清、证据不足，犯罪构成要件事实缺乏必要的证据予以证明，据以定罪的证据之间、证据与案件事实之

间的矛盾不能合理排除，根据证据得出的结论具有其他可能性，不能排除合理怀疑。

三、顾某不构成黑恶势力犯罪集团的参与者

（一）顾某主观上对何某、崔某黑恶势力犯罪集团的犯罪事实毫不知情，顾某不属于黑恶势力集团的成员

首先，根据顾某的控告书："对于涉嫌的几起诈骗罪，本人更是感到诧异，上述几起诈骗罪的受害人，本人都没有听说过，更没有见过，更不知道何某是何时犯罪。"可以看出顾某对于何某、崔某涉嫌的几起诈骗罪是毫不知情的。"从2018年春节到夏某案件案发，本人与何某从未进行任何方式的联系（包括电话、短信、微信、邮件、面谈等），在此本人强烈要求公安机关去中国移动公司调取本人'134××××6230'的通信记录以证实本人清白。"由此可以看出顾某与何某等人也不常联络，不符合黑恶势力组织性的特征。

其次，何某的供述也多次指证顾某对其虚假诉讼一事"应该不清楚"。夏某、柳某也未指证顾某对虚假诉讼一事知情。

可见，顾某主观上对何某、崔某黑恶势力犯罪事实并不知情，何某黑恶势力内部也并不认为顾某为其成员。

（二）顾某仅对何某、崔某等人提供一般性的法律服务

首先，没有任何证据表明顾某参与对被害人的威胁、恐吓、非法拘禁等行为。其次，根据何某、崔某等人的供述，其只是在需要诉讼时才向顾某咨询，顾某仅为其提供一般性的法律服务，与黑恶势力犯罪无关。

（三）顾某仅收取正常的律师费，未占有被害人财产

顾某2018年4月某日讯问笔录	我们只是正常地收取律师费，每个案件前期预收5000元律师费，后期是按照收回金额的5%（减去前期预收费用）收取律师费，我们总共收到崔某、刘某支付的律师费×万元左右，具体金额以转账记录为准。
刘某2018年4月某日讯问笔录	他在帮我们打官司的时候，每次能获取起诉金额的5%作为报酬。

续表

顾某2018年4月某日讯问笔录	我们只是正常地收取律师费，每个案件前期预收3000元至5000元不等的律师费，后期是按照收回金额的6%至8%（减去前期预收的费用）收取律师费，我们总共收到何某支付的律师费×万元左右，具体金额以转账记录为准，但上述费用不够支付我们的诉讼成本。
何某2018年3月某日讯问笔录	除了一般的案件受理费、查封费等，还有就是后期如果法院判决执行回来以后要给8个点，没有执行就不用了。

经济利益是黑社会性质组织最根本的目的，而顾某在何某和崔某案件中收取的费用仅包含诉讼费，以及涉及财产后按标的额比例的加收费，不存在其他收费，更不存在占有被害人财产的行为。

顾某作为一名律师，虽然在执业中可能存在不规范之处，但其仅是为当事人提供一般的法律服务，没有任何证据证明顾某曾参与黑恶势力的活动。

◇一审及二审判决

〔法院说理、论证〕

本案中，关于顾某所涉嫌犯罪，一审法院认为：

被告人崔某、刘某、顾某、田某以非法占有为目的，虚构事实、隐瞒真相，或者以捏造的事实提起民事诉讼，通过恶意、虚空假诉讼等方式骗取他人财物，数额巨大，其行为已构成诈骗罪。

被告人顾某作为职业律师，明知何某、柳某捏造债权债务关系，仍代理案件并以捏造的事实提起民事诉讼，致使人民法院基于捏造的事实采取财产保全措施，妨害司法秩序和严重侵害他人合法权益，其行为已构成虚假诉讼罪。

公诉机关指控在柳某被诈骗一案中，被告人顾某的行为与何某系诈骗共犯，构成诈骗罪，因没有证据证明被告人顾某事前明知何某虚构事实，欺骗柳某，意图通过虚假诉讼将柳某房产出售后的款项据为己有，公诉机关该指控证据不足。公诉机关指控的罪名不准确，法院予以变更。被告人顾某作为具有法律专业知识的执业律师，明知何某、刘某为帮助柳某逃避合法债务，捏造债权债务关系，仍代理案件并捏造事实提起民事诉讼，致使人民法院基于捏造的事实采取财产保全措施，妨害司法秩序并严重侵害他人合法权益，其行为已构成虚假诉讼罪。

在被害人郝某被诈骗一案中，被告人顾某作为具有法律专业知识的执业律师，明知被告人崔某、刘某与被害人签订的空白合同、空白借据，通过“砍头息”、走虚假银行流水等手段，在被害人并没有实际取得借条上的借款数额的情况下，仍为崔某、刘某出谋划策，仍作为代理人代理诉讼，以捏造的事实向法院提起诉讼，申请诉讼查封被害人的相关财产，并在法庭上提供虚假的证据，通过查封被害人房产逼迫被害人接受调解，支付超过实际借款金额的“债务”，非法占有被害人财产，被告人顾某的行为与崔某、刘某构成诈骗的共犯，其行为已构成诈骗罪。

被告人崔某、刘某、顾某、田某系以崔某、刘某为首的恶势力犯罪团伙，各被告人系共同犯罪；在参与的共同犯罪中，被告人崔某、刘某、顾某起主要作用，系主犯；被告人田某在敲诈勒索的共同犯罪中起主要作用；被告人田某在诈骗共同犯罪中起次要作用，系从犯，依法可比照主犯减轻处罚。

被告人顾某当庭对虚假诉讼罪认罪，依法予以从轻处罚。

〔判决结果〕

一审法院判决，被告人顾某犯诈骗罪，判处有期徒刑四年，并处罚金人民币十万元；犯虚假诉讼罪，判处有期徒刑二年，并处罚金人民币十万元；总和刑期六年，决定执行有期徒刑五年，并处人民币罚金二十万元。

在二审阶段，辩护人为顾某成功脱恶，二审法院判决认为，上诉人顾某不是黑恶势力集团的参与者，犯诈骗罪，判处有期徒刑二年，并处罚金人民币十万元；犯虚假诉讼罪，判处有期徒刑二年，并处罚金人民币十万元；总和刑期四年，决定执行有期徒刑三年，并处人民币罚金二十万元。

办案感悟

近日来，全国各地出现多例律师因为代理套路贷案件涉嫌诈骗而身陷囹圄的情形，这些涉案律师动辄被判处几年甚至十几年有期徒刑，令身为同行的我们既痛心又警醒。

对于这类案件，司法机关对律师的定罪逻辑一般是：行为人实施了套路贷行为，涉嫌虚假诉讼罪及诈骗罪，律师为行为人提供过法律服务，因此构成诈骗罪的共犯。

在本案中，我们的辩护思路是顾某不存在指导他人提起虚假诉讼的行为，提供的仅是事后关于合同规范性的法律咨询，也仅收取正常的律师费用，不构成虚假诉讼罪。其作为案件的代理人不代表其参与虚假诉讼，不能推定认为其行为就是犯罪的帮助行为。《律师法》要求律师应该维护当事人的合法权益，并不要求律师在提供法律服务之前审查当事人的行为是否犯罪。更何况，本案中顾某已经尽到了作为律师的审查义务。

当然，通过这个案件也提醒广大律师在接受民事案件委托时应严把案件来源，通过与当事人的沟通，在了解基本案情的基础上，结合当事人提供的证据进行分析；严把证据审核关，对于民间借贷、离婚析产、以物抵债、劳动争议、公司分立（合并）、企业破产等虚假诉讼高发领域的案件审理，应当加大证据审查力度，避免虚假诉讼的发生；严把职业道德关，远离虚假诉讼案件，避免刑事风险。

辩点总结：虚假诉讼罪的无罪辩护要点

一、没有证据或者证据不足以证明行为人提起民事诉讼的事实系捏造

所谓案件事实，是指作为诉讼标的的法律关系发生、变更或者消灭的事实。最高人民法院、最高人民检察院《关于办理虚假诉讼刑事案件适用法律若干问题的解释》中，明确将虚假诉讼罪的规制对象限定为“无中生有型”捏造事实行为，即行为人完全创制出一种新的民事法律关系，属于无中生有，纯属虚构的事实。且行为人捏造的事实必须足以对民事诉讼活动与裁判结论产生影响，使司法机关做出错误判决，妨害司法秩序，若行为人捏造的事实并不影响案件的客观公

正，则不应认定为虚假诉讼罪。若行为人之间存在真实的民事法律关系，行为人采取伪造证据等手段篡改案件事实，例如改变原有债权债务的类型，或者捏造与债权债务相关的其他法律事实，向人民法院提起民事诉讼的，一般不能认定为虚假诉讼罪，构成犯罪的，可以以伪造证据罪或者妨害作证罪等罪名追究其刑事责任。

二、行为人提起行政诉讼或者刑事自诉，不构成虚假诉讼罪

虚假诉讼的实行行为要求行为人以捏造的事实"提起民事诉讼"。我国《民事诉讼法》规定民事诉讼程序范围包括：第一审普通程序、简易程序、第二审程序、特别程序以及审判监督程序。学界普遍认为，虽然仲裁、公证等程序过程中行为人捏造事实证据的行为同样可能会导致司法秩序的破坏，损害他人的合法权益，但虚假诉讼罪是《刑法修正案（九)》增加的新罪名，将其从民事违法提高到刑事犯罪的范围，使用法律手段进行规制，根据社会危害性的严重程度以及刑法的谦抑性原则，对于虚假诉讼罪中的"提起民事诉讼"，应当做最狭义的解释。在司法实践中，行为人提起民事仲裁程序、民事执行程序、公证程序，或是提起行政诉讼和刑事自诉均不能视为"提起民事诉讼"。

此外，对于行为人提起反诉捏造虚假事实是否构成"提起民事诉讼"的判断问题。司法实践中一般认为，反诉的过程是发起独立的诉讼请求，且能够产生影响判决的实质后果，因此是一种新的诉讼程序的启动，属于"提起民事诉讼"。

三、行为人的行为未妨害司法秩序或未产生严重侵犯他人合法权益的后果

司法秩序是虚假诉讼罪的主要保护客体，对于虚假诉讼罪的认定不仅要求行为人有捏造事实提起民事诉讼的行为，其行为还应当产生"妨害司法秩序或者严重侵犯他人合法权益"的后果。所谓"妨害司法秩序"，主要是指行为人向法院提起恶意诉讼的行为，使法官受到虚假证据的影响作出了错误的裁断，妨害了正常的司法秩序，造成了司法资源的耗费，侵害了司法过程的客观公正性和纯洁性，损害了司法权威和公信力；而"严重侵害他人合法权益"，是指单方虚假诉讼中的对方当事人或者是双方恶意串通虚假诉讼中的第三人因错误的判决而遭受了财产、名誉权益的侵害。目前，对于该罪认定"妨害司法秩序或者严重侵害他人合法权益的”既遂和额度，尚没有一个既定的标准，需要立法、司法解释进一步明确。司法实践中一般认为，若法院作出错误裁判，或是采取错误的财产强制措施，即为妨害司法秩序的法定情况；而他人若因判决结果受到财产性侵害，则行为人完成了利用司法机关达到侵害他人权益的目的，属于严重侵害他人合法权益的后果。当然，虚假诉讼罪是结果犯，行为人虚假诉讼的行为并不必然能够达成妨害司法秩序或者严重侵害他人合法权益的后果，若司法机关并未受到虚假证据的蒙骗，仍然作出正确的判决，则不能认定行为人的行为构成虚假诉讼罪。

四、行为人没有共同犯罪的故意和行为，不是虚假诉讼罪的共犯

《刑法》第三百零七条之一第四款规定：“司法工作人员利用职权，与他人共同实施前三款行为的，从重处罚……”司法工作人员若与他人串通共同实施虚假诉讼，客观上促进了犯罪行为的实行和犯罪结果的发生，应以虚假诉讼罪的共犯论处。审理案件的法官与提起民事诉讼的当事人串通合意，作出错误的判决结果，则法官构成虚假诉讼罪的共同正犯。若司法鉴定人帮助行为人捏造事实证据，则可构成虚假诉讼罪的帮助犯。若律师指导、帮助行为人捏造事实证据，提起虚假诉讼的，则可构成虚假诉讼罪的帮助犯。

因此，在民商事案件中，所有诉讼参与人及司法工作人员均需谨慎、客观、公正地参与到诉讼程序中。特别在当前高发的“套路贷”态势下，代理律师应当审慎地对案件证据进行实质审查，以当事人之间真实的法律关系为依据，诚实地向法院提出诉讼请求。若行为人不具有共同犯罪的合谋或者授意，则不能构成虚假诉讼罪的共犯。

案例十四
陈某非法吸收公众存款案

案件关键词： 单位犯罪　借款协议　非法吸收公众存款

案情简介

黑龙江省某热电公司S市分公司，为解决母公司运营资金需求，自2009年设立始，即通过推介会、邀请旅游等方式在S市吸引投资。该分公司与投资人达成一致后，双方签署《借款协议》，约定给予投资人一定利息并到期返还本金。

陈某，系黑龙江省某热电公司S市分公司业务员，2010年3月通过S市某区人才市场应聘进入该分公司，主要工作为开发客户，安排客户参加免费旅游，电话邀请客户参加公司举办的活动，向客户推荐公司的投资项目等。在职期间，陈某共发展客户6名，投资款200余万元。

2011年底，该公司停止向投资人返利及返还本金，2012年初部分投资人向公安机关报案，S市公安局某分局对此展开立案调查。2012年12月，陈某向S市公安局某分局自首，因涉嫌非法吸收公众存款罪，于2013年1月被S市公安局某分局逮捕。

◇指控事实

公诉机关指控称：

被告人陈某于2010年3月进入黑龙江省某热电公司S市分公司做业务员，以高额返利为名，吸引老人到公司投资，发展了黄某等多名客户，被告人陈某发展的客户共向公司投资人民币216万元。

公诉机关认为，被告人陈某无视国家法律，违反金融管理法规，变相吸收公众存款，涉及数额巨大。

◇指控罪名

《中华人民共和国刑法》第一百七十六条——非法吸收公众存款罪

非法吸收公众存款或者变相吸收公众存款，扰乱金融秩序的，处三年以下有期徒刑或者拘役，并处或者单处二万元以上二十万元以下罚金；数额巨大或者有其他严重情节的，处三年以上十年以下有期徒刑，并处五万元以上五十万元以下罚金。

单位犯前款罪的，对单位判处罚金，并对其直接负责的主管人员和其他直接责任人员，依照前款的规定处罚。

◇罪名分析

一、主体要求

非法吸收公众存款罪的主体为一般主体，即年满16周岁具有刑事责任能力的自然人。根据《刑法》第一百七十六条第二款规定，单位亦可以构成本罪，无论该单位是否具有吸收公众储蓄的许可或资质，均可构成本罪。

二、罪行表现

（一）主观

在《刑法》第一百七十六条的规定中虽然未有非法吸收公众存款罪的主观方面的相关描述，但该罪的主观表现应为故意，并且是直接故意，该直接故意并非以非法占有为目的，而是行为人必须是明知自己非法吸收公众存款的行为会造成扰乱金融秩序的危害结果，而希望或者放任这种结果发生。

《关于办理涉互联网金融犯罪案件有关问题座谈会纪要》中提到，在非法吸收公众存款罪中，原则上认定主观故意并不要求以明知法律的禁止性规定为要件，即不要求行为人意识到其行为是违法的。特别是具有一定涉金融活动相关从业经历、专业背景或者在犯罪活动中担任一定管理职务的犯罪嫌疑人，应当知晓相关金融法律管理规定，如果有证据证明其实际从事的行为应当批准而未经批准，行为在客观上具有非法性，原则上就可以认定其具有非法吸收公众存款的主观故意。在证明犯罪嫌疑人的主观故意时，可以收集运用犯罪嫌疑人的任职情况、职业经历、专业背景、培训经历、此前任职单位或者其本人因从事同类行业受到处罚情况等证据，证明犯罪嫌疑人提出的“不知道相关行为被法律所禁止，故不具有非法吸收公众存款的主观故意”等辩解不能成立。除此以外，还可以搜集运用以下证据进一步印证犯罪嫌疑人知道或应当知道其从事行为具有非法性，比如，犯罪嫌疑人故意规避法律以逃避监管的相关证据：自己或要求下属与投资人签署虚假的亲友关系确认书，频繁更换宣传用语逃避监管，实际推介内容与宣传用语、实际经营情况不一致，刻意向投资人夸大公司兑付能力，在培训课程中传授或介绍规避法律的方法，等等。

对于无相关职业经历、专业背景，且从业时间短暂，在单位犯罪中层级较低，纯属执行单位领导指令的犯罪嫌疑人提出辩解的，如确无其他证据证明其具有主观故意的，可以不作为犯罪处理。另外，实践中还存在犯罪嫌疑人提出因信赖行政主管部门出具的相关意见而陷入错误认识的辩解。如果上述辩解确有证据证明，不应作为犯罪处理，但应当对行政主管部门出具的相关意见及其出具过程进行查证，如存在以下情形之一，仍应认定犯罪嫌疑人具有非法吸收公众存款的主观故意：（1）行政主管部门出具意见所涉及的行为与犯罪嫌疑人实际从事的行为不一致的；（2）行政主管部门出具的意见未对是否存在非法吸收公众存款的问题进行合法性审查，仅对其他合法性问题进行审查的；（3）犯罪嫌疑人在行政主管部门出具意见时故意隐瞒事实、弄虚作假的；（4）犯罪嫌疑人与出具意见的行政主管部门的工作人员存在利益输送行为的；（5）犯罪嫌疑人存在其他影响和干扰行政主管部门出具意见公正性的情形的。对于犯罪嫌疑人提出因信赖专家学者、律师等专业人士、主流新闻媒体宣传或者有关行政主管部门工作人员的个人意见而陷入错误认识的辩解，不能作为犯罪嫌疑人判断自身行为合法性的根据和排除主观故意的理由。

综上，在认定犯罪嫌疑人、被告人是否具有非法吸收公众存款的犯罪故意时，应根据犯罪嫌疑人、被告人的任职情况、职业经历、专业背景、培训经历、其本人因同类行为受到行政处罚或者刑事追究情况以及吸收资金方式、宣传推广、合同资料、业务流程的证据，并综合犯罪嫌疑人、被告人的供述，进行综合分析判断。

（二）客观

首先，非法吸收公众存款罪的客观行为表现为违反国家金融管理法律规定，向社会公众（包括单位和个人）吸收资金的行为。认定“非法吸收公众存款或者变相吸收公众存款”需同时具备以下条件：

1. 未经有关部门依法批准或者借用合法经营的形式吸收资金；

2. 通过媒体、推介会、传单、手机短信等途径向社会公开宣传；

3. 承诺在一定期限内以货币、实物、股权等方式还本付息或者给付回报；

4. 向社会公众即不特定对象吸收资金。

上述第 1 项条件表明，非法吸收公众存款行为包括两种情况：一种是没有吸收储蓄资质的个人或法人吸收公众存款，另一种是具有吸收储蓄资质的法人采用违法的方法吸收存款。

其次，非法吸收公众存款具有向社会公开宣传、吸收不特定对象资金之特性，对于未经社会公开宣传，仅在单位内部或者亲友内部针对特定对象筹集资金的，不属于非法吸收或者变相吸收公众存款。但在向亲友或者单位内部人员吸收资金的过程中，明知亲友或者单位内部人员向不特定对象吸收资金而予以放任的，或者以吸收资金为目的，将社会人员吸收为单位内部人员，并向其吸收资金的，则会被认定为向社会公众吸收资金。

此外，非法吸收公众存款罪的表现形式多样且手段复杂、隐蔽，如利用非法成立的类似于金融机构的组织吸收存款，典型的包括财会、地下钱庄、地下投资公司等。一些合法的组织也从事或者变相从事非法吸收公众存款的活动，如各类基金会、互助会、储金会、资金服务部、股金服务部、结算中心、投资公司等。

对这些组织从事的非法吸收公众存款或者变相吸收公众存款的行为，构成犯罪的，应以本罪论处。

◇一审辩护

〔辩护要点〕

1. 本案属于自然人犯罪还是单位犯罪？

2. 陈某在公司中的作用、地位如何？

3. 现有证据不足以证明起诉书指控陈某发展客户投资的金额。

〔辩护观点及论证〕

一、关于本案的定性

（一）起诉书将本案定性为自然人犯罪而非单位犯罪，属于定性不准，毫无疑义，本案应定性为单位犯罪。

《刑法》第三十条明确规定了公司、企业、事业单位、机关、团体实施的危害社会的行为，法律规定为单位犯罪的，应当负刑事责任。

辩护人认为本案符合单位犯罪的所有构成要件，属于单位犯罪。理由如下：首先，黑龙江省某热电公司S市分公司法定代表人朱某系以单位名义实施揽储的犯罪行为；其次，揽储行为是为单位谋取利益而实施；最后，其违法所得的资金，最终流向该公司且用于公司的改造项目。因此，毫无疑义，本案属于单位犯罪。

（二）被告人陈某既不是直接负责的主管人员，也不是其他直接责任人员，而是最底层的业务员，不属于《刑法》打击单位犯罪中规定相关人员的范畴。

《刑法》第三十一条规定，单位犯罪的，对单位判处罚金，并对其直接负责的主管人员和其他直接责任人员判处刑罚。本法分则和其他法律另有规定的，依照规定。

根据最高人民法院《全国法院审理金融犯罪案件工作座谈会纪要》的相关规定，直接负责的主管人员，在单位实施的犯罪中起决定、批准、授意、纵容、指挥等作用，一般是单位的主管负责人，包括法定代表人。其他单位的主管人员，是在单位犯罪中具体实施犯罪并起较大作用的人员。应当注意的是，在单位犯罪中，对于受单位领导指派或奉命而参与实施了一定犯罪行为的人员，一般不宜作为直接责任人员追究刑事责任。

本案中，涉案公司的内部组织结构所示：被告人朱某为公司的法定代表人，系公司的决策层，属于单位的直接主管人员。在朱某之下设有三个团队负责人，分别为杨某、梁某和朱某祥，该等人员具体负责公司员工培训，运营、管理公司开展的相关业务，属于公司其他直接责任人员。各团队下分别设有若干部门，具体由各部门负责人统一管理，该等负责人亦属于其他直接责任人员。最后在架构底层为公司的普通业务员，该等业务员接受公司领导的指派，接洽投资客户，奉命完成既定的工作任务。

反观本案吸收公众存款的整个过程，首先，被告人陈某只是最底层的业务人员；其次，本案最重要的两个环节——与客户签订《借贷协议》，以及收取客户投资款，被告人陈某均没有参与。因此，被告人陈某不可能是其他直接责任人员。

综上，被告人陈某是最底层的业务员，其工作内容是按照公司安排好的既定工作去和客户接洽，没有参与犯罪的重要环节，其作用属于次要的、辅助性作用。因此，陈某既不是单位的直接主管人员，也不是其他直接责任人员，不属于《刑法》打击单位犯罪中规定相关人员的范畴。

（三）起诉书指控被告人陈某发展客户共向公司投资人民币 216 万元，事实不清、证据不足，不能排除合理怀疑，不能认定该部分客户为其所发展。

公诉方以被告人的供述、被害人的陈述、报案表、借贷协议、收款收据作为认定被告人陈某发展客户共向公司投资人民币 216 万元的依据，实属事实不清、证据不足，理由如下：

1. 在案证据报案表只能证明被害人报了案这一事实，不具有客观性和关联性，不能反映案件的真实情况，更不能证明被告人陈某的涉案情况。

如被害人黄某的报案表中，虽然在“作案成员”一栏中载有朱某与陈某的姓名，但是在“介绍犯罪”一栏黄某却写道：“本人经朋友介绍，第一次投 30 万元，第二次、第三次投 10 万元整，共 42 万元。”至于黄某投资的 42 万元，是如何向公司投资？是谁发展而来？是朱某单独发展，还是陈某与朱某共同发展？均无法从该段话中得以体现。

同样，在被害人杨某的报案表中，虽然在“作案成员”一栏中载有朱某与陈某的姓名，但无论在其陈述或被告人陈某的供述中，被害人杨某根本不认识被告人陈某，被告人陈某也根本不认识被害人杨某。据此，仅根据报案表即认定被害人杨某是由被告人陈某发展是无论如何都站不住脚的。

此外，其他被害人的报案表中也存在上述类似情况，辩护人认为该证据不具有客观性及关联性，相应认定事实不清、证据不足，无法排除合理怀疑。

2. 借贷协议、收款收据不具有关联性，不能证明被告人陈某实施吸收公众存款的行为。

在案证据借款协议显示，合同的签署双方为黑龙江省某热电公司S市分公司、法定代表人朱某与相关投资人，且性质为民间借贷，与被告人陈某不具有关联性，不能证实公诉方的证明目的。

在案证据收款收据，也是黑龙江省某热电公司S市分公司及法定代表人朱某向投资人所出具，同样与被告人陈某不具有关联性，不能证实公诉方的证明目的。

综上，公诉方所指控依据的借贷协议、收款收据，暂且假设该等证据皆具有真实性（庭审质证环节，公诉方未出示借贷协议、收款收据的原件，且未说明没有出示原件的理由），即便如此也只能证明是黑龙江省某热电公司S市分公司与法定代表人朱某实施了吸收公众存款的行为。

3. 被害人黄某进行辨认之程序违反法律规定，辨认笔录不具有合法性、客观性，该证据应予以排除，不予采信。

在案证据被害人黄某的辨认笔录和辨认照片说明，辨认笔录签字确认的时间为2012年7月，而辨认照片说明签字确认的时间却是2012年8月。按照法定的辨认程序，应由被害人进行辨认并在此基础上形成相应辨认笔录，而被害人黄某的辨认程序则完全颠倒了应有的程序，可见侦查机关在被害人黄某没有对被告人陈某照片进行辨认的前提下，即已做好了辨认笔录。因此，被害人黄某的辨认笔录不具有合法性、客观性，根据《刑事诉讼法》的相关规定，应当予以排除，不予采信。

此外，本案中侦查机关并未安排蔡某、李某、黄某、陈某等其他被害人对被告人陈某进行辨认，具体原因为何？不排除该等被害人根本就不认识陈某，其投资款根本不是陈某发展而来。

如公诉方认定该部分投资款是由被告人陈某发展，至少应排除最基本的合理怀疑——该部分投资款是否由其他业务员所吸收，公诉方应当提供该等被害人投资款是被告人陈某发展的证据。然而所有在案证据中，均不能够证明被害人的投资款是被告人陈某发展的。

因此，起诉书指控被告人陈某发展客户共向公司投资人民币216万元，事实不清、证据不足，不能排除合理怀疑，不能认定该投资款是由被告人陈某发展的。

二、关于本案的量刑情节

1. 被告人陈某具有自首情节，应对其从轻、减轻处罚。

案发后，被告人陈某主动向公安机关投案，如实供述案件事实，属于我国《刑法》第六十七条规定的自首，应对其从轻、减轻处罚。考虑本案中被告人陈某主动投案接受调查、处理，且犯罪情节十分轻微，应对其免除处罚。

2. 被告人陈某在本案中的作用是次要的、辅助性的，应当从轻、减轻处罚。

本案中，被告人陈某是普通的业务员，只是公司最底层的普通员工，在整个案件中仅起次要性、辅助性的作用，应当从轻或者免除处罚。

3. 被告人陈某能够主动、如实、坦白交代，认罪态度良好，确有悔罪表现，其供述前后连贯，能够相互印证，使案件的查处和审理始终处于主动的环境中，应当在量刑时纳入考量。

4. 被告人陈某系初犯，无违法犯罪前科，其本身也是本案的受害者，主观恶性较小，依法可以酌定从轻处理。

被告人陈某日常表现一贯良好，无违法犯罪前科，来S市工作的目的仅为打工挣钱养家糊口，从未有过违法犯罪的念头。

由于非法吸收公众存款犯罪所侵犯的是国家金融管理秩序，相较于其他传统类型犯罪更具有隐蔽性的特征，从外观上来看常人很难察觉该行为会给社会带来何种实质性危害。作为不具备专业法律知识的普通务工者，陈某难以将自己的日常工作与犯罪联系到一起，难以想象到自己已经实然违反了刑事法律，并未意识到这份工作将令自己“打工打到坐牢”。

5. 被告人陈某家庭经济十分困难，妻子失业在家，女儿初来人世嗷嗷待哺，家庭已因其长期羁押失去主要经济来源，陷入困境。

综上，考虑到被告人陈某犯罪情节轻微，且具有上述量刑情节，辩护人请求合议庭结合本案的具体情况，根据《人民法院量刑指导意见（试行）》的相关规定，对其免予刑事处罚。

◇一审判决

〔法院说理、论证〕

本案中，关于各被告人及辩护人提出本案属单位犯罪的辩护意见，经查，黑龙江省某热电有限责任公司S市分公司具有独立法人人格，虽然该公司是依法成立的，但根据被告人的供述并结合其他书证来看，S市分公司成立的目的和行为就是非法融资，现有证据证明涉案公司没有其他正常业务，根据相关法律规定，这种情形不属于单位犯罪，不应以单位犯罪论处。关于各被告人及辩护人对认定涉案数额的辩护意见，经查，被告人朱某系黑龙江省某热电有限责任公司S市分公司的实际负责人，应对全部的犯罪金额承担责任，其他被告人应对自己发展的客户承担相应的责任。本案中，各被告人涉及的数额是结合被告人自己的供述以及相关投资人的报案材料，证人证言及借贷协议、收款收据等相关证据材料来综合认定的，认定的数额是客观的、真实的，应以本院审理查明的犯罪事实中认定的数额为涉案数额。关于被告人朱某辩解其没有参与篡改文件，也不具体负责市场管理，吸收的公众存款中有返利金额的相关辩解，经查，被告人朱某系黑龙江省某热电有限责任公司S市分公司的法定代表人，也是所有投资款的所有者和处分者，其应对全部的犯罪行为承担责任。关于涉案数额包含返利数额，根据法律规定，其虽然有返利的情况，但认定非法吸收公众存款的数额，其返利情况应作为犯罪情节酌情考虑，犯罪数额应按各投资客户投入的资金总额予以认定。

一审法院认为，被告人朱某、张某、王某、劳某、叶某、陈某、林某、万某违反金融管理法规，变相吸收公众存款，其中被告人朱某、张某、王某、陈某、万某涉及的数额巨大，被告人劳某、叶某、林某涉及的数额较大，其行为均已构成非法吸收公众存款罪。公诉机关对被告人朱某、张某、王某、劳某、叶某、陈某、林某、万某犯非法吸收公众存款罪的指控，犯罪事实清楚，证据确实、充分，应予以支持。本案为共同犯罪，在共同犯罪中，被告人朱某系公司法人代表，是所吸收公众存款的所有者，在共同犯罪中起主要作用，系主犯，应对全部犯罪行为负责；被告人张某、王某、劳某、叶某、陈某、林某、万某系公司业务员，在共同犯罪中起次要作用，系从犯，其中对被告人张某、王某、陈某、万某依法应当减轻处罚，对被告人劳某、叶某、林某依法应当从轻处罚。被告人朱某、张某、王某、劳某、叶某、林某归案后如实供述自己的罪行，属坦白，依法可以从轻处罚。被告人陈某、万某犯罪以后自动投案，如实供述自己的罪行，属自首，依法可以从轻处罚。鉴于被告人林某在公安机关因怀孕被取保候审，现尚在哺乳期，可对其适用缓刑。各被告人及相关辩护人关于本案属单位犯罪，应认定被告人无罪的辩护意见，以及有关犯罪数额的辩护意见，与事实和法律不符，不予采纳。被告人张某的辩护人、被告人劳某的辩护人关于被告人属从犯的辩护意见，予以采纳。被告人陈某的辩护人、被告人万某的辩护人关于被告人属自首的辩护意见，予以采纳。上述辩护人关于被告人认罪态度较好，建议从轻处罚的辩护意见，予以采纳。

〔判决结果〕

被告人陈某犯非法吸收公众存款罪，判处有期徒刑一年零六个月，并处罚金人民币五万元，上缴国库。

二审法院维持原判，判决已生效。

办案感悟

回顾本案，对于本案中陈某所在单位开展的业务经营模式，应当厘清行政违规与刑事违法之间的界限，即本案中陈某所在单位的违规情形是否达到非法吸收公众存款罪之构成要件的证明标准。根据2010年4月7日最高人民法院刑二庭发布的《宽严相济在经济犯罪和职务犯罪案件审判中的具体贯彻》的规定与精神①，在诸多涉嫌非法吸收公众存款案件中，涉案企业单位的业务模式虽然有违反行业监管规定之嫌，但不应该按照刑事犯罪处理，本案亦有同样的考量空间。

笔者认为，在分析个案是否涉嫌非法吸收公众存款时，应当持发展的眼光去看待相关问题，厘清、界定相关情节之性质，探明违反行业规范与违法犯罪之间的界限。

① 对于当前金融危机背景下的经济违法行为，应当根据《关于贯彻宽严相济刑事政策的若干意见》第4条规定的“审时度势”原则、第5条规定的“两个效果相统一”原则以及第14条、第23条规定的从宽要求，审慎分析判断其社会危害性，从有利于保障经济增长、维护社会稳定的角度依法准确定罪量刑。以非法集资案件为例说明如下：一是准确界定非法集资与民间借贷、商业交易的政策法律界限。未经社会公开宣传，在单位职工或者亲友内部针对特定对象筹集资金的，一般可以不作为非法集资。二是要准确把握非法集资罪与非罪的界限。资金主要用于生产经营及相关活动，行为人有还款意愿，能够及时清退集资款项，情节轻微，社会危害不大的，可以免予刑事处罚或者不作为犯罪处理。此外，对于“边缘案”、“踩线案”，罪与非罪一时难以划清的案件，要从有利于维护社会和谐稳定的角度，依法妥善处理，可定可不定的，原则上不按犯罪处理。特别对于涉及企业、公司法定代表人、技术人员因政策界限不明而实施的轻微违法犯罪，更要依法慎重处理。

案例十五
马某集资诈骗案

案件关键词： 消费返利　互联网+公益　集资诈骗

案情简介

2016年4月，S市某科技有限公司（以下简称该科技公司）开发、运营某公益平台，该平台的经营模式为：线下实体商户与消费者通过注册成为该平台会员，平台撮合消费者与商户进行交易，双方完成交易后，商户可在平台上登记交易信息，将销售额按固定比例（6%、12%或24%）以让利款的形式付给该科技公司。公司收到让利款后，分别向商家、消费者、推荐人、服务商、管理中心以及公益平台进行二次分配，消费者最高能够获得消费金额99%的激励款，商户最高可获得让利款90%的激励款，相应激励款通过消费者累计消费所获得的虚拟货币进行兑换，公益平台从中收取相应的管理费。然而，由于该科技公司并未开展实质经营项目，通过公益平台所取得的资金款项亦未用于实体生产经营活动，加之大量消费者、商户通过虚假消费刷单获取激励款，由此，导致公司资金缺口增大，最终无法向消费者、商户支付激励款。

马某于2016年4月进入S市某集团有限公司工作（某科技公司之母公司），担任该公司财务，负责保管公司U盾；2017年4月被变更为该集团公司法定代表人，同年6月被变更为某科技公司法定代表人。

2017年3月，有消费者向S市公安局某分局报案，称其在通过该平台支付购买汽车价款后被骗，无法获得相应的返还款项，对此，S市公安局某分局展开立案调查。2017年11月，马某因涉嫌集资诈骗、非法经营被S市公安局某分局刑事拘留，于2017年12月被逮捕。

◇指控事实

犯罪嫌疑人顾某（另案处理）是S市某科技公司负责人，创设了某公益平台。2015年9月以来，该科技公司在未获得国家相关部门的金融许可、没有任何实质经营项目的情况下，大肆向社会上个人和企业宣传推广某公益平台，即消费者和商家注册成为公益平台会员，实际交易完成后，商家通过向公益平台登记交易信息，并选择一定比例的销售额作为让利款放到公益平台上进行返利。商家可以选择销售额的6%、12%或者24%作为让利款，公益平台将对该笔让利款进行二次分配，分别返给消费者、商家、推荐人、服务商、管理中心、某公益基金会，并收取一定比例的平台管理费。该公益平台对外宣传与某基金会合作，以商家让利消费额的24%为例，消费者能够返还到消费金额的99%，商家能够返还到让利款的90%，并承诺消费返利不止。围绕该公益平台，顾某设立一系列公司，并注册成为平台商家赚取返利。由于某科技公司没有任何实质的经营项目，平台所得的资金款没有用于任何生产经营活动，只是用于支付高额的返利，致使缺口越来越大，一度出现业绩大幅下滑。顾某及被告人张某、薛某、黄某等人命令犯罪嫌疑人李某（另案处理）带领技术部核心技术人员——犯罪嫌疑人何某（另案处理）等人篡改服务器数据虚增集资，制造平台火爆的假象，致使更多的商家和消费者在平台上进行投资。

被告人马某系顾某弟媳，S市某科技公司法定代表人、财务，对平台收到的投资款进行登记并对公司银行账户U盾进行保管、使用，参与公司高层会议。通过某公益平台获利人民币10余万元。

公诉机关认为，被告人张某、薛某、黄某、章某、廖某、马某明知公司无实体经营项目无投资，公益平台无法持久运转，仍欺骗商家、消费者参与该平台，且利用自身优势条件从平台谋取利润，被告人张某、薛某、黄某指使技术部篡改服务器数据虚增款项，制造平台火爆的假象，致使更多的商家和消费者在平台上进行投资，上述行为触犯了《中华人民共和国刑法》第一百九十二条，犯罪事实清楚，证据确实、充分，应当以集资诈骗罪追究刑事责任。被告人彭某、黎某、刘某、陈某、颜某帮助该公司吸收商家让利款的行为触犯了《中华人民共和国刑法》第一百七十六条，犯罪事实清楚，证据确实、充分，应当以非法吸收公众存款罪追究刑事责任，其中，被告人马某是从犯。

◇指控罪名

《中华人民共和国刑法》第一百九十二条——集资诈骗罪

以非法占有为目的，使用诈骗方法非法集资，数额较大的，处五年以下有期徒刑或者拘役，并处二万元以上二十万元以下罚金；数额巨大或者有其他严重情节的，处五年以上十年以下有期徒刑，并处五万元以上五十万元以下罚金；数额特别巨大或者有其他特别严重情节的，处十年以上有期徒刑或者无期徒刑，并处五万元以上五十万元以下罚金或者没收财产。

◇罪名分析

一、主体要求

集资诈骗罪的主体为一般主体，即年满16周岁具有刑事责任能力的自然人。同时，根据《刑法》第二百条之规定，单位亦可构成本罪的主体。单位犯本罪的，对单位判处罚金，并对其直接负责的主管人员和其他直接责任人员，处五年以下有期徒刑或者拘役，可以并处罚金；数额巨大或者有其他严重情节的，处五年以上十年以下有期徒刑，并处罚金；数额特别巨大或者有其他特别严重情节的，处十年以上有期徒刑或者无期徒刑，并处罚金。

二、罪行表现

（一）主观

集资诈骗罪主观上由故意构成，且以非法占有为目的。非法占有目的是行为人的一种主观心理活动，同时也是区分非法吸收公众存款罪与集资诈骗罪的界限标志。实践中，行为人实施集资诈骗的主观意志往往通过客观行为所呈现出来，应围绕融资项目真实性、资金去向、归还能力等事实进行综合判断。根据2010年《最高人民法院关于审理非法集资刑事案件具体应用法律若干问题的解释》第四条第二款的规定：使用诈骗方法非法集资，具有下列情形之一的，可以认定为“以非法占有的目的”：

1. 集资后不用于生产经营活动或者用于生产经营活动与筹集资金规模明显不成比例，致使集资款不能返还的；

2. 肆意挥霍集资款，致使集资款不能返还的；

3. 携带集资款逃匿的；

4. 将集资款用于违法犯罪活动的；

5. 抽逃、转移资金、隐匿财产，逃避返还资金的；

6. 隐匿、销毁账目，或者搞假破产、假倒闭，逃避返还资金的；

7. 拒不交代资金去向，逃避返还资金的；

8. 其他可以认定非法占有目的的情形。

集资诈骗罪中的非法占有目的，应当区分情形进行具体认定。行为人部分非法集资行为具有非法占有目的的，对该部分非法集资行为所涉集资款以集资诈骗罪定罪处罚；非法集资共同犯罪中部分行为人具有非法占有目的，其他行为人没有非法占有集资款的共同故意和行为的，对具有非法占有目的的行为人以集资诈骗罪定罪处罚。

同时，认定行为人是否具有非法占有目的，应坚持主客观相一致的原则，避免单纯根据损失结果而客观归罪。

（二）客观

集资诈骗罪在客观方面具有与诈骗罪同样的行为构造，表现为行为人通过实施诈骗方法非法集资，数额较大的行为。何谓“诈骗方法”，《最高人民法院关于审理诈骗案件具体应用法律的若干问题的解释》第三条规定，“诈骗方法”是指行为人采取虚构集资用途，以虚假的证明文件和高回报率为诱饵，骗取集资款的手段。

该司法解释对于诈骗方法的定义缩小了“诈骗方法”的外延，即行为人基于欺骗的故意，利用虚构事实的手段，使被害人产生错误认识，并得到其在错误认识状态下处分的财物，才是本罪的诈骗方法。这也意味着，在行为对象没有告知义务时，隐瞒真相型诈骗一般不属于本罪的诈骗方法要件。

实践中集资诈骗行为的诈骗方法错综复杂，司法解释并不能将之意义囊括。在市场经济高速发展的过程中，参与主体在经营方法和策略上难免会出现一些夸大、欺骗性的言行，需要容许欺诈风险的存在。因此，在认定集资诈骗罪的过程中应严格入罪标准，防止将正常的生活或商业上的借贷行为、经济纠纷定性为诈骗，影响正常的生产经营活动。

◇一审辩护

〔辩护要点〕

1. 某公益平台经营模式是否构成犯罪？
2. 假设本案构成犯罪，是否属于单位犯罪？
3. 马某在本案中是否构成犯罪？

〔辩护观点及论证〕

一、假如涉案某公益平台经营模式构成犯罪，应为单位犯罪

（一）本案涉案公司均为依法设立的合法单位

S 市某集团有限公司（以下简称某集团有限公司）于 2014 年 9 月依法设立，设立后依法经营，2015 年 8 月与某第三方合作依法设立 S 市某科技有限公司，根据上述公司的章程显示，二公司均在 S 市市场监督管理局登记注册，有独立的财产利益，固定经营场所，公司分别设置有执行董事、监事及总经理，法人治理结构完善，系合法设立的公司。根据另案被告人陈某供述，其于 2016 年 4 月以后才成立某公益平台，通过该平台从事“消费返利”活动。

（二）本案涉案所有经营活动均系在某集团公司集体决策下实施

通览涉案公司实际控制人陈某、被告人张某、薛某、廖某等公司高管的供述及某科技公司组织架构及人员构成图，该涉案公司组织结构健全、职责分工明确。

同时，张某供述证实公司的经营活动均通过公司股东会会议决策而实施，系单位意志决策，员工亦按照公司的决策进行具体工作。

（三）本案涉案行为均系以集团公司名义实施，所得利益亦归单位所有

某集团有限公司与B市某公益基金会签署的协议书之内容显示，公司对外签订的合同中的合同主体均系“某集团有限公司”。且某科技公司通过某公益平台所取得的收益均转入公司账户，所得利益归单位所有。故，假如认定该公司经营模式构成犯罪，则应为单位犯罪。

二、马某之公司法定代表人的身份“有名无实”，不能将其简单认定为参与组织、策划非法集资行为的“直接责任人员”

（一）从时间上看，将马某变更为法定代表人时，该公司已被立案调查，其没有也不可能实施非法集资行为

根据企业基础信息查询结果及司法鉴定意见书显示，被告人马某于2017年3月变更为涉案关联公司某集团有限公司法定代表人、执行董事及总经理，而其变更为涉案某科技公司法定代表人、执行董事及总经理的时间是2017年6月。

根据S市公安局某分局经济犯罪侦查大队出具的到案情况说明及立案决定书，该大队于2017年3月即通知上述两公司实际控制人陈某前往该大队接受讯问，两日后S市公安局某分局即对某科技公司涉嫌集资诈骗案进行立案调查。

综上可见，被告人马某变更为法定代表人等职务时，某科技公司已经涉案并被调查，且侦查机关对该公司立案调查之后，公司实际控制人、核心技术人员均被抓获归案，公司实际上已经停止运营，被告人马某没有也不可能实施非法集资行为。

（二）从原因上看，将马某变更为公司法定代表人系为配合公安机关逐步消除该公司“非法集资”所造成的社会影响

根据另案处理的被告人顾某供述，其之所以将某集团有限公司和某科技公司的法定代表人变更为马某，系因当时廖某任某商业联盟公司法定代表人，所以不适宜在某集团有限公司担任法定代表人。薛某提出自己不想担任法定代表人，怕因此承担法律责任，因此最终将法定代表人变更为顾某的弟媳妇马某（实际上马

某与顾某的弟弟已于 2014 年离婚)。

此外，从上述马某变更为涉案公司及关联公司法定代表人等职务的时间上看，分别是在 2017 年 3 月底及 6 月底。此时该公司实际控制人顾某已因涉嫌犯罪而接受调查，而薛某、廖某等人属于公司高管，也必然涉案，均存在《企业法人法定代表人登记管理规定》第四条规定的不得担任法定代表人之情形，故顾某为了维持公司领导架构完整，不至于引发商家和消费者挤兑等群体性事件，进行全国性的救市，此时的选择唯有将原来属一般财务人员的马某更换为公司法定代表人，以免引发更大、更为严重的后果。

综上可见，被告人马某之所以被变更为法定代表人，系因公司其他高管担心可能承担法律责任而无人愿意出任该职务，而不得已在公司实际控制人顾某的授意下，将其变更为法定代表人。

（三）马某变更为法定代表人至其被刑拘期间，公司事实上完全由顾某实际控制运营管理

根据起诉书指控，涉案公司为 S 市某科技有限公司及某公益平台，根据在案证据显示，马某系于 2017 年 6 月变更为某科技公司法定代表人。

但与此同时，现有证据均证实，自 2017 年 4 月开始该公司实际控制人顾某重新担任该公司董事长，全面负责公司运营管理。上述事实有某科技公司的“近期工作汇报”予以证实，该“近期工作汇报”显示，顾某于 2017 年 4 月上任后直至 2017 年 8 月，组织公司技术、运营、客服等部门，升级某公益平台，逐步解决公司历史遗留问题。

以上事实也有顾某的供述予以证实，其于 2017 年 2 月至 10 月，即在某公益平台基础上，致力于筹备研发另一套替代的平台系统，并逐步将某公益平台数据平移至该新开发的平台上。

由此可见，从马某变更为法定代表人至被采取刑事拘留期间，公司依然由其实际控制人顾某实际运营管理。

（四）马某担任法定代表人期间，未参与任何公司的运营管理活动

2017 年 6 月 29 日，被告人马某被变更为某科技公司法定代表人、总经理、执

行董事之时，该公司因涉嫌非法集资被立案调查，实际已经基本停止运营。被告人马某虽任公司挂名法定代表人，但未实际履职，亦从未召集、主持或参加过任何公司董事会、股东会，其本人不在高管之列，亦不实际享有任何法定代表人、总经理、执行董事的权利，未实际参与公司运营管理。

根据顾某的供述及马某与廖某所签订的《协议书》，被告人马某在实际控制人顾某的授意下，曾代表某科技公司与廖某签订一份账户借用中止协议，该份协议约定解除双方账户借用合同关系，解决的是公司内部的账户借用问题；除此之外，马某与B市某公益基金会签署《解除协议》，约定某科技公司不得再以该公益基金的名义进行活动。

该两份协议为被告人马某作为公司法定代表人签订的仅有的两份协议。且该二份协议签订之时，公司已经被立案调查，合同约定内容均与某科技公司涉嫌的非法集资行为无关。其本人除此之外，无其他任何有关法定代表人的实际履职行为，更无所谓“非法集资”。

（五）通览全案所有被告人之供述，马某均不在公司高管之列，仅是公司众高管所不知之“挂名”法定代表人

本案中，涉案公司实际控制人顾某以及张某、薛某、廖某等公司最顶层高管均未把马某列入公司高管架构范围，且公司其他高管亦不认为马某系公司高管。

根据另案处理的被告人李某供述：我了解的公司架构是最高领导依次是公司的实际控制人顾某，法人代表是薛某，统管公司所有事务的老总有薛某、李某、廖某，办公室主任是颜某，财务部负责人是朱某、彭某，技术部负责人是我，客服部负责人是严某。

根据被告人黄某供述：公司法定代表人是薛某，董事长是顾某，下面是廖某（副总）、章某（地产总经理）、韩某（总经理）、彭某（财务部总监）、彭某（财务部副总）、严某（客服部总监）。

根据被告人薛某供述：我知道公司的董事长是顾某，公司的法定代表人及副总薛某（2017年6月前是公司法定代表人），公司副总廖某，财务负责人张某、

陈某、彭某、朱某，市场部负责人薛某，技术部负责人李某，行政部负责人刘某，客户部负责人严某，监管负责人秦某，电商负责人黄某，还有一个叫章某的负责人（具体职务不详），其他我就不知道了。

根据被告人廖某供述：公司董事长是顾某，法定代表人是薛某，总裁是韩某，人事部总监刘某，行政部经理黄某，技术部总监李某，财务部总监张某、彭某，市场部总监是黎某，商学院院长是黄某，其他我就记不清楚了。

根据被告人彭某供述：公司董事长是顾某，张某是财务的高层管理人员，黄某是董事长特助，薛某负责管理市场，章某是某地产法定代表人，技术部负责人是李某，市场部负责人是黎某，客服部是严某，培训部是黄某，财务部负责人是我，人事行政部是刘某。

除上述几名被告人的供述之外，其余涉案被告人在关于公司架构或公司高管的供述中，不管是在 2017 年 4 月所做供述中，还是 2017 年 11 月的供述，均未提到被告人马某。可见，马某并不在公司高层之列，哪怕是在将其变更为某科技公司法定代表人、总经理及执行董事之后，亦无人指证其为公司高管。

此外，通览全卷，未发现任何有关变更马某为某科技公司法定代表人的股东会、董事会决议。可见，被告人马某仅系在顾某、张某的授意下将其变更为公司挂名法定代表人。该变更未经过股东会或董事会决议，亦未在该公司进行公示。同时，也可证实被告人马某在变更为法定代表人、总经理及执行董事后，并未实际履行任何职务，也无人知道其为公司的法定代表人。上述公司高管未指认马某为该公司法定代表人、总经理、执行董事也正好印证了上述事实。

（六）马某作为“挂名”法定代表人不享有任何实际职权，也未在本案中起到任何“决定、批准、授意、指挥”等作用，依法不宜认定为“直接负责的主管人员”

根据《全国法院审理金融犯罪案件工作座谈会纪要》规定，直接负责的主管人员，是在单位实施的犯罪中起决定、批准、授意、纵容、指挥等作用的人员，一般是单位的主管负责人，包括法定代表人。

具体到本案，在本案中起决定、批准、授意、纵容、指挥作用的人是涉案公司实际控制人顾某，以及犯罪嫌疑人廖某、薛某等人，被告人马某系在本案立案侦查之后，在顾某的授意下将其变更为法定代表人，但实际上不享有任何实际职权。侦查机关指控的非法集资犯罪亦已经结束，其不可能在该非法集资过程中起到所谓“决定、批准、授意、纵容、指挥作用”。故，其并非本案“直接负责的主管人员”。

根据上述规定的精神，在单位犯罪中，对于受单位领导指派或奉命参与实施一定犯罪行为的人员，一般不宜作为直接责任人员追究刑事责任。

三、马某仅为公司出纳，履行普通员工工作职责，未实行任何非法集资行为，依法不宜认定为“其他直接责任人员”

（一）马某仅系公司的一般财务人员，履行普通员工工作职责

根据同案被告人彭某的供述，公司财务部门主要负责让利款的登记、回购、日常报销以及税务等工作。马某系某科技公司让利款登记小组的一员，除马某外还有另外两名员工从事对平台收到的让利款进行登记的工作。

除此之外，同案被告人颜某的供述证实，某科技公司的财务副经理为李某，财务主管徐某，总账会计罗某，会计余某和林某，出纳马某和彭某。

（二）马某保管公司的U盾，系对超过交易限额的资金进行形式审查，并未管理、操控公司财务

本案中，某科技公司的U盾共有三个，分别交予出纳彭某、李某以及马某保管，三人均系公司一般财务人员。马某所保管的系公司的主管U盾，即以10万元为限额，超过10万元即需要马某使用主管U盾批准通过，未超过该限额幅度仅需复核人员审批通过即可。某科技公司财务支出的专项审计报告指出，虚拟货币回购申请人在平台上提出虚拟货币回购请求，根据系统生成的回购明细表，财务部门仅做形式上的复核后交由出纳提交第三方机构或银行批量支付，未履行必要的复核和审批程序。可见，马某保管主管U盾，系对公司超过交易限额的资金进行形式审查。

某科技公司财务支出的专项审计报告中，2017年1月某公益幸福村物资采购款支付金额1000余万元；公司2016年会支出400余万元，以及公司采购酒类物资支出400余万元，该几笔大额款项支出付款审批人均非马某，不排除公司高层领导亦有对公司费用支出进行审批的权限。

此外，某科技公司财务支出的专项审计报告指出，公司技术部存在第四个U盾，由于该U盾具有独立支付款项的功能，建议公司加强对该U盾测试时支付款项定期结算收回，并及时加强该U盾的监管。因此，不能排除公司利用第四个U盾进行资金交易行为的存在。被告人马某不存在管理、操控公司的财务交易的行为。

（三）被告人马某仅领取一般员工报酬

根据被告人马某的供述，某科技公司将马某变更为法定代表人的时候，马某已不在该公司任职。其在该公司的履职行为均系其作为公司出纳人员期间所为，其在该期间仅每月领取5000～6000元的工资，未获取任何其他的报酬。根据同案被告人薛某的供述，公司普通员工的工资大概每月5000元，部门负责人的工资大概每月10000～20000元。可见，被告人马某仅为公司一般财务人员。

（四）马某仅为公司出纳，并非公司“其他直接责任人员”

根据《全国法院审理金融犯罪案件工作座谈会纪要》规定，其他直接责任人员，是在单位犯罪中具体实施犯罪并起较大作用的人员，既可以是单位的经营管理人员，也可以是单位的职工，包括聘任、雇用的人员。

综合上述分析，本案被告人马某仅系公司出纳，受雇佣履行公司普通员工的工作职责，未参与任何公司的集资决策行为，对公司的经营管理未起到任何作用，不宜认定为本案的“其他直接责任人员”。

四、马某对公司的集资行为的非法性缺乏认知

综合上述分析，被告人马某仅为公司普通员工，此前亦未有过类似的专业背景以及职业经历，其本身对于公司是否存在可能资金断裂，有无能力偿还消费者支付的让利款不具有主观意识，对于公司的经营模式是非法集资的犯罪行为还是正常的经营行为并没有清晰的认识和界定，缺乏对公司集资行为非法性的认知，不具有非法集资行为的主观故意。

根据《关于办理涉互联网金融犯罪案件有关问题座谈会纪要》，对于无相关职业经历、专业背景，且从业时间短暂，在单位犯罪中层级较低，纯属执行单位领导指令的犯罪嫌疑人提出辩解的，如确实无其他证据证明其具有主观故意的，可以不作为犯罪处理。

五、马某未曾参与公司高层会议，其对于公司高层决议更改服务器数据等均不知情

根据彭某的供述，马某曾于 2016 年 11 月参加顾某等人组织的邮轮会议，会上提出虚假刷单及技术部门更改服务器数据。但对于该事实，仅有彭某一人的供述予以证实，且其本人未参加该会议，其指证系来自于“听说”。而根据二次退回补充侦查的证据显示，无任何相关的证据可印证这一事实，系属孤证。

事实上，马某并未参加任何公司的高层会议或股东会议，且黄某的供述、张某的供述、陈某的供述证实，马某对于公司高层决议更改服务器数据、虚增款项均不知情，不存在起诉书中所指控欺骗商家、消费者参与平台谋取利润的行为。

六、马某并未利用自身优势谋取利润，不具有非法占有目的

根据广东某司法会计鉴定所司法鉴定意见书可知，马某收一点转入激励款金额为 10 余万元。但该激励款系马某通过公司对外的平台运作模式，以平台的正当消费者或者消费者推荐人的身份，按照公司让利款登记的正常审核程序获得，任何消费者均可以通过公司平台建立身份获得返利，所有消费均为真实消费，其收入来源具有正当性，并非利用自身优势条件谋取利润、虚假消费，不具有非法占有公司集资款的目的。

根据最高人民法院、最高人民检察院、公安部《关于办理非法集资刑事案件若干问题的意见》，要根据行为人的客观行为、主观恶性、犯罪情节及其地位、作用、层级、职务等情况，综合判断行为人的责任轻重和刑事追究的必要性，按照区别对待原则分类处理涉案人员，做到罚当其罪、罪责刑相适应。

综合上述分析，辩护人认为，被告人马某虽为涉案某科技公司挂名法定代表人，但其不享有任何实际职权，实际上也无任何履职行为；且将其变更为法定代表人之时，其已经从公司离职，该涉案公司也已经被公安机关立案调查，公司基本停止运营，公司亦完全由顾某管理控制。故，在整个案件过程中，其无任何组织、领导、指挥该公司进行非法集资的行为，亦非本案的直接责任人员，仅作为公司财务部门的出纳员工履行其一般员工的工作职责，对公司的集资行为非法性不具有主观认知。

综合马某在本案中的地位、作用、职务情况，辩护人认为其行为不构成集资诈骗罪，恳请法庭充分考虑本案上述情况，依法对被告人马某作出无罪判决。

一审法院判决被告人马某犯集资诈骗罪，判处有期徒刑二年三个月，并处罚金人民币十万元。马某未提起上诉，一审判决已生效。

办案感悟

该案件作为新兴的互联网＋公益模式的案件，是一个很有争议的案件。首先，作为新兴的“互联网＋公益”的模式，平台创立的目的绝非诈骗，平台运营期间一如既往地进行公益捐赠金额达数亿之巨，为社会发展、为人民福祉、为我国公益事业的发展带来了积极推动作用。

诚然，由于客观方面的诸多原因，该平台的崩塌已成定局。即便消费者、商家存在通过虚构消费刷单、加价等行为利用平台运营机制的漏洞欺诈平台激励款的情况，造成了平台停摆与所有消费者均无法获得激励款的局面。但该平台的实际控制人在平台运营受阻后，为兑付前期产生的消费激励，也将公司运营至今的两个多亿的利润全都补贴回了平台，同时制定了一系列调整、完善激励模式、新增造血功能、完善企业内控等措施重新盘活企业，该等情节足以证明其对平台资金不具有非法占有的目的与客观事实。而界定非法吸收公众存款罪与集资诈骗罪最大的区别在于行为人是否具有非法占有的目的。

一般而言，如果平台期望获得行业优势地位，在运营初期都会投入大量资金来吸引消费者，如网约车平台在早期会大量发放用户红包补贴来扶植市场，直至确保其行业地位后恢复正常运营。如果说网约车平台早期由于大量贴补资金导致资金链断裂，已发出的红包无法兑现，是否也应一律构成诈骗罪？所谓创新与诈骗往往相距一步之遥，任何新兴的模式在探索初期都必然遭受种种考验，如果平台运营初期设计机制完善，杜绝虚假交易等投机现象的出现，不排除该公益平台能够正常、稳定地继续运营，通过互联网商业模式为我国公益事业的发展继续增添助力。

辩点总结：非法吸收公众存款罪的无罪辩护要点

2012 年，随着互联网金融时代的到来，P2P、股权众筹、私募基金等新型融资模式开始涌现。然而，不到 7 年的时间，截至 2018 年 6 月已有超百家网贷平台接连出现项目逾期、兑付困难、暂停运营等情况，引发网贷平台“爆雷潮”。2018 年 11 月，S 市经侦通报了 46 家已立案的 P2P 平台，该类平台相关责任人员因涉嫌集资诈骗或非法吸收公众存款，被依法采取强制措施。在严厉打击非法集资的同时，应当保证罪责罚相适应，准确界定非法吸收公众存款罪的认定标准，防止其在司法实践中被泛化适用，逐渐演变为非法集资犯罪体系中的“口袋罪”。

《刑法》第一百七十六条规定，非法吸收公众存款或者变相吸收公众存款，扰乱金融秩序的，处 3 年以下有期徒刑或者拘役，并处或者单处 2 万元以上 20 万元以下罚金；数额巨大或者有其他严重情节的，处 3 年以上 10 年以下有期徒刑，并处 5 万元以上 50 万元以下罚金。单位犯前款罪的，对单位判处罚金，并对其直接负责的主管人员和其他直接责任人员，依照前款的规定处罚。

除了本书中的相关案例介绍，此处通过大数据分析非法吸收公众存款案件的无罪判决结果，对该类案件的特征以及裁判规律进行简要的梳理阐述，同时对于该类案件的有效辩护要点也进行了归纳和总结。

一、涉案单位不属于非法吸收公众存款罪的单位犯罪主体

对于单位犯罪主体的认定，根据最高人民法院《关于审理单位犯罪案件具体应用法律有关问题的解释》第一条：《刑法》第三十条规定的“公司、企业、事业单位”，既包括国有、集体所有的公司、企业、事业单位，也包括依法设立的合资经营、合作经营企业和具有法人资格的独资、私营等公司、企业、事业单位。

案例1：某信息科技有限公司某分公司涉嫌非法吸收公众存款罪一案①

裁判要旨：一审法院认为，被告单位某分公司作为某信息科技有限公司的分支机构，违法吸收的存款完全归上级单位所有并支配，不应作为单位犯罪的主体被追究刑事责任。检察院针对被告单位构成犯罪的指控不能成立，被告单位某信息科技有限公司某分公司无罪。

案例2：某县某煤矿、张某涉嫌非法吸收公众存款罪一案②

裁判要旨：一审法院认为，某县某煤矿属合伙企业，不属于法律规定的公司、企业、事业单位、机关、团体范围，不是单位犯罪的主体，且对单位犯罪指控的犯罪事实不清，金额不明，指控不能成立，应宣告被告单位某县某煤矿无罪。

案例3：韩某、某教育运输服务站涉嫌非法吸收公众存款罪一案③

裁判要旨：对于公诉机关提出原审被告单位某教育运输服务站不具备单位犯罪的主体资格的意见，经查，根据卷内某教育运输服务站的营业执照及组织机构代码证的记载，某教育运输服务站不具有法人资格，不属于我国《刑法》规定的单位犯罪的主体，改判原审被告单位某教育运输服务站无罪。

案例4：某钢管厂、李某涉嫌非法吸收公众存款罪一案④

裁判要旨：被告单位某钢管厂为个人独资企业，不具有法人资格，不符合单位犯罪的主体要件，故被告单位某钢管厂不构成非法吸收公众存款罪，公诉机关指控不能成立。

---

① 审理法院：五台县人民法院，案号：（2019）晋0922刑初1号，裁判日期：2019.03.29。（一审判决已生效）

② 审理法院：盘州市人民法院，案号：（2016）黔0222刑初237号，裁判日期：2016.09.26。[二审法院：六盘水市中级人民法院，案号：（2016）黔02刑终358号，裁判日期：2016.12.28，裁定驳回上诉，维持原判。]

③ 审理法院：邯郸市中级人民法院，案号：（2015）邯市刑终字第191号，裁判日期：2015.05.15。（二审判决已生效）

④ 审理法院：唐山市丰润区人民法院，案号：（2013）丰刑初字第430号，裁判日期：2015.01.26。（一审判决已生效）

二、涉案款项未进入单位账户，亦未由单位支配，单位不构成非法吸收公众存款罪

根据最高人民法院《关于审理单位犯罪案件具体应用法律有关问题的解释》第三条："盗用单位名义实施犯罪，违法所得由实施犯罪的个人私分的，依照刑法有关自然人犯罪的规定定罪处罚。"因此，对于该类未代表单位意志，涉案款项未进入单位账户，而是私分的个人行为，一般不会认定为单位犯罪。

但是，对于单位主体资格合法，系依法成立并有效存续的企业法人；单位项目真实存在；且主要是为公司经营筹措资金，所吸收的资金亦全部投入公司的项目运营和开发；个人并未从中获取个人利益的案件，法院一般会认定为构成单位犯罪，对被告人按照单位直接负责的主管人员或其他直接责任人员进行处罚。

案例1：蒋某、廖某涉嫌非法吸收公众存款罪一案①

裁判要旨：一审法院认为，蒋某、廖某在借条上盖有某公司的印章，但二人所借的款项并没有入某公司账户，亦没有证据证明该资金为某公司支配、使用，二人的行为不能代表单位的整体意志，其行为纯属个人行为，故对被告单位某公司不以犯罪论处，公诉机关指控被告单位某公司犯非法吸收公众存款罪证据不足，指控罪名不能成立。

案例2：某有限公司、张某甲涉嫌非法吸收公众存款罪一案②

裁判要旨：公诉机关未能提供被告单位"某有限公司"以单位名义非法吸收公众存款并将该款用于本单位的证据。同时实际借款经手人张某甲在庭审中虽然辩解该部分资金大部分用于被告单位"某有限公司"，但作为法定代表人的被告人张某甲却又提供不了该资金用于本单位的证据。被告单位"某有限公司"的另

---

① 审理法院：桂林市中级人民法院，案号：（2016）桂03刑终114号，裁判日期：2016.06.08。（二审判决已生效）

② 审理法院：沭阳县人民法院，案号：（2013）沭刑初字第1253号，裁判日期：2014.09.28。（一审判决已生效）

一名股东张某乙也否认该资金用于单位。而被告人张某甲在侦查机关也曾供述上述借款被其用于本单位以外工程，故现有证据无法认定被告人张某甲上述对外借款是用于单位，从而构成单位犯罪。

三、被告人的吸储行为不存在扰乱金融秩序、非法吸收公众存款的主观故意

非法吸收公众存款罪的主观要求是故意，并且是直接故意，原则上认定主观故意不要求以明知法律的禁止性规定为要件。认定行为人是否具有犯罪故意，应当根据行为人的任职情况、职业经历、专业背景、培训经历、本人因同类行为受到行政处罚或者刑事追究情况以及吸收资金方式、宣传推广、合同资料、业务流程等证据，结合其供述，进行综合分析判断。如果有证据证明其实际从事的行为应当批准而未经批准，行为在客观上具有非法性，原则上就可以认定其具有非法吸收公众存款罪的主观故意。

案例1：张某、周某涉嫌非法吸收公众存款罪一案①

裁判要旨：再审法院认为，原审上诉人张某、周某虽有违反国家法律规定，非法吸收资金254370元，且117870元尚未能归还的行为，但其借款的目的是用于承包窑厂的生产经营，而没有吸收存款扰乱金融秩序的主观故意，且借款的对象属于相对特定的厂内职工、部分亲友、当地村民，不具备非法吸收公众存款的“社会性”构成要件，依法不构成非法吸收公众存款罪。

案例2：易某涉嫌非法吸收公众存款罪一案②

裁判要旨：一审法院认为，关于被告人易某是否构成非法吸收公众存款罪的问题，经查，易某的行为是在银行高息揽储业务尚存的历史背景下实施，且其将

---

① 审理法院：江苏省高级人民法院，案号：（2016）苏刑再10号，裁判日期：2017.04.26。（再审判决已生效）

② 审理法院：中山市第一人民法院，案号：（2015）中一法刑二初字第735号，裁判日期：2016.10.17。［二审法院：中山市中级人民法院，案号：（2016）粤20刑终423号，裁判日期：2017.12.05，裁定驳回抗诉，维持原判。］

566 万元涉案资金按照被害人的意愿存入具有吸存（揽储）资格的银行，而当年该银行的高息揽储是否获得许可、是否违法尚无充分证据证实，更无证据证实作为银行外部人员的易某知道该银行高息揽储非法，仍然帮助吸存，故不能认定其主观上具有非法吸收公众存款的犯罪故意。

四、被告人的行为不具备非法吸收公众存款罪要求的“未经有关部门依法批准或者借用合法经营的形式吸收资金”要件

根据最高人民法院《关于审理非法集资刑事案件具体应用法律若干问题的解释》第一条第一款规定，非法吸收公众存款罪要求未经有关部门依法批准或者借用合法经营的形式吸收资金。即“非法性”，是构成要件的要素，亦是违法性判断的依据，其不仅表现为一般主体的不合法，也可能系实体上吸储行为内容和方式的不合法。因此，若吸收公众存款的行为得到了行政许可，即中国人民银行或国务院银行业监督管理机构的批准，则具有违法阻却事由。

案例：廖某涉嫌非法吸收公众存款罪一案①

裁判要旨：一审法院认为，本案并无证据证明廖某借款用于合法生产经营的行为扰乱国家金融管理秩序。廖某的行为不符合非法吸收公众存款罪的构成要件。故公诉机关指控廖某犯非法吸收公众存款罪的证据不足。

五、被告人的行为不具备非法吸收公众存款罪要求的“向社会公开宣传”要件

最高人民法院《关于审理非法集资刑事案件具体应用法律若干问题的解释》第一条第二款规定，非法吸收公众存款罪要求通过媒体、推介会、传单、手机短信等途径向社会公开宣传。

最高人民法院、最高人民检察院、公安部《关于办理非法集资刑事案件适用

---

① 审理法院：会同县人民法院，案号：（2017）湘 1225 刑初 25 号，裁判日期：2018. 04. 08。［二审法院：怀化市中级人民法院，案号：（2018）湘 12 刑终 200 号，裁判日期：2018. 07. 20，裁定驳回抗诉，维持原判。］

法律若干问题的意见》规定，对于“向社会公开宣传”的认定问题，包括以各种途径向社会公众传播吸收资金的信息，以及明知吸收资金的信息向社会公众扩散而予以放任等情形。该规定要求非法集资应当具备“公开性”，仅是代表行为对象的“不特定性”，打破了封闭性的状态，但并不以社会公众“知晓”为前提。

案例1：廖某涉嫌非法吸收公众存款罪一案①

裁判要旨：一审法院认为，本案的焦点在于廖某向李某、宋某等人的借款行为是否具备非法吸收公众存款的构成要件。就本案而言，首先，本案证实廖某向社会公布其需要资金信息的证据，除证人杨某的证言外，无其他予以印证，故现有证据尚不能证明廖某本人或委托他人有通过媒体、推介会、传单、手机短信等途径向社会公开宣传需要资金的行为。廖某的行为不符合非法吸收公众存款罪的构成要件。故公诉机关指控廖某犯非法吸收公众存款罪的证据不足。

案例2：某有限公司、吴某涉嫌非法吸收公众存款罪一案②

裁判要旨：经查，2010年6月至2011年10月期间，被告人吴某在经营某公司期间，多次以各种理由向涂某等人借款共计15460万元。从宣传手段上看，吴某借款方式为当面或通过电话一对一向借款人提出借款，并约定利息和期限，既不存在通过媒体、推介会、传单、手机短信等途径向社会公开宣传的情形，也无证据显示其要求借款对象为其募集、吸收资金或明知他人将其吸收资金的信息向社会公众扩散而予以放任的情形。

---

① 审理法院：会同县人民法院，案号：（2017）湘1225刑初25号，裁判日期：2018.04.08。［二审法院：怀化市中级人民法院，案号：（2018）湘12刑终200号，裁判日期：2018.07.20，裁定驳回抗诉，维持原判。］

② 审理法院：上海市黄浦区人民法院，案号：（2013）黄浦刑初字第1008号，裁判日期：2014.12.24。［二审法院：上海市第二中级人民法院，案号：（2015）沪二中刑终字第68号，裁判日期：2015.12.14，裁定驳回抗诉，维持原判。］

六、被告人的行为不具备非法吸收公众存款罪要求的“承诺在一定期限内还本付息或者给付回报”要件

最高人民法院《关于审理非法集资刑事案件具体应用法律若干问题的解释》第一条第一款规定，非法吸收公众存款罪要求承诺在一定期限内以货币、实物、股权等方式还本付息或者给付回报。相较于行为主体是否合法、宣传手段是否公开以及筹资对象是否特定等可能在实务中出现控辩争议的问题，对保本付息承诺这一关键点的核实则会更直接、明确。若行为人在集资过程中，并没有承诺保本付息，或者变相保本付息，则辩护人可以以此作为行为人无罪的关键论据。

案例：某有限公司、吴某涉嫌非法吸收公众存款罪一案①

裁判要旨：吴某在向他人借款的过程中，存在并未约定利息或回报的情况，对部分借款还提供了房产、珠宝抵押，故吴某的上述行为并不符合非法吸收公众存款罪的特征，不构成非法吸收公众存款罪。

七、被告人的行为不具备非法吸收公众存款罪要求的“向社会公众即社会不特定对象吸收资金”要件

最高人民法院《关于审理非法集资刑事案件具体应用法律若干问题的解释》第一条第一款第四项规定，非法吸收公众存款罪要求向社会公众即社会不特定对象吸收资金。第一条第二款规定，未向社会公开宣传，在亲友或者单位内部针对特定对象吸收资金的，不属于非法吸收或者变相吸收公众存款。

最高人民法院、最高人民检察院、公安部《关于办理非法集资刑事案件适用法律若干问题的意见》规定，对于“社会公众”的认定问题，“在向亲友或者单位内部人员吸收资金过程中，明知相关人员向不特定对象吸收资金而予以放任”或者“以吸收资金为目的，将社会人员吸收为单位内部人员，并向其吸收资金

① 审理法院：上海市黄浦区人民法院，案号：(2013) 黄浦刑初字第1008号，裁判日期：2014.12.24。［二审法院：上海市第二中级人民法院，案号：(2015) 沪二中刑终字第68号，裁判日期：2015.12.14，裁定驳回抗诉，维持原判。］

的”均属于“向社会公众吸收资金”。从该规定也可以看出，在司法实践中对于“社会公众”的认定标准是较为宽泛的，对于出罪的审查也十分严格。

因此，认定不具备“社会公众吸收资金”要件，要求吸储的对象绝大部分均与被告人有特定的社会关系基础，范围相对固定、封闭，不具有开放性、延散性、不可控性，即并非随机选择或者随时可能变化的不特定对象。

案例1：谈某涉嫌非法吸收公众存款罪一案①

裁判要旨：一审法院认为，本案的争议焦点是被告人谈某是否构成非法吸收公众存款罪。公诉机关指控被告人谈某构成熊某非法吸收公众存款罪的帮助犯，被告人谈某及其辩护人辩称不构成非法吸收公众存款罪，与熊某不构成共同犯罪，经查：起诉书中指控被告人谈某以月息2～4分向张某、曹某二人借款计390万元后再以月息6分出借给熊某，从中赚取利息差，但被告人谈某只是以自己名义向张某、曹某二人借款，被告人谈某的行为不具备非法吸收公众存款罪要求的“向社会公众即社会不特定对象吸收资金”要件，现有证据无法证实被告人谈某单独构成非法吸收公众存款罪；刑法意义上的帮助他人吸收公众存款犯罪是由投资人直接交款至被帮助人，而被告人谈某为谋取利益将自己应当承担还款责任的张某、曹某的款项转存至熊某处，被告人谈某与熊某之间发生投资法律关系，不宜认定被告人谈某帮助熊某进行非法吸收公众存款犯罪，辩护人提出被告人谈某无罪的辩护意见本院予以采纳。

案例2：廖某涉嫌非法吸收公众存款罪一案②

裁判要旨：一审法院认为廖某承包修建工程时，经杨某介绍认识李某、宋某

---

① 审理法院：南昌市东湖区人民法院，案号：（2017）赣0102刑初528号，裁判日期：2018.07.17。［二审法院：南昌市中级人民法院，案号：（2018）赣01刑终507号，裁判日期：2018.12.26，裁定驳回抗诉，维持原判。］

② 审理法院：会同县人民法院，案号：（2017）湘1225刑初25号，裁判日期：2018.04.08。［二审法院：怀化市中级人民法院，案号：（2018）湘12刑终200号，裁判日期：2018.07.20，裁定驳回抗诉，维持原判。］

后向二人借款，李某、宋某在核实廖某所承包工程项目属实后才决定借款给廖某。借款后，二人在廖某承包工程的工地做事。廖某离开工地后，李某、宋某二人按照与廖某签订的协议继续在工地施工，直至竣工并结算，因此，廖某与李某、宋某之间的关系借款前为借贷，后为合伙。其间，经李某介绍，其好友闫某、石某、向某、赵某、杨某与其签订了投资协议后以李某的名义转账给廖某，五人均与廖某没有直接交易行为，仅与李某存在借贷关系。向某视为单位内部员工。闫某后面借款给廖某是自愿的，闫某、杨某、赵某三人与李某之间均为好友，且李某后又成为该工程的合伙人。基于上述事由，应认定李某、宋某、闫某、石某、向某、赵某为特定对象。廖某的行为不符合非法吸收公众存款罪的构成要件。故公诉机关指控廖某犯非法吸收公众存款罪的证据不足。

案例3：易某涉嫌非法吸收公众存款罪一案①

裁判要旨：一审法院认为，易某没有通过推介会、传单、手机短信等向社会公开宣传的方式集资，其能够收取被害人的资金主要基于其此前成功为同事办理过高息存款。与此相对应，易某吸存的对象也较为单一，主要限于其同事、亲友，属于特定人员范畴。即使是关系较为疏远的郑某、何某等少数被害人，也是易某亲友、同事的亲戚或朋友，亦非社会不特定对象，更非社会不特定群体。因此，易某的行为不符合非法吸收公众存款罪的客观要件。综上，易某不构成非法吸收公众存款罪。公诉机关相关指控证据不足，不予支持。

八、被告人系单位员工，被动履行工作职责，不存在非法吸收公众存款的客观行为

对于非法集资案件，应当按照区别对待原则分类处理涉案人员，对于行政人员、财务人员等公司员工一般不直接接触业务工作，应当采取审慎的态度，严格考量行为人的具体行为，若其对于所在单位是否具有吸存资质或者有非法集资的

① 审理法院：中山市第一人民法院，案号：（2015）中一法刑二初字第735号，裁判日期：2016.10.17。

行为不具有准确的认知，对于非法吸收公众存款所具备的四个要件亦无直接关联，则应当认定其不存在非法吸收公众存款罪的客观行为。

案例：孙某涉嫌非法吸收公众存款罪一案①

裁判要旨：被告人孙某虽身为某公司财务人员，但其经手收取客户钱款、发放单位拨付予客户的顾问费、还本付息等行为，均是履行单位指派的职责，其所经手的钱款，亦没有占为己有或参与分赃，其仅是按聘任合同领取固定工资。可见，孙某处理财务的行为，在整个涉及犯罪的事实中，是一种被动的行为，仅起一定的辅助作用，不宜认定为非法吸收公众存款罪的客观行为表现，公诉机关提供的证据，亦不能证明孙某有非法吸收公众存款的主观故意，及直接决定并参与实施犯罪行为，故所指控的罪名不能成立。

九、指控被告人吸储的资金性质不明，被告人的行为系合法的民间借贷行为，不构成非法吸收公众存款罪

在司法实务中，民间借贷和非法吸收公众存款罪的区别，系前者的行为有着明确的指向性，系将资金用于正常的生产经营活动，而后者则是扰乱了金融秩序，其目的虽是通过货币运营等金融手段获取利润，但资金的使用方向并不明确。对于该类案件的辩护，不应把辩护的重点放在“是否承诺保本付息”上，因为多数的民间借贷，双方都会约定还款利率以及还款期限。重点应在于行为人是否对外公开宣传以及向社会不特定对象集资，因为民间借贷的借贷对象多有特定的范围，一般依托借贷双方一定的人际和社会关系形成借贷法律关系。

① 审理法院：南宁市青秀区人民法院，案号：（2013）青刑初字第514号，裁判日期：2014.09.05。（一审判决已生效）

案例：林某涉嫌非法吸收公众存款罪一案①

裁判要旨：公诉机关指控被告人林某自2000年1月始向社会人员10人吸收存款593100元，证据不足。被告人林某向黄某、陈某等10人借入款项，人数相对较少，借款对象范围较小且相对特定，所借款项大部分为被告人林某主动提出，并非以散布吸储方式来吸引他人把钱存放在其处，其行为性质不应认定为向不特定社会公众吸收存款。公诉机关指控被告人林某将借入款项转借他人赚取利息差，同样证据不足。因此，被告人林某的行为并未扰乱国家正常的金融管理秩序，被告人林某不构成非法吸收公众存款罪。

十、被告人将全部集资款退还给集资参与人并取得集资参与人的谅解

《关于办理涉互联网金融犯罪案件有关问题座谈会纪要》规定，对于借款人将借款主要用于正常的生产经营活动，能够及时清退所吸收资金，不作为犯罪处理。可见，行为人将已经吸收所得的资金用于生产经营，清退所有吸收资金对量刑有重大影响。

案例：陈某等人涉嫌非法吸收公众存款罪一案②

裁判要旨：原审被告人陈某具有自首情节，可对其减轻处罚，结合陈某能够全部将由其经手非法吸收的集资款项退还给集资参与人，取得集资参与人的谅解以及抗诉机关对其免予刑事处罚的建议考虑，可对其免予刑事处罚。

办案感悟

本文共总结了非法吸收公众存款罪的十个辩护要点。笔者认为，认定该罪应

---

① 审理法院：莆田市秀屿区人民法院，案号：（2014）秀刑再初字第1号，裁判日期：2014.06.06。（再审判决已生效）

② 审理法院：商洛市中级人民法院，案号：（2018）陕10刑终18号，裁判日期：2018.05.11。（二审判决已生效）

当坚持罪刑法定原则，从规范意义上限缩该罪的适用范围及判断标准，防止过分地使用刑事手段介入社会融资的活动之中。同时，在互联网金融的大背景下，辩护人在审查案件的过程中，可以重点关注行业违规与刑事犯罪之间的界限以及行业监管规则的发展变化，在以时下法律、法规角度认定相关事实情节的同时，亦应将其所处的时代背景、监管规定要求等特殊情形纳入考量范围。

案例十六
蒋某妨害作证罪、行贿案

案件关键词： 妨害作证罪 行贿罪

案情简介

坐落于某古镇的房屋“A楼”始建于20世纪30年代，房屋分期建成，最后形成一座四栋房屋格局。1954年，“A楼”全部房屋曾作为办公用房，一直使用至80年代中期，其间，某镇人民政府（区公所）在“A楼”的东侧一栋及加建部分（即第四栋），则由某镇人民政府继续使用。由于对房屋的权属一直存在争议，为了将“A楼”权属认定在祖父蒋少某（已去世）名下，于是在申请返还“A楼”第四栋，原告怀某、范某等人诉被告贺某等人占有物返还纠纷，原告贺某等人诉被告某县人民政府确权行政纠纷等民事、行政诉讼过程中，被告人蒋某利用某镇人民政府工作人员身份，使用变造的1953年10月某日居民蒋少某的《土地房产所有证》，指使某镇居民蒋某等人在有关“A楼”证明材料上签名或出具证明材料。同时，被告人蒋某指使某镇村干部蒋某等人在“A楼”证明材料上盖章、批注，以证明材料内容的真实性，从而达到由蒋少某后裔占有“A楼”全部产权的目的。

◇指控事实

公诉机关指控：

妨害作证

从2005年3月至2012年9月，为达到占有“A楼”房屋产权的目的，被告人蒋某在申请返还“A楼”第四栋和“A楼”腾退官司的民事、行政诉讼过程中，利用政府工作人员身份，使用变造的1953年10月某日《土地房产所有证》，采用欺骗等方法，指使不了解“A楼”建造历史、落实侨房情况的村民蒋某、华某等人在有关“A楼”证明材料上签名作伪证，或者出具证明材料作伪证。同时，指使村干部蒋某等人在相关证明材料上盖章、批注，以证明内容的真实性，达到作伪证目的。具体犯罪事实如下：

1. 被告人蒋某指使不了解“A楼”建造历史、落实侨房情况的村民蒋某在蒋某父亲于2005年3月某日书写的《房产证明书》上签名作伪证，指使他们证明“A楼”是旅印尼华侨蒋少某在20世纪30年代建造的。后来，被告人蒋某将该《房产证明书》提供给时任某镇村委干部的蒋某批注、盖章，以证明《房产证明书》的真实性。

2. 2007年9月，被告人蒋某到杨某家，提供变造的《土地房产所有证》给杨某看，指使不了解“A楼”建造历史的杨某按照她的意思和要求书写一份《侨房“A楼”证明书》，用于证明“A楼”是旅印尼华侨蒋少某在20世纪30年代建造的。次日，被告人蒋某指使村干部容某在该《侨房“A楼”证明书》上批注、盖章，以证明内容的真实性。后来，因蒋某在该《侨房“A楼”证明书》上篡改了部分内容，担心在打官司过程中被人怀疑，蒋某再次找到杨某，使用同样方法，指使杨某按照她的意思和要求书写另一份《侨房“A楼”证明书》。为达到目的，蒋某在该《侨房“A楼”证明书》上添加“蒋少某土改时误评反革命家属”。2010年，被告人蒋某指使时任某镇某村村干部容某在书写有“蒋少某土改时误评反革命家属”的《侨房“A楼”证明书》上批注、盖章，以证明内容的真实性。

3. 2005年3月，被告人蒋某及其父亲叫不了解“A楼”建造历史的尹某书写了一份《房产证明书》，用于证明“A楼”是旅印尼华侨蒋少某在20世纪30年代建造的。2010年，被告人蒋某指使时任某镇居委书记邓某在该《房产证明书》上批注、盖章，并指使邓某把时间写为2005年3月，以证明内容的真实性。2010年5月，因为打“A楼”腾退官司需要，被告人蒋某找到尹某，提供变造的1953年10月的《土地房产所有证》给尹某看后，指使尹某写下一份《关于土改时期1953年“A楼”房间分配情况证明》并用电脑打印好，后让尹某在该份打印好的证明上批注、盖章，以证明内容的真实性。

4. 2008年9月，被告人蒋某以同事身份使用欺骗方法，叫曾分管侨房落实工作的某镇原党委书记华某书写了《关于“A楼”侨房的记忆证明》、《提供落实侨房“A楼”一些情况过程》两份证明，用于证实“A楼”是按侨房政策落实返还给业主等，以达到作伪证的目的。

5. 2008年9月，被告人蒋某到曾分管国土的原副镇长贺某家，提供陈某书写的证明给贺某看，并利用同事身份，使用欺骗方法，叫贺某按照陈某所书写的证明内容写证明材料。贺某按照蒋某的意思和要求书写了一份《关于“A楼”侨房落实的情况证明》。2010年8月，被告人蒋某再次找到贺某，提供一份苑某的《某县私人申请用地、建房审批表》给贺某看，叫贺某写证明，贺某按照蒋某的意思和要求书写了一份《关于落实某县某镇苑某腾退“A楼”侨房批地建房用地证明》。为了诉讼需要，2011年1月，被告人蒋某将贺某出具的与事实不符的《关于落实某县某镇苑某腾退“A楼”侨房批地建房用地证明》拿给时任某镇党委委员郭某，指使郭某在上面批注、盖章，以证明内容的真实性。

6. 2008年9月，被告人蒋某找到某镇原组织委员兼侨务、统战助理童某，利用同事身份，采用欺骗的方法，叫童某书写关于“A楼”的证明材料，童某在不清楚事情经过的情况下，碍于同事情面，在被告人蒋某的一再要求下，按照蒋某的意思和要求书写了一份内容包含“在落实侨房政策时好像党委政府有经过研究，‘A楼’是侨房应落实归还原华侨业主”的证明给蒋某。

7. 2010年9月，在某县人民法院审理原告怀某等人诉被告纪某、苑某等人占有物返还纠纷一案期间，被告人蒋某为尽快办理出新的“A楼”《房屋产权证明》

用于民事诉讼，在时任某县法制局局长欧某（另案处理）、时任某县某局局长金某（另案处理）的帮助下，从该局拿到空白《房屋产权证明书》，私自带回家。欧某授意被告人蒋某找一位字体较端正的人填写，被告人蒋某便通过其女儿找到某镇小学老师卢某，并指使卢某按照她提供的一张已填好的《房屋产权证明书》底稿的内容填写。卢某写好一式四份的“A楼”《房屋产权证明书》后，由蒋某交给欧某去盖章、办理。2010年9月，关于“A楼”的《房屋产权证明书》办理好。2013年4月，某县纪律检查委员会调查《房屋产权证明书》填写情况时，被告人蒋某伙同欧某指使卢某说谎，欺骗纪委工作人员。

2010年4月，某县人民法院立案受理原告怀某等人诉被告贺某等人占有物返还纠纷一案，在诉讼过程中，被告人蒋某将《房产证明书》、落款为2005年3月尹某的《房产证明书》及证明人为尹某的《关于土改时期1953年“A楼”房间分配情况证明》、由杨某出具的《侨房“A楼”证明书》（写有“蒋少某土改时误评反革命家属”字样）、由华某出具的《提供落实侨房“A楼”一些情况过程》及《关于“A楼”侨房的记忆证明》、由贺某出具的《关于“A楼”侨房落实的情况证明》及《关于落实某县某镇苑某腾退“A楼”侨房批地建房用地证明》，由童某出具的《证明》、2010年9月某号《房屋产权证明书》等与事实不符的材料，以范某的名义提交给某县人民法院作为重要证据使用，妨害了司法机关正常的诉讼活动。

2010年12月，某县人民法院立案受理原告贺某、苑某等人诉被告某县人民政府房屋确权行政纠纷一案，依法追加该案利害关系人怀某等人为第三人参加诉讼。在诉讼过程中，被告人蒋某作为怀某等第三人的委托代理人，向某县人民法院提交了《房产证明书》等与事实不符的材料，妨害了司法机关正常的诉讼活动。

行贿

从2009年至2011年，为谋求不正当利益，达到占有某县某镇“A楼”房屋产权的目的，被告人蒋某在申请返还“A楼”第四栋、颁发“A楼”《房屋产权证明书》及由此引发的诉讼过程中，先后多次送钱给时任某县某局副局长谢某、某局副局长华某、某处副主任蒋某和温某，合计1万余元人民币。具体犯罪事实如下：

1. 2009年，时任某县人民政府办公室副主任、法制局局长欧某负责督办“A楼”第四栋返还工作，同年10月间的一天，被告人蒋某约欧某到某渔村吃饭，饭后在某渔村门前的停车场，被告人蒋某送给欧某数千元人民币，欧某收下这笔钱后离开。

2. 2010年7月的一天，被告人蒋某到欧某的办公室商量颁发“A楼”《房屋产权证明书》联席会议的相关事宜，临走时，被告人蒋某送给欧某数千元人民币，欧某收下了这笔钱。

3. 2010年9月的一天，被告人蒋某到欧某的办公室，让欧某帮忙协调尽快颁发“A楼”《房屋产权证明书》，临走时，被告人蒋某送给欧某数千元人民币，欧某收下了这笔钱。

4. 2011年，因“A楼”《房屋产权证明书》颁发后引发行政诉讼在某县人民法院审理。同年1月的一天，某县法院的工作人员到某县调查了解“A楼”相关情况，被告人蒋某得知后去到欧某的办公室，送给欧某数千元人民币，让欧某帮忙与某县法院的工作人员沟通协调诉讼相关事项，欧某收下了这笔钱。

5. 2011年3月的一天，在办理完“A楼”行政诉讼的相关事情后，被告人蒋某与欧某、谢某到某县酒楼吃饭，吃饭前，被告人蒋某送给欧某和谢某每人数百元人民币，欧某、谢某收下了这笔钱。

6. 2009年的一天，因“A楼”第四栋的返还问题，华某带领相关工作人员到某镇丈量评估“A楼”第四栋改扩建部分的价值，其间，被告人蒋某送给华某数千元人民币，华某收下了这笔钱。

7. 2010年4月的一天，被告人蒋某因为“A楼”的继承问题到某县公证处进行公证，在某县公证处副主任蒋某、温某前往某镇“A楼”调查后，被告人蒋某送给蒋某、温某每人数百元人民币，蒋某、温某收下了这笔钱。

认定上述事实的证据如下：

勘验、检查笔录，扣押清单及相关证据、调取证据清单及相关书证、抓获经过、户籍证明等书证，证人证言，被告人的供述等。

◇指控罪名

《中华人民共和国刑法》第三百零七条第一款——妨害作证罪

以暴力、威胁、贿买等方法阻止证人作证或者指使他人作伪证的，处三年以下有期徒刑或者拘役；情节严重的，处三年以上七年以下有期徒刑。

《中华人民共和国刑法》第三百八十九条——行贿罪

为谋取不正当利益，给予国家工作人员以财物的，是行贿罪。

在经济往来中，违反国家规定，给予国家工作人员以财物，数额较大的，或者违反国家规定，给予国家工作人员以各种名义的回扣、手续费的，以行贿论处。

因被勒索给予国家工作人员以财物，没有获得不正当利益的，不是行贿。

◇罪名分析

【妨害作证罪】

一、主体要求

妨害作证罪的主体为一般主体，即年满16周岁且具有刑事责任能力的自然人，都可以成为本罪的主体。根据我国《刑法》的一般理论，当事人也可以成为本罪的主体。

二、罪行表现

（一）主观

妨害作证罪只能由故意构成。行为人明知自己妨害作证的行为会发生妨害司法活动的客观公正性的结果，并且希望或者放任这种结果的发生。

（二）客观

妨害作证罪的行为，客观方面表现为以暴力、威胁、贿买等方法阻止证人作证或者指使他人作伪证。这里的“证人”，不应限于狭义的证人，而应包括被害人、鉴定人。以暴力、威胁、贿买等方法，阻止狭义的证人作证、阻止被害人作证（陈述）、阻止鉴定人鉴定的，成立妨害作证罪。以暴力、威胁、贿买等方法阻止翻译人、记录人翻译、记录的，不属于“阻止证人作证”。

三、侵犯客体

妨害作证罪侵犯的法益为复杂客体，包括国家司法机关的正常诉讼活动和公民依法作证的权利。行为人妨害作证行为发生的时间可以在立案侦查时、审查起诉时，也可以在审理判决时。行为人妨害作证的行为导致的结果并不要求案件中的嫌疑人逃避法律惩处。

【行贿罪】

一、主体要求

一般主体，即任何达到刑事责任年龄、具有刑事责任能力的自然人。

二、罪行表现

（一）主观

行为人的故意是直接故意，行为人的主观意识是基于明知故犯，且以谋取不正当利益为根本目的而给予国家工作人员以财物；或在经济往来中，违反国家规定，给予国家工作人员以财物等。

（二）客观

行贿罪的客观表现主要为谋取不正当利益，给予国家工作人员以财物，或者在经济往来中，违反国家规定，给予工作人员以财物，数额较大的，或者违反国家规定，给予国家工作人员以各种名义的回扣、手续费的。“不正当利益”有如下特性：一是“利益”本身具有违法性；二是“利益”本身合法，但谋取利益的方式违法；三是违背公平公正原则，扰乱了经济、组织人事管理活动秩序，谋取不正当的竞争优势。

三、侵犯客体

主要是侵犯了国家工作人员职务行为的不可售卖性、廉洁性。此处的国家工作人员既包括国家机关中从事公务的人员，还包括国家机关、国有公司、企业、事业单位委派到非国有公司、企业、事业单位、社会团体从事公务的人员，以及其他依照法律从事公务的人员。

◇一审辩护

〔辩护论证〕

一、从程序法层面入手，公诉机关指控蒋某入罪的焦点事实证据不足

（一）本案关键证据——多名证人证言的可采性、证明力存在证明障碍，不足以证明“蒋某曾指使他人作证”这一指控。（需对证人证言进行分类梳理，结合最高法司法解释关于证明力的规定，指出证据与待证事实脱节的原因）

1. 部分证言明显违反生活常识与经验。

李某证言：你写的“情况属实、东四至以房产证为依据”具体是什么意思？答：我的意思是，我不清楚A楼是谁建造的。碍于情面帮忙签章。东四至以房产证为准。以房产证为准，说明证人本人认同房产证上所载内容，而A楼权属显然在列。

2. 部分证言明显缺乏客观性，不具备证据的可采性，不得作为定案依据。

有证人称“要是早知道房产权属，我肯定不会签的”。而产权归属是个法律概念，证人当时仅就相关事实作出会签。又如牛某：当时没戴眼镜就签了。经常去A楼喝茶，做个顺水人情罢了。

3. 部分证人证言本身就支持A楼系蒋少某建造。

牛某：不是李远某建造的。蒋少某当时在南洋，听说会寄钱回去建房。我只知道A楼建于（20世纪）30年代，但谁出钱我不清楚。又说签名的原因是自己的推理，“如果不是华侨是没钱建那样的房子的”。

4. 部分证人证言本身自相矛盾，且不能排除合理怀疑。

贺某证言，两份笔录前后矛盾，不能排除合理怀疑了。一份说证言系真实意思表示，一份称在不知情的情况下跟风华某（其领导）写的。故其证言缺乏客观性，不能作为定案依据。

5. 部分证言未能解释自己先前签名、批注、盖章的外部原因，不能推翻先前行为的合理性。

华某：李某找我说政府未将房产给他，就帮他写了证明。还召开了党委会然后得出结论，并非李某请求的结果。蒋某向相关证人举证后，方才获得签名。贺某：看华某写了我也跟着写名字。

以上证言具有的共性是：从证明对象上均无法证明蒋某存在指使其作伪证。

（二）关于1953年产权证所载主要内容的真实性，公诉机关未能证伪。

本案证人证言大都以1953年房产证为基础展开铺陈，而该房产证本身主体部分是否存在变造，以及蒋某是否知道存在变造，与定案密切相关。

1. 鉴定是否可采存疑，申请人民法院重新鉴定。

2. 挖补、剪切之变造手法出自谁手不得而知，蒋某笃定是其兄所传，不存在以假传假的行为，蒋某持此房产证找相关证人作证，目的在于激活、强化证人记忆。

3. 变造处涉及的均是非主要事实，不影响权利主体的判断；人民法院的后续判决认定虽存在瑕疵，但未否定此房产证基本的证明功能。

（三）蒋某辩解具有合理性。

为何找这些人作证？因为这些证人对A楼的建造及产权演变知情，属于稀有证人。找人签名的目的是什么？是配合政府确权。

（四）检察机关在公安机关立案侦查前所获取的证人证言，系违法取证所得，依法不得作为定罪量刑的证据。

二、从实体法层面，公诉机关指控蒋某妨害作证缺乏《刑法》第三百零七条必备犯罪构成要件的支撑

（一）主观方面。

1. 蒋某不具备妨害司法正常诉讼活动的主观动机。

（1）涉及A楼产权归属的证人书写相关证明的事实发生在2005～2008年（起诉书中指控的1～6起事实），蒋某找到知情人要求出具证明的主观动机是配合当地政府行政确权，而非为诉讼作准备（结合当时找人写证明的现实背景）。虽然刑法理论中有观点认为，妨害作证罪发生的时间、空间较广，既可以发生在诉讼活动中，也可以发生在诉讼提起前，但行为人的刑法评价应当结合其主观方面，否则便落入客观归罪的窠臼。辩护人认为，妨害作证的客观行为可以发生在诉讼之前，但必须是以提起诉讼为直接目的，必须意识到其行为的发生是为诉讼作准备的性质。尽管这些证明在日后的诉讼中被用作证据出示，但结合本案的案发背景可以看出，这些证明是为了政府行政确权之需而由当事人自行收集的书面材料。对于侨房产权的落实，是不动产所在地人民政府确权的权力范围，并非人民法院的裁判对象，因此，蒋某找相关证人出具证明，是为了当地侨务局处理房产权属，不可能存在妨害司法机关诉讼活动的主观动机。

（2）妨害作证罪，只能发生在诉讼案件中，不包括未尚进入诉讼的行政案件。在诉讼开始前，当事人仅意识到在为行政案件作证据收集方面的准备。

（3）蒋某笔录中被更改的部分表明，找人作证是为了收回房屋而不是为了日后的行政复议与民事诉讼。

（4）蒋某主张的利益得到了政府部门的确认，这一确认结果印证了其找人作证行为的合理性。华某作为党委副书记，从其亲笔证言可以看出，证明经政府调解，牛某同意搬出，政府给他们批地另建。

2. 蒋某找到几名了解 A 楼房产建造、分配、变动知情人作证，依托了大量书证等客观性证据（包括 1953 年的产权），据此坚信产权归己一方，主观上并不具有指使他人作伪证的犯罪动机。即便 A 楼的归属存在事实与法律层面的争议，从与本案关联的民事诉讼、行政复议裁判文书证据梳理的情况来看，“A 楼”归蒋某一方的原始证据呈优势地位。

3. 部分证明的获得，是蒋某向相关证人出示与“A 楼”归属相关的书证的结果，但这也不能表明蒋某指使他人作伪证的主观方面。虽然本案证人表示对部分事实“不知情，但在看了蒋某出示的相关书面材料后还是签了名”，这体现了相关证人的作证经历了一个客观陈述加上主观判断的过程，辩护人认为这是对年代久远的历史事实加以回忆的必要辅助，证人能否签字，凭借的是从不知情到知情的思维推理方法，不能从“证人不知情就签字”推导出“证人作伪证”的逻辑结论。

（二）客观方面，蒋某没有采用暴力、威胁、贿买等方法阻止证人依法作证或指使他人作伪证。

首先，全案无证据证明蒋某存在暴力、威胁、贿买等侵犯公民依法作证权利的行为。虽然有证人声称“碍于情面、没戴眼镜、与上级保持一致”，但均属于证人意志自由下的自主选择，并无权利受损情形。

其次，劝说、请求、说服证人作证，并不能归入“指使证人作证”的语义之中。指使二字，体现了某种精神强制与身份、地位优势下的不自由，如果请求、说服作证也构成妨害作证的客观方面，那么所有当事人接触证人后的证人作证行为都是“指使”的产物。

再次，无证据证明蒋某采用了欺骗的手段。起诉书中认定存在欺骗，是基于蒋某认为“A 楼”的产权属于自己的论断，而这一论断又是集结了大量的书证与物证，因而认定欺骗无事实依据。

最后，无证据证明蒋某得到的证明系伪证。一方面，伪证的认定必须以被告人明知事实真相而希望他人作相反的陈述，本案蒋某所了解的历史真相有事实依据，判断“A 楼”归属的依据之一便是 1953 年的房产证明，而公诉机关未能证明此房产证系蒋某伪造。另一方面，本案六位证人均在一定程度上知晓“A 楼”的建造、分配历史，村镇干部的盖章、批注行为也绝非主观臆断，结合蒋某的口供可知，这些在证明上留下字迹的人，均是历史的见证人或知情人；六位证人所言是结合了所见所闻以及相关书面材料后，对历史碎片的加工整理，公诉机关认定本案存在伪证，无充分证据支持。

（三）起诉书中指控蒋某于 2010 年后的涉案行为，不属于“阻止证人依法作证或指使他人作伪证”的情形，依法不应纳入妨害作证的范畴。

蒋某通过欧某等人的帮助获取盖章的《产权证明书》，不属于指使他人作证行为。

第一，此举是为了获得政府登记，欧某等虽然违反了行政工作规范、违规让权利人自行填写权属内容，但其行为属于政府行为而非代表个人的作证行为，蒋某也没有能力指使政府作伪证。

第二，“A 楼”的房产归属已经某镇党政机关的处理、确认，蒋某一方业已取得全产，对方已被当地政府以另划地皮建房的方式安置妥当，蒋某自行填写房产证的原因在于政府一方消极履责，而并非为作伪证所用。

第三，新房产证上的房屋面积与老房产证相比虽有变化，但这是经过多重主体不断翻建、扩展所致，蒋某根据当地政府的处理意见找人填写的房产面积，不应成为推断蒋某存在作伪证的不利证据。

（四）蒋某提交公证书的行为也不是妨害作证行为。

（五）起诉书中指控蒋某无视国法、以非法手段指使作证无证据支持。

1. 找证人牛某等人作证不存在非法手段。

2. 向欧某等人利益输送与证人作证无关。

三、本案的证明标准评价：公诉机关的指控未达到“事实清楚、证据确实充分、排除合理怀疑”的程度

1. 蒋某的供述与证人证言之间未形成印证，在指使作伪证的动机层面，事实不清。

2. 证人证言与本案其他证据之间存在矛盾，无法排除合理怀疑，无法证明蒋某明知 1953 年房产证系变造而欺骗证人的行为存在。（房产证与证言之间、证言与人民法院的生效判决之间）

3. 当前的证据无法证明先前书面材料属伪证，不能得到证人先前所书证明系伪证的结论，更不能证明系为诉讼目的指使他人作伪证。

◇一审判决

2015 年 12 月，某市某区人民法院作出一审判决。法院认为，被告人蒋某目无国法，以非法手段指使证人作伪证，侵犯国家司法机关的正常诉讼活动和公民依法作证的权利，其行为已经构成妨害作证罪。被告人蒋某为谋取不正当利益，给予国家工作人员以财物，其行为已构成行贿罪。被告人蒋某的犯罪行为应依法惩处。公诉机关指控被告人的罪名成立。针对被告人及辩护人提出的辩解、辩护意见，本院认为：一、关于被告人蒋某指使他人作伪证的事实认定问题。被告人蒋某为了实现个人利益，利用某镇人民政府工作人员的特殊身份，使用变造的 1953 年《土地房产所有证》，采用欺骗、唆使等方法，指使不了解“A 楼”建造历史、落实侨房情况的证人作出与事实不符的证言，主观上有妨害作证的故意，客观上也实施了妨害证人依法作证的行为，侵犯了司法机关的诉讼活动，其行为构成妨害作证罪。二、关于被告人蒋某行贿事实及行贿数额的认定问题。被告人蒋某为将“A楼”认定在其祖父蒋少某名下，从而达到由蒋少某后裔占有“A楼”房屋的第四栋的目的，蒋某在申请颁发“A楼”房屋的《房屋产权证明书》及由此引发的诉讼过程中，多次送钱贿赂相关工作人员。被告人蒋某在接受检察机关的多次询问中，均讲到送钱给相关工作人员合计13600元的事实，其供述与接受贿赂人的证言相互印证，事实清楚，证据充分。另外，辩护律师向法庭申请对1953年的《土地房产所有证》重新鉴定的问题，经查，广东省某市公安司法鉴定中心是具有法定鉴定资格的鉴定机构，该中心对1953年的《土地房产所有证》的鉴定，鉴定人员具有相应资质，鉴定程序合法，对该鉴定结论本院依法予以采信。

综上，被告人蒋某一人犯数罪，依法实行数罪并罚。根据被告人的犯罪事实、性质、情节和对社会的危害程度，依照《中华人民共和国刑法》第三百零七条第一款、第三百八十九条第一款、第三百九十条、第六十九条第一款及最高人民法院、最高人民检察院《关于办理行贿刑事案件具体应用法律若干问题的解释》第一条之规定，判决如下：

被告人蒋某犯妨害作证罪，判处有期徒刑一年，犯行贿罪，判处有期徒刑八个月，总和期刑一年零八个月，决定执行有期徒刑一年零六个月。

二审法院维持原判，判决已生效。

办案感悟

在妨害作证案件中，“伪证”究竟是与法律事实相违背还是与客观事实相违背，抑或是与证人基于经验、记忆的陈述相违背？对此，法律条文或司法解释均未作出解释，而法律的空白也导致司法实践中的争议，同时也影响了这类案件裁判标准的统一性。

笔者认为，行为人实施妨害作证的行为一般情况下是在司法活动进行的某个阶段所实施的，因此妨害作证中“伪证”的认定标准应当是以被指使人基于经验、记忆的陈述为准，而不应当以客观事实或法律事实为准。妨害作证的行为可以发生在刑事诉讼的各个阶段，因此若将法律事实或客观事实作为评判标准，将会导致在刑事诉讼各个阶段中法律事实的认定标准不一致情况的发生。

辩点总结：妨害作证罪的无罪辩护要点

一、行为人不具有阻止证人作证或指使他人作伪证的主观故意

对于行为人是否具有妨害作证的主观故意，笔者认为，应当坚持“主客观相统一”的原则，从主客观两个方面加以认定。即犯罪事实原则上必须出于行为人的主观故意，且主观故意的内容是对犯罪客观事实的认识及实现。司法实践中对于本罪的主观故意的审查认定在于两方面，一是审查判断行为人对于阻止证人作证或者指使他人作伪证的行为性质是否有着明确的认识；二是审查阻止证人作证或者指使他人作伪证是否违背了行为人的主观意志。

案例：龙某、杨某涉嫌妨害作证罪一案[①]

裁判要旨：上诉人龙某确有在民事诉讼中提交与某实公司无关联的4000万元银行汇款凭证以及杨某签名的包含委托龙某汇款至某信公司的不实内容的《委托书》，根据上述两项书证不足以得出龙某故意指使杨某作伪证，杨某故意帮助龙某伪造证据的唯一结论。综上，上诉人不构成妨害作证罪。

二、无证据证明行为人使用“暴力”、“威胁”、“贿买”等方法阻止证人作证或者指使他人作伪证

妨害作证罪是指采用暴力、威胁、贿买等方法阻止证人作证或者指使他人作伪证，其客观方面表现为行为人实施了暴力、威胁、贿买等方法阻止证人依法作证或者指使他人作伪证的妨害作证行为。其中，行为人使用暴力、威胁、贿买等方法，是对该罪行为方式的限定要件。当然，除了暴力、威胁、贿买以外，还包

① 审理法院：清远市中级人民法院，案号：（2016）粤18刑终237号，裁判日期：2017.12.27。（二审判决已生效）

括唆使、嘱托、请求、引诱等方法，即根据《刑法》规定，将部分伪证罪的教唆犯作为妨害作证罪的正犯处理。若无证据证明行为人使用以上行为方式阻止证人作证或者指使他人作伪证，则指控由其犯妨害作证罪不能成立。

案例：徐某涉嫌妨害作证罪一案①

裁判要旨：公诉机关未提供被告人徐某有关以“暴力”、“威胁”等方法指使他人作伪证的证据，“贿买”的证据不足，此点辩护意见本院予以采信。本院认为，根据上述控辩双方的举证、质证，公诉机关出示的证据不足以证明所指控的被告人徐某妨害作证的事实，证据间未形成完整的证明体系，未达到事实清楚，证据确实、充分的证明标准。公诉机关指控被告人徐某犯妨害作证罪事实不清，证据不足，指控的罪名不能成立。

三、无证据证明行为人所指使他人提供的证据系为诉讼而进行伪造

妨害作证罪要求行为人指使他人提供的认定案件客观事实的证据系伪证，伪证的主要形式有，对案件事实进行虚假陈述，或对案件相关证据做虚假辨认、伪造证据、故意对案件事实进行虚假翻译，例如行为人指使证人作伪证、指使被害人作虚假陈述、指使鉴定人作虚假鉴定、指使翻译人作虚假翻译、指使他人伪造其他证据等行为。司法实践中，首先应当对该份证据的真实性进行审查，若该证据来源正常合法，证据内容真实有效，则行为人不存在指使他人作伪证的客观行为，不构成妨害作证罪。

案例：龙某、杨某涉嫌妨害作证罪一案②

裁判要旨：现有证据不足以证明上诉人龙某在民事诉讼中提交的三份《无息

---

① 审理法院：农安县人民法院，案号：（2017）吉 0122 刑初 94 号，裁判日期：2017. 07. 07。［二审法院：长春市中级人民法院，案号：（2017）吉 01 刑终 441 号，裁判日期：2017. 10. 25，裁定驳回抗诉，维持原判。］

② 审理法院：清远市中级人民法院，案号：（2016）粤 18 刑终 237 号，裁判日期：2017. 12. 27。（二审判决已生效）

借用（续借）资金合同》是龙某指使杨某伪造的，杨某签订合同是为了帮助龙某伪造证据。根据三份《无息借用（续借）资金合同》存在倒签，不足以认定三份《无息借用（续借）资金合同》是龙某为了诉讼指使杨某伪造的。（1）从形式上看，龙某没有伪造合同或指使杨某伪造合同的行为。上诉人龙某、杨某供述互相印证证实，龙某起诉某实公司时提交的三份《无息借用（续借）资金合同》是龙某与杨某对账后自愿签订的，签名、盖章都是真实的。（2）从内容上看，不排除龙某对某实公司有大额债权的可能。鉴定意见认定三份《无息借用（续借）资金合同》中龙某、杨某的签名是在2012年4月之后形成的，与龙某、杨某供述的产生时间存在矛盾，龙某、杨某供述是在2011年底补签的，三份《无息借用（续借）资金合同》确切签订时间无法查明。本案证据证实，2011年底孙某1被抓后不久，龙某通过黄某找杨某就龙某及其经营的公司与某实公司之间的借款对过账。龙某与某实公司在杨某担任法定代表人期间，发生了多笔大额借款，借款转入某实公司或双方约定的第三方账户。龙某、杨某均认可某实公司尚欠龙某借款未归还的事实，只是对未归还金额供述存在差异，真实债权债务情况不明。在日常经济往来中倒签合同对已发生的经济往来进行结算的行为较为常见。不排除三份《无息借用（续借）资金合同》是双方对杨某担任某实公司法定代表人时产生借款的总结，是双方债权债务关系的反映。

四、行为人的行为未影响到国家司法机关的正常诉讼活动，社会危害性较小，不构成犯罪

妨害作证罪所侵犯的客体是国家司法机关的正常诉讼活动和公民依法作证的权利，所妨害的法益是司法活动的客观公正性。因此，若行为人的行为并未影响到诉讼进程，未影响到国家司法机关的正常诉讼活动及公民依法作证的权利，也未妨害到司法活动的客观公正，其社会危害性较小，不构成妨害作证罪。

案例1：章某和涉嫌妨害作证罪一案①

裁判要旨：本案章某和在其兄章某贵等人玩忽职守案审判期间，为了帮其兄开脱，冒充记者，找到“99.8.22”案件被害人及其亲属，让其在控告信上签名，并将署有证人名字的控告信寄到公安、检察、法院等有关机关，致使公安、检察机关均成立专案组对控告信内容进行调查，章某和的上述行为属不当行使控告权，但不足以犯罪论处。首先，章某贵已被某省高级人民法院再审判决宣告无罪，章某和为其胞兄章某贵开脱罪行的行为便失去事实基础。其次，某省高级人民法院再审判决还认定邢某不能排除犯罪嫌疑，控告邢某也是被害人符某红的真实意思，在“99.8.22”案件至今未侦破的情况下，被害人亲属在控告信上签名并未违反法律规定。最后，该控告信未影响到章某贵等人玩忽职守案的审判，也未作为该案的证据使用，邢某也未因此被追究刑事责任。因此章某和的行为造成的社会危害程度很小，尚不构成犯罪。

此外，《刑法》第三百零六条规定了辩护人、诉讼代理人毁灭证据、伪造证据、妨害作证罪：“在刑事诉讼中，辩护人、诉讼代理人毁灭、伪造证据，帮助当事人毁灭、伪造证据，威胁、引诱证人违背事实改变证言或者作伪证的，处三年以下有期徒刑或者拘役；情节严重的，处三年以上七年以下有期徒刑。辩护人、诉讼代理人提供、出示、引用的证人证言或者其他证据失实，不是有意伪造的，不属于伪造证据。”在司法审判实践中，应注意严格区别与把握辩护人、诉讼代理人依法履行律师执业活动与妨害作证罪行为的界限，审查辩护人、诉讼代理人的行为是否超出《律师法》所规定的律师业务范畴，若不适当地扩大辩护人应负法律责任的范围，势必会限制甚至变相剥夺辩护人行使律师执业权利，从而妨害律师执业制度和权益保障。

---

① 审理法院：海口市中级人民法院，案号：（2012）海中法刑再终字第1号，裁判日期：2012.12.12。（再审判决已生效）

案例2：辩护人妨害作证罪的主观故意应当如何把握
——【张某妨害作证案】[①]

根据《刑事诉讼法》第三十五条的规定，辩护人的责任是根据事实和法律，提出证明犯罪嫌疑人、被告人无罪、罪轻或者减轻、免除其刑事责任的材料和意见，维护犯罪嫌疑人、被告人的合法权益。因而辩护人常常需要积极开展工作，取得有利于犯罪嫌疑人、被告人的证据。这就很容易产生辩护人不择手段开脱、减轻犯罪嫌疑人、被告人罪责的表象，使人误以为其从事了参与伪造证据等妨害作证的行为。因此，仅凭辩护人调查取证的积极态度和某些取证行为来推断辩护人的主观故意，很容易得出片面的结论。

针对上述特点，《刑法》第三百零六条第二款规定，辩护人提供、出示、引用的证人证言或者其他证据失实，不是有意伪造的，不属于伪造证据。其中，“有意”应理解为仅限于直接故意，即辩护人明知自己的妨害作证行为会妨害刑事诉讼的正常进行，而积极追求这种结果的发生。认定辩护人是否具有妨害作证的主观故意，应注意：一是要结合个案的外部条件和辩护人的职责义务，判断辩护人是否存在“明知”的充分条件。本案中，被告人张某将其制作的关于李某的调查笔录提交给法庭，客观上妨害了陈某盗窃案的正常审判活动，但是，只有认定张某主观上具有妨害作证的直接故意时，才能追究其刑事责任。为此，必须证明张某明知陈某就其第三次盗窃所作的翻供陈述是虚假的，且明知1998年12月30日晚陈某、李某并不在一起打扑克牌。但从本案现有证据看，没有证据表明陈某翻供时有充分条件可以使张某断定该翻供陈述是违背事实的，同样，被告人张某向证人李某取证时，亦无充足证据证明张某明知李某所作的是虚假证言。二是要从辩护人的客观行为入手，分析其是否具有明知。从客观行为上看，被告人张某向陈某、李某介绍陈某盗窃案的情况及说明李某作证的重要性并非违法，即使不当，也不能由此认定系张某故意劝诱李某作伪证。被告人张某将调查地点、调查人故

---

① 《刑事审判参考》总第12集第81号，最高人民法院刑事审判一、二、三、四、五庭主办，法律出版社2001年第1集。

意作了与实际情况不符的记载，亦不足以成为张某引诱李某作伪证的证据。被告人张某在会见陈某时将李某的证言告诉陈某，虽不能排除张某有串供的动机，但不能由此反推出张某此前及在调查李某时就已明知李某所作的是虚假证言。

因此，从主客观两方面分析，凭现有证据认定被告人张某具有妨害作证的直接故意，根据是不充分的。现有证据也不能排除李某所作证言与事实不符是由于被告人张某调查取证方式不当所致，或者是由于证人记忆模糊而对证言内容真实性采取放任态度所致。

案例十七
某财务总经理职务侵占、非国家工作人员受贿案

案件关键词： 职务侵占　非国家工作人员受贿罪

案情简介

安某，系S市某国际公司财务总经理，Z公司监事。Y市某国际公司投资有限公司（以下简称Y市某公司）、T市某国际公司投资有限公司（以下简称T市某公司）均属S市某国际公司全资子公司，Y市Z科技发展有限公司（以下简称Z公司）系Y市某国际公司全资子公司。

S市某T投资发展有限公司（以下简称T公司）系S市某（集团）有限公司全资子公司，S市某H投资管理有限公司（以下简称H公司）、S市某L投资管理有限公司（以下简称L公司）、S市某J投资管理有限公司（以下简称J公司）均系T公司员工持股公司。L公司、J公司分别出资20%、80%，成立了S市某U投资管理有限公司（以下简称U公司）。

被告人季某系S市某国际公司总经理，Y市某公司法定代表人、执行董事，Z公司董事长；被告人胡某系S市某国际公司投资总监、综合管理部部长；被告人向某系Y市某国际公司总经理、Z公司总经理。

季某、安某、胡某代表某国际公司与T市某公司合作，开发了Y市某地产项目和T市某住宅项目，向某是Y市地产项目负责人。

2009年8月，Y市某公司、Z公司、T公司分别出资成立Y市D某有限公司

（以下简称 D 公司），共同开发 Y 市某项目。

2009 年 10 月，季某、安某、胡某、向某四人经商议，由向某与 H 公司总经理魏某约定 Y 市某公司收购 Z 公司的全部股权，并通过 Z 公司获取 D 公司 10% 的股份，H 公司将其通过 Z 公司在 D 公司投资收益的 50% 分配给向某。2010 年 10 月，季某与 X 公司法定代表人胡某到 Y 市工商局签订股权转让协议，将 Z 公司以 50 万元的价格转让给 H 公司。

2013 年 8 月，原由向某以个人名义与 X 公司签订的协议改由 S 市 P 某科技有限公司（以下简称 P 公司）代持，后魏某根据该协议，分别于 2013 年 9 月、2014 年 3 月及 9 月三次分红给 P 公司，共计数百万元。除去资金运作的费用，上述项目收益中，季某获得 30%，胡某和安某各获得 15%，向某获得 40%。

2012 年，T 市某国际公司与 J 公司签订《T 市住宅项目合作开发协议》，共同开发 T 市住宅项目。该协议约定：T 市某公司出地，U 公司出资，在 T 市某公司内部设立合作项目部，U 公司负责全面管理，T 市某公司负责协助 U 公司实施运营、管理意图，包括但不限于以 T 市某公司名义对外签订合同、对外出具书面文件、办理与项目有关的所有手续等。T 市某公司保证积极配合办理本项目开发建设及销售的各种手续，T 市某公司收取固定收益 1.75 亿元，U 公司收取固定收益以外的利益。协议签订后，2012 年 3 月 1 日，T 市某公司按协议预先收取了 U 公司支付的 7500 万元。

U 公司在项目实施过程中发现，因该项目系 T 市某公司与当地政府签订，以 T 市某公司名义实施，各方关系的协调均需要 T 市某公司管理层出面，遂与季某商定，季某团队代为协调 T 市住宅项目的各方关系，包括提高项目容积率、邀请专家促进项目评审、推进项目在员工内部销售、协调 T 市市政府回购住房、渣土堆放等。U 公司将项目收益的 50% 分给季某团队，分为两部分操作：一是以季某妻子郑某的名义注册成立 S 市 N 投资有限公司（以下简称 N 公司），N 公司与 J 公司签订《T 市某公司配套住宅用地项目合作协议》，约定 N 公司协助 U 公司协调 T 市住宅项目的各方关系，J 公司将通过 U 公司获取项目收益的 50% 支付给 N 公司；二是以季某朋友肖某名义与 X 公司签订《协议书及补充协议》，约定肖某协助 X 公司及 U 公司协调T市住宅项目的各方关系，X公司在J公司10%的股权由肖某代为持有。

后在季某、向某等人的帮助下，T市项目容积率从1.5提高至1.73，并协调当地政府回购了部分住宅等，实现了项目盈利。

2014年4月，U公司开始分配利润，J公司按照合同约定向N公司分配，除去资金运作成本后，季某分得40%，安某、胡某、向某各分得20%；另外部分经运作后，余款转至以安某亲属名义开设的B市某投资有限公司账户。X公司将部分余款分配给肖某。

◇指控事实

S市某区人民检察院指控被告人季某、安某、胡某犯职务侵占罪、非国家工作人员受贿罪，于2017年9月向S市某区法院提起公诉。

◇指控罪名

《中华人民共和国刑法》第二百七十一条——职务侵占罪

公司、企业或者其他单位的人员，利用职务上的便利，将本单位财物非法占为己有，数额较大的，处五年以下有期徒刑或者拘役；数额巨大的，处五年以上有期徒刑，可以并处没收财产。

国有公司、企业或者其他国有单位中从事公务的人员和国有公司、企业或者其他国有单位委派到非国有公司、企业以及其他单位从事公务的人员有前款行为的，依照本法第三百八十二条、第三百八十三条的规定定罪处罚。

《中华人民共和国刑法》第一百六十三条第一款、第二款——非国家工作人员受贿罪

公司、企业或者其他单位的工作人员利用职务上的便利，索取他人财物或者非法收受他人财物，为他人谋取利益，数额较大的，处五年以下有期徒刑或者拘役；数额巨大的，处五年以上有期徒刑，可以并处没收财产。

公司、企业或者其他单位的工作人员在经济往来中，利用职务上的便利，违反国家规定，收受各种名义的回扣、手续费，归个人所有的，依照前款的规定处罚。

◇罪名分析

【职务侵占罪】

（一）主观上须有非法占为己有的目的和故意。即行为人妄图在经济上取得对所属公司、企业财物的占有、收益、处分的权利，包括作为和不作为。

（二）客观方面表现为行为人利用个人职务上的便利，将本单位财物非法占为己有并且数额较大的行为。所谓利用职务上的便利，是指利用职权及与职务有关的便利条件。职权，是指本人职务、岗位范围内的权力，与职务有关的便利条件，是指虽然不是直接利用职务或岗位上的权限，但却利用了本人的职权或地位所形成的便利条件，或通过其他人员利用职务或地位上的便利条件。包括：(1) 利用自己主管、分管、经手、决定或处理以及经办一定事项等的权力；(2) 依靠、凭借自己的权力去指挥、影响下属或利用其他人员的与职务、岗位有关的权限；(3) 依靠、凭借权限、地位控制、左右其他人员，或者利用对己有所求人员的权限，如单位领导利用调拨、处置单位财产的权力，出纳利用经手、管理钱财的权力，一般职工利用单位暂时将财物，如房屋等交给自己使用、保管的权利等。

（三）必须有侵占的行为。本单位财物是指单位依法占有的全部财产，包括本单位以自己名义拥有或虽不以自己名义拥有但为本单位占有的一切物权、无形财物所有权和债权。其具体形态可是建筑物、设备、库存商品、现金、专利、商标等。所谓非法占为己有，是指采用侵吞、窃取、骗取等各种手段将本单位财物化为私有，既包括将合法已持有的单位财物视为己物而加以处分、使用、收藏及变持有为所有的行为，如将自己所占有的单位房屋、设备等财产谎称为自有，标价出售；将所住的单位房屋，过户登记为己有；或者隐匿保管之物，谎称已被盗窃、遗失、损坏等，又包括先不占有单位财物但利用职务之便而骗取、窃取、侵吞、私分从而转化为私有的行为。不论是先持有而转为己有还是先不持有而采取侵吞、窃取、骗取方法转为己有，只要本质上出于非法占有的目的，并利用了职务之便作出了这种非法占有的意思表示，达到了数额较大的标准，即可构成本罪。

（四）必须达到“数额较大”的程度。根据最高人民法院、最高人民检察院联合发布的《关于办理贪污贿赂刑事案件适用法律若干问题的解释》第十一条第一款，《刑法》第一百六十三条规定的非国家工作人员受贿罪、第二百七十一条规定的职务侵占罪中的“数额较大”、“数额巨大”的数额起点，按照本解释关于受贿罪、贪污罪相对应的数额标准规定的2倍、5倍执行。即职务侵占罪的法律追诉起点是人民币6万元。

【非国家工作人员受贿罪】

（一）本罪在主观方面表现为故意，且是一种直接故意，即行为人在主观上是故意以权谋私，通过收受或索取他人的贿赂，为他人谋取利益。不仅有利用职务便利非法占有他人财物的直接故意，还有为他人谋取利益的故意。这里需要注意两点：首先，行为人产生收受贿赂意愿是因为其特定的职务关系，即因为行为人处在特定的职位上，存在职务上的便利条件，才会出现收受他人贿赂的机会，从而产生收受贿赂的意愿；其次，行为人明知或应当知道该贿赂不属于其合法收入而获取。

（二）从犯罪客体看，本罪属于渎职型犯罪，侵犯的客体是非国有公司、企业或者单位的正常管理秩序和社会公平竞争的交易秩序；公司、企业及其他单位的正常管理制度；公司、企业或者其他单位工作人员职务行为的廉洁性也应当是非国家工作人员受贿罪侵犯的客体之一。

（三）从客观方面看，本罪表现为以职务行为或者承诺职务行为为条件，索取他人财物或者非法收受他人财物为他人谋取利益，或者在经济往来中违反规定收受回扣、手续费归个人所有，本质上是一种职权与利益的交易行为。

◇一审辩护

〔争议焦点及辩护要点〕

1. 季某等人是否构成职务侵占罪？

2. 季某等人的行为是否构成非国家工作人员受贿罪？

〔辩护观点及论证〕

一、季某等人不构成职务侵占罪

（一）T市某公司与J公司签订的合作开发协议实为土地使用权转让合同

根据《T市住宅项目合作开发协议》（以下简称《协议》）的规定，在义务分配方面，T市某公司负责出地及办理相关手续，而J公司负责出资及项目全面运营工作；在收益分配方面，T市某公司不承担运营风险，而收取固定收益，与一般的合作开发协议明显不同，而且合同约定所有的具体运作是由J公司负责，T市某公司只负责对外提供T市某公司的名义，作为名义上的开发商。虽然双方设立合作项目部，但是根据合同约定，合作项目也是J公司负责，人员也是J公司派出。因此，本案实际属于以合作开发协议为名而行土地买卖之实的行为，上述合作开发协议实质是土地使用权转让协议。

（二）季某团队从事的工作不在《协议》约定范围内，难以认定为职务行为

首先，根据《协议》的约定，T市某公司负责相关手续的办理，因此在T市项目的开展中，季某等人的职务行为应当界定在该项目相关手续的办理范围中。

其次，起诉书中认定季某团队工作包括提高项目容积率、邀请专家促进项目评审、推进项目在季某公司内部销售、协调T市市政府回购住房、渣土堆放等。上述五项工作内容属于具体运营行为而非相关手续的办理工作，根据合作协议，T市某公司不负责具体运营，只负责相关手续的办理，因此季某团队的工作不属于T市项目中T市某公司的履约行为，是合同约定外的行为，难以认定为职务行为。

再次，以T市某公司名义实施不等同于利用T市某公司的职务便利。虽然季某团队对外活动时，使用了T市某公司的名义，但是认定职务侵占罪，是以利用行为人职务便利为条件，而利用职务便利，需要行为人必须具有相应的职务权限。通过本案双方签订的合同可以看出，涉案五项工作内容并非T市某公司的义务内容和工作内容，作为T市某公司的工作人员，季某及其他人实际上不存在相应的职务便利，故难以认定季某等人有利用T市某公司职务便利的条件。

最后，季某团队从事的工作与其获得的收益之间存在对价关系。起诉书中认定在季某等人的帮助下，T市项目的容积率从1.5提高至1.73，协调当地政府回

购了部分住宅等，实现了项目盈利。因此，季某团队确实为T市项目做出了贡献，使得T市项目获得了盈利，T市项目为此给付部分利益给季某团队，是基于正常的劳务报酬，季某团队的工作创造的价值与其获得的收益之间是存在对价关系的。

（三）季某等人没有侵占单位财产，涉案单位利益未受损失

本案中相关款项系所获得的员工的劳务报酬，非利用职务便利侵占公司财产，涉案被告人的行为并不影响T市某公司的利益。首先，从合同约定内容看，季某团队获得的收益是从J公司自己的股权收益部分中获取的，与T市某公司无关，不影响T市某公司的收益。其次，从客观事实上看，T市某公司已经实现了T市项目的固定收益。起诉书中认定T市某公司按照协议先期已经收取J公司支付的款项，而被告人及J公司的证人也证实T市某公司已经获得了约定的收益。因此，本案季某等人的行为没有对T市某公司造成收益损失，没有侵占T市某公司的财产。

二、季某等人的行为不构成非国家工作人员受贿罪

（一）T市某公司在《协议》中约定的义务范畴为协助义务范畴

根据T市某公司与J公司在《协议》第2.2.2条约定，甲乙双方同意在甲方内部设立合作项目部，全面负责本项目的运营及管理，乙方负责全面管理合作项目部；乙方通过合作项目部对本项目实施运营、管理意图，甲方应协助乙方予以实现，包括但不限于以甲方名义对外签订合同，对外出具书面文件、办理与项目有关的所有手续等。

从上述《协议》之相关约定可知，T市某公司的协助义务范畴，仅限以其名义对外签订、办理的文书性、程序性的事务。

（二）季某等人从事的工作不在《协议》约定范围内，难以认定为职务行为

首先，根据《协议》约定，T市某公司负责相关手续的办理，因此在T市项目的开展中，季某的职务行为应该界定在该项目相关手续的办理范围中。

其次，起诉书中认定季某团队的工作包括提高项目容积率、邀请专家促进项目评审、推进项目在公司员工内部销售、协调T市市政府回购住房、渣土堆放等。上述五项工作内容属于具体运营行为而非相关手续的办理工作，根据合作协议，T市某公司不负责具体运营，只负责相关手续的办理，因此安某的工作不属于T市

项目中T市某公司的履约行为，是合同约定外的行为，难以认定为职务行为。

再次，以T市某公司名义实施不等同于利用T市某公司的职务便利。虽然本案季某、安某等人对外活动时，使用了T市某公司的名义，但认定非国家工作人员受贿罪是以利用职务便利为条件的。而利用职务便利，需要行为人必须具有相关的职务权限。通过本案双方签订的合同看，涉案五项工作内容并非T市某公司的义务内容和工作内容，作为T市某公司的工作人员安某等人实际上不存在相应的职务，故难以认定季某、安某等人有利用T市某公司职务便利的条件。

最后，从被告人季某团队与J公司签订的合同时间点看，是在《协议》签订后，在J公司实际开发过程中，发现有些问题无法依靠该合作协议解决，才向季某等人寻求帮助，这也说明季某团队所从事的工作与其获得收益之间存在对价关系。起诉书中认定在季某等人的帮助下，T市项目容积率从1.5提高至1.73，协调当地政府回购了部分住宅等，实现了项目盈利。因此，被告人季某、安某等人，确实为T市项目做出了贡献，使得T市项目获得了盈利，T市项目为此给付部分利益给安某、季某等人，是基于正常的劳务报酬，季某团队工作创造的价值与其获得的收益之间是存在对价关系的。

（三）涉案被告人的行为并不影响T市某公司的利益

从保护法益上看，非国家工作人员受贿罪侵害的法益是其相应职务行为的不可收买性，以及职务行为的公正、廉洁性。侵害这一法益的受贿行为会影响涉案单位的利益。但本案中，涉案被告人的行为并不影响T市某公司的利益。

首先，从合同约定内容看，季某团队获得的收益是从J公司自己股权收益部分中获取的，与T市某公司无关，不影响T市某公司的收益。其次，从客观事实看，T市某公司已经实现了T市项目的固定收益，起诉书中认定T市某公司按照协议先期已经收取J公司的款项，而被告人及J公司的证人也已经证实了T市某公司已经获得了固定收益。因此，本案季某等人的行为没有对T市某公司造成收益损失。

（四）安某的行为并不违法

在T市项目中，安某的行为，仅是在季某等人取得合法报酬后，根据季某的指示，按照相关的比例发放至团队每个人的账户上，其行为并不构成犯罪。

◇一审判决

（一）关于四被告人行为是否构成职务侵占罪的争议

被告人、辩护人提出的在Y市项目中被告人不构成职务侵占罪的主要理由为相关款项系所获得的员工股权激励或者劳务报酬，非利用职务便利侵占公司财产。本院认为，该辩解不能成立，理由如下：（1）现有证据无法证实该款项系Y市某公司的员工股权激励。公司法保障公司的自主经营权，员工股权激励亦是流行的制度安排，但应通过正常的公司决策制定程序进行。本案中，除被告人辩解外，无其他证据证实该款项系所谓的员工股权激励款。（2）S市某国际公司法定代表人否认该款系员工股权激励款。Y市某公司是S市某国际公司的全资子公司，其母公司法定代表人证实不知Y市某公司的分红事宜，明确表示如果知道也会反对，因为公司几十个员工都没分到。（3）Z公司股权的转让形式具有欺骗性，被告人实质是非法占有被害单位应得收益。虽然Z公司的股权转让获得Y市某公司董事会以及股东会（即S市某国际公司）的同意，但董事会、股东会并非同意蒋某等个人私下收取额外利益。被告人在工商登记转让股权合同中明确约定转让后受让方白某获得该股权的全部收益，同时与受让方私下签订协议约定白某将该股权收益的50%分配给蒋某，故被告人行为明显是利用职务便利骗取公司同意以原股权登记价格转让所持Z公司的股权，实质为侵占本属于Y市某公司的收益。

（二）关于被告人季某、安某的行为是否构成非国家工作人员受贿罪的争议

被告人及辩护人认为不构成非国家工作人员受贿罪的主要理由是，季某等人没有利用职务便利为他人牟利，季某等人是利用职权以外的人脉资源、劳务等参与项目的运营并做出贡献，与T市某公司无任何关联。本院认为，该辩解及辩护意见不能成立，理由如下：（1）T市某公司按合同约定有义务协助办理容积率提高等事项。双方合作协议明确，T市某公司应协助J公司通过合作项目部实现对项目的实施运营、管理意图，包括但不限于以T市某公司名义对外签订合同、对外出具书面文件、办理与项目有关的所有手续等。容积率的提高、政府回购部分住宅等对项目利润的实现非常关键，属于前述合同约定的T市某公司义务范围。

（2）被告协调容积率的提高等事项，逻辑前提是利用职务便利。涉案项目是在T市某公司的名下，无论是容积率的提高，还是政府回购部分住宅，其协调的主体必然是T市某公司，或者是上级公司S市某国际公司，不可能是以被告人的个人名义进行。（3）虽然季某等人在T市某公司不具有职务，但其作为母公司S市某国际公司的高管，利用上级公司的职务便利谋取利益也应认定为受贿。（4）从被告人供述可认定其存在非法收受财物的故意。如被告人安某明确供述T市某公司需要按照合同帮助J公司摆平各种关系，但是实际上可能出现出工不出力的情况，所以J公司的股东为了保证合作能够顺利进行，就需要出让部分利益给我们几个关键的管理人员；胡某明确供述T市项目是块肥肉，我们给K公司的人来吃这块肉，K公司就应该返还利益给我们。

本院认为，被告人季某、安某、胡某、蒋某在负责Y市项目的运营过程中，利用职务便利，以转让股权形式，侵占本属于S市某国际公司的收益，数额巨大，其行为已构成职务侵占罪。被告人季某、安某、胡某在负责T市项目过程中，利用职务上的便利，为合作单位谋取利益，收受合作单位的财物，数额巨大，其行为已构成非国家工作人员受贿罪。公诉机关指控的犯罪事实清楚，证据确实、充分，指控的罪名成立。被告人季某、安某、胡某犯数罪，应数罪并罚。

被告人季某、安某、胡某、蒋某自动投案，到案后如实供述自己的罪行，应认定为自首，本院对四被告人予以减轻处罚。在共同犯罪中，被告人季某起主要作用，是主犯；被告人安某、胡某、蒋某起辅助作用，是从犯，本院对三被告人予以减轻处罚。被害单位对被告人均予以谅解，本院酌情从轻处罚。被告人季某已退缴侵占款项，本院酌情从轻处罚。综上，依照《中华人民共和国刑法》第一百六十三条第一款、第二百七十一条第一款、第二十五条、第二十六条、第二十七条、第六十七条第一款、第六十四条之规定，判决如下：

1. 被告人季某犯职务侵占罪，判处有期徒刑三年六个月，并处没收个人财产人民币二十万元，犯非国家工作人员受贿罪，判处有期徒刑四年，并处没收个人财产人民币二十万元，数罪并罚，决定执行有期徒刑四年六个月，并处没收个人财产人民币四十万元。

（刑期从判决执行之日起计算，判决执行以前先行羁押的，羁押一日折抵刑期一日，共计折抵九个月零二十六日，即自2018年5月29日起执行至2022年2月2日止；罚金自本判决生效之日起十日内向本院缴纳，上缴国库。）

2. 被告人安某犯职务侵占罪，判处有期徒刑二年，并处没收个人财产人民币十万元，犯非国家工作人员受贿罪，判处有期徒刑二年，并处没收个人财产人民币十万元，数罪并罚，决定执行有期徒刑二年六个月，并处没收个人财产人民币二十万元。

（刑期从判决执行之日起计算，判决执行以前先行羁押的，羁押一日折抵刑期一日，即自2016年3月30日起执行至2018年9月29日止；罚金自本判决生效之日起十日内向本院缴纳，上缴国库。）

办案感悟

利用职务便利，是指利用本人职务上主管、负责、承办某项公共事务的职权或利用职务上有隶属、制约关系的其他国家工作人员的职权。非国家工作人员受贿罪的职务便利派生于商业交易强势、经济垄断特权、优势资源独占，利用的是对经济社会活动控制、支配、安排等权限或权利，侧重于对资产管理、资本运作、社会资源、知识信息决定性、处置性的管理。

对于非国家工作人员受贿罪而言，利用职务便利主要是指行为人对于非国有单位中的事务在一定范围内具有审查、批准、调配、处置、使用、决策等管理性权力。而利用工作上的便利，是指行为人与单位事务之间并无职责上管理与支配的权限，仅仅是因为在工作中形成的机会或偶然情况接触到相关内容，或因工作关系熟悉周围环境等，对有关单位事项形成了便利条件。非国家工作人员对于单位事务，具有职务上所赋予的独立支配的权利的，属于利用职务上的便利；对单位事务并无直接控制与独立支配的职责与权利的，则属于利用工作上的便利。

非国家工作人员受贿罪与职务侵占罪两罪的关键区别是犯罪对象不同。非国家工作人员受贿罪的犯罪对象是他人给付的财物、回扣等贿赂，获取的财物是第三方送予的，不属于本单位所有；而职务侵占罪以非法占有本单位财物为典型特征，犯罪对象既包括本单位所有的财物，也包括本单位依照法律规定或契约约定临时管理、使用或运输的他人财物等财产性利益。因此，查明所获财物的性质和归属，对于准确区分两罪十分重要。

辩点总结一：职务侵占罪的无罪辩护要点

《刑法》第二百七十一条规定，职务侵占罪是指公司、企业或者其他单位的人员，利用职务上的便利，将本单位财物非法占为己有，数额较大的，处五年以下有期徒刑或者拘役；数额巨大的，处五年以上有期徒刑，可以并处没收财产。

职务侵占罪是我国最为常见的一种经济犯罪形式之一，随着经济社会的高速发展，财物流转日益频繁，职务侵占罪在主体形式、财物表现方式、履职行为方式、侵占手段形式等方面开始呈现出一种复杂性、多样性的新型趋势。现行关于职务犯罪的立法规定也逐渐与职务侵占罪的表现形式不相适应，对于诸多问题的法律认识在各诉讼参与方之间远未达成共识，为司法实践带来诸多困惑。

基于保护法益，贯通《刑法》罪刑法定、罪责刑相适应原则的目的，判断行为人的行为是否构成职务侵占犯罪，应当综合考虑犯罪主体、客体、主观方面和客观方面的情况，围绕该罪名所保护的刑法法益进行实质性判断。

一、个体工商户不属于职务侵占罪的被害单位

职务侵占罪中的“公司、企业或者其他单位”一般是指具有法人人格的公司、企业、事业单位、机关、团体。而个体经济，包括登记注册为个体工商户的单位，均不是经济实体，也不是独立的诉讼主体，不具有单位的团体性特征，故不属于《刑法》意义上的“其他单位”，若行为人存在在工作期间侵占个体工商户经营者财物的行为，则可能涉嫌侵占罪，由于侵占罪属于法律规定完全自诉的罪名，因此，个体工商户经营者如认为行为人在工作期间侵占其财物，可以选择通过提起刑事自诉的方式维护其合法权益。

案例：王某涉嫌职务侵占罪一案①

裁判要旨：个体工商户是具有自然人全部特征的特殊民事主体，其不具备单位的组织性特点，在本质上属于自然人，将个体工商户认定为《刑法》意义上的“其他单位”并无法定依据。本案中，被告人王某在担任某厂业务员期间，某厂系由自然人出资经营的个体工商户，不属于《刑法》意义上的“其他单位”，故某厂不能成为职务侵占罪中的被害单位。被告人王某作为受聘于某厂的业务员，亦不能成为职务侵占罪的主体。现公诉机关指控被告人王某犯有职务侵占罪，不符合《刑法》关于本罪的犯罪构成要件，所控犯罪依法不能成立。

二、被告人并非涉案单位员工，犯罪主体不适格

职务侵占罪犯罪行为的主体系特殊主体，其范围包括公司、企业、社会团体或者其他单位中不具有国家工作人员身份的工作人员，以及从事法定公务以外的村（居）委会、村民小组等基层组织人员。当然，并非所有公司、企业或者其他单位的工作人员均符合职务侵占罪的主体资格，即只有担任一定职务而对本单位财物具有一定支配、管理权限的不具有国家工作人员身份的人员才能够成为职务侵占罪的主体，且该人员应当与被害单位之间建立劳动关系。相反，仅在该单位从事一般事务性工作且对单位财务不具有任何支配、管理权限的员工，不构成职务侵占罪。因此，在个案中界定单位员工能否构成职务侵占罪犯罪主体，还需要具体分析其形式上是否具有单位工作人员身份，实质上是否组织、管理、经手、支配单位某种财物或财产性利益。

案例：全某、周某涉嫌职务侵占罪一案②

裁判要旨：全某、周某、欧某均提到全某是挂靠安徽某有限公司。公司员工

① 审理法院：西安市长安区人民法院，案号：（2018）陕 0116 刑初 116 号，裁判日期：2018.05.17。（一审判决已生效）

② 审理法院：惠州市中级人民法院，案号：（2016）粤 13 刑终 600 号，裁判日期：2017.12.12。（二审判决已生效）

证实全某与某公司是工程总包关系，负责与业主对接的是全某。双方签订的《项目管理目标责任书》首行载明“乙方（即全某）对本项目的工期、质量、成本、安全、文明施工及企业形象等负全面责任，全面履行施工承包合同，并实行项目成本单列、独立核算、确保上缴、自主经营、自负盈亏的经营管理方式”。第三条第（一）项载明“乙方按工程最终结算价的2%向甲方（即安徽某有限公司）交纳企业管理费，有关本项目的企业管理费，甲方按业主方支付的工程进度款比例收取，当本项目工程完工，乙方申报工程竣工验收之前，乙方应按约定的工程合同总价向甲方缴清企业管理费，工程竣工结算时合同外增加工程量按实际发生结算金额计收2%的管理费”。据此，在案证据不能证实上诉人全某系某公司员工，且不能排除全某辩解其与某公司是挂靠关系、其是实际承包人的可能，原判决认定全某属于某公司的工作人员的证据不足。

三、无证据证明被告人主观方面具有非法占有目的

司法实践中，区分职务侵占罪与挪用资金罪的主要依据，就是需要判断行为人是否具有“非法占有目的”。然而，“非法占有目的”是一种行为人的主观心理活动。判断行为人是否具有非法占有目的，虽然属于主观心理事实认定的范畴，但必须结合案件的客观事实来进行综合判定。对于职务侵占罪，并无具体规定何种行为模式能够认定行为人具有非法占有目的的法律规范。根据最高人民法院发布的《关于办理违反公司法受贿、侵占、挪用等刑事案件适用法律若干问题的解释》第二条第二款规定：“《决定》第十条规定的‘侵占’，是指行为人以侵吞、盗窃、骗取或者以其他手段非法占有本公司、企业财物的行为。”该规定说明，职务侵占罪中将本单位财物非法占有的行为可以分为侵吞行为、窃取行为、骗取行为以及其他非法占有行为。

案例1：韩某涉嫌职务侵占罪一案①

裁判要旨：本案中，上诉人韩某以某公司的名义从某超市借款33万元并实际

① 审理法院：通辽市中级人民法院，案号：（2019）内05刑终19号，裁判日期：2019.04.02。（二审判决已生效）

占有，利用了本人作为公司法定代表人的职务便利，但认定其具有非法占有目的的证据不够确实充分，主客观不一致，其行为不符合职务侵占罪的构成要件。上诉人韩某以某公司的名义从某超市借款33万元并出具借据后，转让后的某公司对于韩某从某超市借款33万及某公司与某超市核销33万的事实均已记账，借款之后的钱款指向明确，即由韩某实际占有控制，但在案证据不能证明其采取非法手段进行掩盖，使借款难以在单位财务账目反映或拒不归还，意图非法占有，而仅凭未及时入账的行为不足以认定其具有非法占有之目的。

案例2：方某涉嫌职务侵占罪一案①

裁判要旨：公诉机关指控的被告人方某侵占某厂的净资产28.8921万元，最初是因某厂进行企业改制，由于产权关系不明确，为明确产权，被告人方某主持召开行政办公会议，该次会议在没有任何依据的情况下明确了某厂40%的产权，方某占某厂60%的产权。某厂召开第五次职工大会，会议一致通过草案，进一步明确被告人方某占某厂60%的股份。之后，方某以某厂所有者权益60%计算出的28.8921万元作为对改制成立的某公司的个人投资。虽然被告人方某占有某厂60%的股份无任何依据，但不具有职务侵占罪的主观犯意。行政办公会议通过参会人员提议，集体讨论形成一致意见，无证据证实被告人方某主观上有非法占有的目的，也没有证据证实方某指使、授意、串通公司他人及会计江某计算60%的股份金额。

四、被告人所占有的资金性质不属于本单位资金或资金性质不明

作为职务侵占罪对象的“本单位财物”系指单位现存的财物以及确定的收益，“本单位财物”需受单位占有、管理以及支配，不仅包括以本单位名义占有、管理、支配的一切物权、无形财产以及债权，也包括根据法律规定以及合同约定

① 审理法院：六盘水市六枝特区人民法院，案号：（2017）黔0203刑初75号，裁判日期：2018.02.26。[二审法院：六盘水市中级人民法院，案号：（2018）黔02刑终86号，裁判日期：2018.04.16，裁定驳回上诉，维持原判。]

由本单位临时占有、管理、使用的合法财物。因此，若行为人所占有、管理、支配的财物不属于“本单位财物”或无证据证明该财物属于“本单位财物”，则行为人不构成职务侵占罪。

案例1：李某涉嫌职务侵占罪一案①

裁判要旨：原审判决定罪时未考虑到某公司电费、物业费账户存在收支混用情况，即可能将收取的电费用于支付公司其他管理费用，未考虑到业主欠费部分，未考虑到公司运营可能存在亏损等情况，所认定的事实并未能得出李某侵占某公司财物达到犯罪标准的唯一结论，故原审判决认定李某犯职务侵占罪事实不清，证据不足。

案例2：刘某涉嫌职务侵占罪一案②

裁判要旨：刘某负责南宁办与某公司的内部承包销售模式，根据《销售目标责任书》，刘某对南宁办人事管理与财务管理获得公司全权授权，除按底价返还公司销售货款外，其对超出底价部分的销售收入有完全的支配权，故无法区分哪些货款属于公司或个人。

五、被告人未侵害涉案单位的财产权益

司法实践中，关于职务侵占罪中的“财产”认定问题一直存在较大争议。张明楷教授认为财物应当具有三个特征：管理的可能性、转移的可能性和价值性；进而主张作为财产犯罪的财物包括狭义的财物（有体物和无体物）与财产性利益（包括积极财产的增加和消极财产的减少）。对于公司财产性利益的界定，应当为由公司占有且行为人可支配、管理的“积极财产”。因此，若行为人将公司所占有并产生价值的财产性利益非法据为己有，也构成职务侵占罪。

---

① 审理法院：海口市中级人民法院，案号：（2018）琼01刑终312号，裁判日期：2019.04.28。（二审判决已生效）

② 审理法院：深圳市南山区人民法院，案号：（2016）粤0305刑初1547号，裁判日期：2018.12.26。（一审判决已生效）

案例1：马某涉嫌职务侵占罪一案[①]

裁判要旨：本案争议的焦点在于被告人马某私自转让公司股权的行为是否可以认定为“将本单位财物非法占为己有”。因公司是企业法人，有独立的法人财产，享有法人财产权，公司以其全部财产对公司的债务承担责任，公司的财产与私人财产不能混同，两者各有其主，公司财产和股东股权是两个不同性质的财产权利，前者属于公司，而后者属于个人，尽管股权反映了股东参与公司决策和资产收益等权利，但股权变动或转让不会导致公司的整体财产发生变化。在本案中，尽管上诉人马某在近十年中数次变更登记，更改法定代表人、股东构成、股东股权份额、企业类型并将公司股权转让于他人，但是公司的财产并未因此而发生变化。马某违反约定擅自将公司股权卖给他人，隐瞒变卖款项的数额，虽侵犯了相关股东的权益，但未侵犯公司的财产权，据此不能认定马某将本单位财物非法占为己有。马某的行为不符合职务侵占的构成要件，依法应当宣告无罪。

案例2：张某涉嫌职务侵占罪一案[②]

裁判要旨：涉案公司是由张某和其妻苟某以夫妻共同财产出资设立的，张某任公司法定代表人并由其实际经营和管理，股东只有张某和苟某夫妻二人，虽然关某曾与涉案公司及张某之间有来往，但现有证据不能证实关某系涉案公司股东。基于张某与苟某的特殊关系，张某在涉案公司的生产经营活动中，利用职务上的便利将公司的货款收回后未上账而予以支配，从形式上看其行为侵占了涉案公司的财产，但张某是公司的法定代表人，有权对公司的财产进行处置，且张某将该款用于偿还成立公司时所借的欠款，亦经苟某认可，故此行为本质上并没有损害涉案公司的利益。综上，本院再审认为，原判决认定申诉人张某采取收入不上账

---

① 审理法院：宜昌市中级人民法院，案号：（2017）鄂05刑终305号，裁判日期：2018.12.26。（二审判决已生效）

② 审理法院：湖北省高级人民法院，案号：（2017）鄂刑再4号，裁判日期：2017.12.05。（再审判决已生效）

的手段支配公司货款347000元的事实清楚，证据充分，但张某的行为没有损害涉案公司的根本利益，亦未损害其他股东的利益，故不应认定为犯罪行为。

六、被告人的行为并未改变涉案财物所有权性质，涉案财物仍由单位实际占有

对于行为人“非法占为己有”的理解问题，学界一直存在较大争议，职务侵占罪要求行为人主观上应当具有非法占有目的，客观上存在非法占有的行为。因此“非法占为己有”需要行为人具有永久性剥夺单位财产的性质，若行为人并未改变、剥夺单位财产所有权的性质，涉案财物仍由单位实际占有，则行为人不构成职务侵占罪。

案例：楼某、张某涉嫌职务侵占罪一案①

裁判要旨：关于涉案款项不记账并经循环倒账，其性质是否发生改变。经查，虽然涉案款项以往来款名义回到涉案公司，并被记入“其他应付款”科目，但该款项为涉案公司实际占有和控制，仍属于该公司的财产。前述记账行为并不能直接改变涉案款项的所有权。关于涉案款项是否为楼某等人实际占有，没有证据证明该款项被楼某等人非法占有和处置。此外，也没有证据证明某公司或者楼某以该笔“投资款”向涉案公司主张过权利或者获得过相关收益。不能证实楼某等人循环倒账的行为导致涉案款项性质发生了改变，客观上也没有发生该款项为个人实际占有的结果，其行为均不符合职务侵占罪的犯罪构成。

七、无证据证明被告人确有利用职务之便侵占本单位财物之行为

“利用职务上的便利”是职务侵占罪在客观方面的必备构成要件之一，对于职务侵占罪中“利用职务上的便利”，是指行为人利用职务或者岗位上的权限，或者虽未直接利用职务或岗位上的权限，但却利用本人的职权或地位所形成的管理、保管、经手本单位财物便利条件。

---

① 审理法院：武汉市中级人民法院，案号：(2017)鄂01刑终1466号，裁判日期：2018.02.12。(二审判决已生效)

最高人民法院同时也明确指出："认定是否具有职务上的便利，不能以行为人是正式工、合同工还是临时工为划分标准，而应当从其所在的岗位和所担负的工作上看其有无主管、管理或者经手单位财物的职责。只要经公司、企业或者其他单位聘用，并赋予其主管、管理或者经手本单位财物的行为，无论是正式工、合同工还是临时工，都可以成为本罪的主体。"

案例：陈某涉嫌职务侵占罪一案①

裁判要旨：自诉单位吉某1公司、吉某2公司、A公司、被告人陈某签订《补充合作协议书》，约定A公司自补充协议生效日起二年内将A公司经营的产品代理权全部转移给吉某1公司并在二年之内注销，同时承诺A公司全部经营利润归吉某1公司所有，但双方当事人在补充合作协议中未明确约定A公司在2013年12月31日公司注销前，在销售产品过程中产生的费用由谁负担，吉某1公司只是对A公司经营过程中产生的支出费用予以建账而未实际对该费用予以承担，导致A公司经营过程中产生的费用由被告人陈某个人垫付。鉴于A公司经营过程中的支出费用确实存在，而且2013年、2014年公司返利实际由A公司使用、支配，指控被告人陈某非法占有返利，依据不足，自诉单位吉某1公司指控被告人陈某犯职务侵占罪事实不清、证据不足。

八、被告人所在单位对于被告人之占有行为知情或予以认可

职务侵占罪要求行为人对单位财物具有工作职责范围内的占有、处分权限。然而这种占有、处分权限并非短时间内的经手或是握有单位财物，这种情形行为人仅以一种"占有辅助人"的身份，而不能评价为对财物的占有或处分。真正意义上的占有、处分应当是既有占有、处分财物的行为举止，又存在着占有、处分意思表示以及占有、处分的管理权限。因此，对于职务侵占罪的认定，应当将其实质限定在对单位的财物有占有、处分权限上。对于仅是单纯在工作中窃取他人

① 审理法院：义乌市人民法院，案号：（2017）浙0782刑初1262号，裁判日期：2017.11.08。（一审判决已生效）

占有的财物，其实质上构成的是盗窃罪。当然，若被告人所在单位对被告人的占有行为实质知情并予以认可，即使单位事后反悔，也不应当构成职务侵占罪。

案例1：杨某、王某、陈某涉嫌职务侵占罪一案①

裁判要旨： 本院认为，某公司与某某公司的合同，除被告人王某签名外还有某公司盖章，合同会签单除三被告人签名外，还有公司其他部门的人签名（合同也在公司有存档），可见某公司对该合同是知情的。被告人提供的某公司其他项目的模板供应合同，与某某公司的合同相比，承包内容多了一项“包工”，价格高出某某公司20多元，能印证被告人的辩解。因此，自诉人对三被告人犯职务侵占罪的指控，事实不清、证据不足，指控的犯罪不能成立。

案例2：宋某涉嫌职务侵占罪一案②

裁判要旨： 本院认为，被告人宋某虽在张某甲、张某乙不知情的情况下领取130万元工程款，但事后经过张某甲、张某乙的追认，故宋某的行为不能构成职务侵占罪。根据证据可以认定被告人宋某是在张某甲、张某乙不知情的情况下在阜新市设立了B市某装饰工程有限公司的公司账户，阜新市市政管理处将工程款打入了该账户，但根据宋某与张某甲之后签订的协议、股权转让协议以及张某乙的证言，可以认定张某甲、张某乙对宋某先期收回的130万元工程款予以认可，故不能认定被告人宋某犯职务侵占罪。

九、被告人与所在单位之间的纠纷系民事权益纠纷，不构成职务侵占罪

最高人民法院《关于充分发挥审判职能作用为企业家创新创业营造良好法治环境的通知》中指出，依法保护企业家的人身自由和财产权利。严格执行刑事法律和司法解释，坚决防止利用刑事手段干预经济纠纷。坚持罪刑法定原则，对企

① 审理法院：开平市人民法院，案号：（2019）粤0783刑初84号，裁判日期：2019.07.10。（一审判决已生效）

② 审理法院：阜新市海州区人民法院，案号：（2018）辽0902刑初65号，裁判日期：2018.06.13。（一审判决已生效）

业家在生产、经营、融资活动中的创新创业行为，只要不违反刑事法律的规定，不得以犯罪论处。对于在合同签订、履行过程中产生的民事争议，如无确实充分的证据证明符合犯罪构成的，不得作为刑事案件处理。因此，对于被告人与公司之间因民事行为产生的纠纷，足可以通过民事诉讼方式获得司法救济，不必动用刑事强制手段介入正常的民事活动，否则不仅仅侵害了正常的市场交易秩序，也会对地区的营商环境造成损害。

案例：董某涉嫌职务侵占罪一案①

裁判要旨：根据再审查明的事实和证据可以认定，因董某、赵某等人对某度假村的投资和投入资金有分歧，所以一直未对拆迁补偿款进行具体分配。双方虽曾对使用拆迁款收购唐山某公司的股权和土地进行协商，但是因双方对拆迁款的分配没有达成一致意见，故对赵某的拆迁款份额如何使用处于未确定状态。在拆迁款到账之前，某公司已出资收购了唐山某公司，没有证据证明收购时使用了拆迁款，亦无证据证明赵某出资收购了唐山某公司。本案没有证据证明董某主观上具有非法占有唐山某公司财产的故意，客观上实施了利用职务上的便利，侵占公司财物的行为；亦无证据证明公司或个人的财产遭受了损失。董某与赵某对拆迁款的分配及投资争议，应属民事纠纷。

十、涉案数额并未达到法定追诉标准，不构成挪用资金罪

根据最高人民法院、最高人民检察院《关于办理贪污贿赂刑事案件适用法律若干问题的解释》的规定，职务侵占罪的犯罪数额起点为6万元，即认定行为人将单位财物非法占为己有需达6万元以上。但在司法实践中需要注意，职务侵占罪中对于货款、资金这类可以直接计数的单位财物，一般不存在计量难题，但对于一些不能直接计量的单位财物、产权等数额如何认定的问题，往往需要通过司法鉴定机构出具的鉴定意见进行综合判断，将非法侵占的各类财产进行转化、折

① 审理法院：北京市高级人民法院，案号：（2016）京刑再1号，裁判日期：2017.12.29。（再审判决已生效）

算成具体数额单位进行衡量，因此，对于鉴定意见的审查质证，可能是涉案数额争议的焦点。

案例：苏某涉嫌职务侵占罪一案①

裁判要旨：本院再审认为，原审被告人苏某利用职务上的便利，将本单位财物22500元用于个人消费和投资，其行为造成该单位财产至今无法追回的不良后果，具有较大的社会危害性，系职务侵占行为。但最高人民法院、最高人民检察院《关于办理依法贿赂刑事案件适用法律若干问题的解释》第十一条规定，职务侵占罪中的“数额较大”“数额巨大”的数额起点，按照本解释关于受贿罪、贪污罪相对应的数额标准规定的2倍、5倍执行，该条并无“数额加情节”的具体规定。因该《解释》第一条受贿罪、贪污罪的犯罪数额较大的起点是3万元，相对应的职务侵占罪的犯罪起点应当为6万元。本案中，原审被告人苏某犯罪数额为22500元，其犯罪数额没有达到数额较大的起点，其行为不构成犯罪。

办案感悟

综上所述，笔者通过对近三年来职务侵占罪的无罪案例进行剖析，明确对于犯罪主体表现形式、“本单位财物”以及“利用职务便利”等犯罪构成要件的司法界定。唯有“往返于案件事实与法律规范之间”进行实质合理解释，明确统一的裁判标准，才能达到提高刑事司法效能与公平公正、同案同判相并行的目的。

辩点总结二：非国家工作人员受贿罪的无罪辩护要点

一、行为人不是非国家工作人员受贿罪的犯罪主体，不具有主体资格

非国家工作人员受贿罪的犯罪主体是特殊主体，即公司、企业或者其他单位

① 审理法院：秦皇岛市中级人民法院，案号：（2017）冀03刑再1号，裁判日期：2017.06.02。（再审判决已生效）

的工作人员，国有公司、企业或者其他国有单位中工作人员不是本罪的犯罪主体，其犯罪行为可能会成立受贿罪。但国有公司、企业或者其他国有单位中不从事公务的人员，并未利用国家工作人员的身份且未利用职务上的便利，则对其行为定性可能成立为非国家工作人员受贿罪。对于非国家工作人员与国家工作人员共同受贿的处理，最高人民法院、最高人民检察院《关于办理商业贿赂刑事案件适用法律若干问题的意见》规定，非国家工作人员与国家工作人员通谋，共同收受他人财物，构成共同犯罪的，根据双方利用职务便利的具体情形分别定罪追究刑事责任：

（1）利用国家工作人员的职务便利为他人谋取利益的，以受贿罪追究刑事责任。

（2）利用非国家工作人员的职务便利为他人谋取利益的，以非国家工作人员受贿罪追究刑事责任。

（3）分别利用各自的职务便利为他人谋取利益的，按照主犯的犯罪性质追究刑事责任，不能分清主从犯的，可以受贿罪追究刑事责任。

对于非国家工作人员受贿罪中的其他单位，根据最高人民法院、最高人民检察院《关于办理商业贿赂刑事案件适用法律若干问题的意见》第二条规定，《刑法》第一百六十三条、第一百六十四条规定的“其他单位”，既包括事业单位、社会团体、村民委员会、居民委员会、村民小组等常设性的组织，也包括为组织体育赛事、文艺演出或者其他正当活动而成立的组委会、筹委会、工程承包队等非常设性的组织。

此外还要注意，《刑法》第一百八十四条规定，银行或者其他金融机构的工作人员在金融业务活动中索取他人财物或者非法收受他人财物，为他人谋取利益的，或者违反国家规定，收受各种名义的回扣、手续费，归个人所有的，依照非国家工作人员受贿罪定罪处罚。

二、无证据证明行为人具有索取或者非法收受他人财物，为他人谋取利益的主观故意

非国家工作人员受贿罪的主观方面由直接故意构成，即行为人必须主观明知其索取、非法收受他人财物是利用职务便利为他人谋取利益的交换，其收受贿赂的行为与职务行为形成对价关系，具有侵害职务廉洁性的行为性质，且希望或者放任这种结果的发生。若行为人索取或非法收受他人财物，但并未有为他人谋取不正当利益的目的或者动机，则其不具有非国家工作人员受贿罪的主观故意心态。

三、无证据证明行为人“利用职务便利”，索取或者非法收取他人财物

非国家工作人员受贿罪的行为内容要求必须利用职务上的便利，即他人有求于行为人的职务行为时，行为人直接利用本人职权范围内的权力或间接利用本人职权或地位形成的便利条件，索取或者非法收取他人财物。所谓“职务上的便利”主要包括几个方面，一是行为人利用职务上管理、经办某项事务的职权，直接通过职务行为，为请托人谋取利益；二是行为人在具体事务集体决策中，利用参与决策的职权为请托人谋取利益；三是行为人利用职务上有隶属、制约关系的其他非国家工作人员的职权，为请托人谋取利益。此外，“职务便利”应具有现实性，即行为人索取或者非法收受他人财物时所利用的职务便利必须具有权力性，系现实当下所具有的，而不是利用已离任的职务便利，或是即将到任的职务便利。

案例：叶某某涉嫌非国家工作人员受贿罪一案①

裁判要旨：本案没有证据证实被告人叶某某如何利用职务上的便利为他人谋利益。因此，指控被告人叶某某利用职务之便，非法收取他人财物，为他人谋取利益的犯罪事实不清，证据不足。本院认为，公诉机关指控被告人叶某某犯非国家工作人员受贿罪，事实不清，证据不足，罪名不成立。

四、行为人基于正常行使的职务行为接受他人财物，不构成非国家工作人员受贿罪

若行为人系正当行使职务行为，且该行为未超过其职务范围，即使客观上为

---

①　审理法院：东莞市第二人民法院，案号：(2014)东二法刑初字第1914号，裁判日期：2015.07.13。(一审判决已生效)

他人提供了利益所得，且获取利益者在双方未达成约定的情况下事后向其赠送财物，即便行为人收受了该财物，也不构成非国家工作人员受贿罪。

案例：霍某涉嫌非国家工作人员受贿罪一案①

裁判要旨：本院认为，被告人霍某出资与伊某共同经营山场，存在经济纠纷。被告人霍某是建设中心主管，负责基站选址工作，建议引入、延用基站代谈公司，是其职责范围。在案证据不能认定伊某、张某1及某公司通过银行所转款项是被告人霍某索贿。公诉机关指控被告人霍某犯非国家工作人员受贿罪的证据不足，不能认定被告人霍某有罪，应当宣告无罪。

五、行为人的行为未违反国家规定，具有合法性，不构成非国家工作人员受贿罪

《刑法》第九十六条规定："本法所称违反国家规定，是指违反全国人民代表大会及其常务委员会制定的法律和决定，国务院制定的行政法规、规定的行政措施、发布的决定和命令。"

实践中，行为人与他人之间可能存在诸多经济往来，因此，判断行为人的行为是否构成犯罪，应当严格区分受贿行为与合法的经济往来，即行为人的行为是否违反国家规定。但由于现实中，各地经济发展水平不一，地方性法规和政治经济政策良莠不齐，司法实践中往往会产生很多矛盾。为保障社会经济发展，增强企业经济活力，对于可能违反国家法律规定，但未违背地方性法规、政策的行为，不应当认定为犯罪处理。

此外，《关于严禁在社会经济活动中牟取非法利益的通知》明确指出："企业事业单位在经营活动中，根据国家规定收取的手续费，必须按照财经制度全部列入单位收入，除国家另有明文规定的外，不分给个人；任何单位、个人在国际贸

① 审理法院：北京市密云区人民法院，案号：（2017）京0118刑初108号，裁判日期：2017.11.29。[二审法院：北京市第三中级人民法院，案号：（2018）京03刑终75号，裁判日期：2018.02.28，裁定准许北京市人民检察院第三分院撤回抗诉，北京市密云区人民法院（2017）京0118刑初108号刑事判决自裁定送达之日起发生法律效力。]

易等活动中根据国际惯例收取的回扣，必须按照财经制度全部列入单位收入，不准归个人所有。”因此，对于司法实践中争议较大的收受回扣、手续费的犯罪认定问题，按照法律规定，若属“单位收入”，则一般系合法行为；若归“个人所有”，则构成非国家工作人员受贿罪。

案例：马某涉嫌非国家工作人员受贿罪一案①

裁判要旨：被告马某在拉运土方工程结算前向徐某生之子徐某借款10000元并提供借条，虽至今未还，但应属民事借贷法律关系，不宜认定为非法收受他人财物，公诉机关指控罪名不成立。

六、涉案数额并未达到法定追诉标准，不构成非国家工作人员受贿罪

根据最高人民法院、最高人民检察院《关于办理贪污贿赂刑事案件适用法律若干问题的解释》第十一条，对非国家工作人员受贿罪中的“数额较大”的数额起点，按照该解释第一条关于受贿罪的数额标准规定的2倍即6万元执行。

案例1：李某涉嫌非国家工作人员受贿罪一案②

裁判要旨：在原审法院审理期间，2016年4月18日，最高人民法院、最高人民检察院出台实施了《关于办理贪污贿赂刑事案件适用法律若干问题的解释》，该解释将非国家工作人员受贿数额较大的起点提高为人民币6万元，而李某受贿数额仅1万元，应当依据新的司法解释对李某依法判处无罪。

---

① 审理法院：五台县人民法院，案号：（2015）五刑初字第48号，裁判日期：2017.09.28。［二审法院：忻州市中级人民法院，案号：（2018）晋09刑终字114号，裁判日期：2018. 04. 24，裁定驳回上诉，维持原判。］

② 审理法院：石家庄市中级人民法院，案号：（2017）冀01刑终370号，裁判日期：2017.06.22。（二审判决已生效）

案例2：游某甲涉嫌非国家工作人员受贿罪一案[①]

裁判要旨：关于原审被告人游某甲辩解其已将6000元工资及时退还公司，其行为不构成非国家工作人员受贿罪及其辩护人提出游某甲未利用职务之便，6000元已及时退还，且当时6000元也达不到数额较大的追诉标准，认为其行为不构成非国家工作人员受贿罪的意见与查明事实及法律规定相符。游某甲的辩解理由及辩护人的该辩护意见成立。对出庭检察员提出的游某甲于2008年6月27日以工资形式收受某有限公司现金6000元未达到数额较大且及时退还的行为不构成非国家工作人员受贿罪，建议改判的意见予以支持。

① 审理法院：眉山市中级人民法院，案号：（2015）眉刑提字第1号，裁判日期：2015.06.23。（提审判决已生效）

案例十八
钱某走私普通货物、物品案

案件关键词： 走私普通货物　单位犯罪　海关监管

案情简介

钱某就职于S市某货运代理有限公司（以下简称公司），任公司的报关业务员一职，在其相关业务部门主管的安排下，负责初步调整各单清关材料中报关物品的名称、数量、价格等工作。公司在经营过程中，报关业务员在主管的安排下按照具体价格的70%～80%填写报关提单材料，然后将报关材料提交给某平台进行推送，因平台发送回来的相关报关资料被公安机关认定为虚假，由此涉案，于2019年6月被S市海关缉私分局刑事拘留。

◇指控事实

海关缉私分局认为，公司的业务经营模式涉嫌走私普通货物、物品罪，钱某作为公司员工，承担报关清单的工作，构成犯罪，被缉私机关采取强制措施。

◇指控罪名

《中华人民共和国刑法》第一百五十三条——走私普通货物、物品罪

走私本法第一百五十一条、第一百五十二条、第三百四十七条规定以外的货物、物品的，根据情节轻重，分别依照下列规定处罚：

（一）走私货物、物品偷逃应缴税额较大或者一年内曾因走私被给予二次行政处罚后又走私的，处三年以下有期徒刑或者拘役，并处偷逃应缴税额一倍以上五倍以下罚金。

（二）走私货物、物品偷逃应缴税额巨大或者有其他严重情节的，处三年以上十年以下有期徒刑，并处偷逃应缴税额一倍以上五倍以下罚金。

（三）走私货物、物品偷逃应缴税额特别巨大或者有其他特别严重情节的，处十年以上有期徒刑或者无期徒刑，并处偷逃应缴税额一倍以上五倍以下罚金或者没收财产。

单位犯前款罪的，对单位判处罚金，并对其直接负责的主管人员和其他直接责任人员，处三年以下有期徒刑或者拘役；情节严重的，处三年以上十年以下有期徒刑；情节特别严重的，处十年以上有期徒刑。

对多次走私未经处理的，按照累计走私货物、物品的偷逃应缴税额处罚。

《中华人民共和国刑法》第一百五十四条——走私货物、物品罪的特殊形式

下列走私行为，根据本节规定构成犯罪的，依照本法第一百五十三条的规定定罪处罚：

（一）未经海关许可并且未补缴应缴税额，擅自将批准进口的来料加工、来件装配、补偿贸易的原材料、零件、制成品、设备等保税货物，在境内销售牟利的；

（二）未经海关许可并且未补缴应缴税额，擅自将特定减税、免税进口的货物、物品，在境内销售牟利的。

◇罪名分析

一、主体要求

走私普通货物、物品罪的主体为一般主体，即任何达到刑事责任年龄、具有刑事责任能力的自然人，此外，单位亦可成为本罪的主体。同时，需要注意的是，根据最高人民法院《关于审理单位犯罪案件具体应用法律有关问题的解释》第二条的规定，个人为进行犯罪违法活动而设立的公司、企业、事业单位实施犯罪的，或者公司、企业、事业单位设立后，以实施犯罪为主要活动的，不以单位犯罪论处。即以走私为目的和业务活动所成立的公司属于自然人犯罪而非单位犯罪。

二、罪行表现

（一）主观

本罪的主观责任形式为故意，过失不构成本罪。若行为人明知自己的行为违反国家海关法律法规，逃避海关监管，偷逃进出境货物、物品的应缴税额，或者逃避国家有关进出境的禁止性管理，并且希望或者放任危害结果发生的，应认定为具有走私的主观故意。走私主观故意中的“明知”是指行为人知道或者应当知道所从事的行为是走私行为。若行为人不具有走私的犯罪故意，但存在由于不了解海关监管的法律规定，或者由于某些客观因素或者疏忽大意该报未报或者漏报、错报关税等申报不实的过失行为，则不属于走私行为，对于这种违反一般海关监管法律法规的行为，应依照《海关法》的规定予以行政处理。

由于走私行为的具体表现形式多样化，判断行为人是否具有走私的故意，司法实践中往往很难界定。最高人民法院、最高人民检察院、海关总署《关于办理走私刑事案件适用法律若干问题的意见》关于走私犯罪嫌疑人、被告人主观故意的认定问题规定，具有下列情形之一的，可以认定行为人具有走私行为的故意，但有证据证明确属被蒙骗的除外：（1）逃避海关监管，运输、携带、邮寄国家禁止进出境的货物、物品的；（2）用特制的设备或者运输工具走私货物、物品的；（3）未经海关同意，在非设关的码头、海（河）岸、陆路边境等地点，运输（驳载）、收购或者贩卖非法进出境货物、物品的；（4）提供虚假的合同、发票、证明等商业单证委托他人办理通关手续的；（5）以明显低于货物正常进（出）口的应缴税额委托他人代理进（出）口业务的；（6）曾因同一种走私行为受过刑事处罚或者行政处罚的；（7）其他有证据证明的情形。

走私犯罪嫌疑人主观上具有走私犯罪故意，但对其走私的具体对象不明确的，不影响走私犯罪构成，应当根据实际的走私对象定罪处罚。但是，确有证据证明行为人因受蒙骗而对走私对象发生认识错误的，可以从轻处罚。

（二）客观

本罪的客观构成要件表现为违反国家海关法、进出口关税管理条例等法律、法规，逃避海关监督、管理和检查，运输、携带、邮寄普通货物、物品进出国（边）境，偷逃应缴关税税额较大或者一年内曾因走私被两次行政处罚后又走私的行为。根据《海关行政处罚实施条例》第7、8条的规定，走私行为包括以下几种方式：（1）未经国务院或者国务院授权的机关批准，从未设立海关的地点运输、携带国家禁止或者限制进出境的货物、物品或者依法应当缴纳税款的货物、物品进出境的；（2）经过设立海关的地点，以藏匿、伪装、瞒报、伪报或者其他方式逃避海关监管，运输、携带、邮寄国家禁止或者限制进出境的货物、物品或者依法应当缴纳税款的货物、物品进出境的；（3）使用伪造、变造的手册、单证、印章、账册、电子数据或者以其他方式逃避海关监管，擅自将海关监管货物、物品、进境的境外运输工具，在境内销售的；（4）使用伪造、变造的手册、单证、印章、账册、电子数据或者以伪报加工贸易制成品单位耗料量等方式，致使海关监管货物、物品脱离监管的；（5）以藏匿、伪装、瞒报、伪报或者其他方式逃避海关监管，擅自将保税区、出口加工区等海关特殊监管区域内的海关监管货物、物品，运出区外的；（6）明知是走私进口的货物、物品，直接向走私人非法收购的；（7）在内海、领海、界河、界湖，船舶及所载人员运输、收购、贩卖国家禁止或者限制进出境的货物、物品，或者运输、收购、贩卖依法应当缴纳税款的货物，没有合法证明的。此外，根据《刑法》第一百五十六条的规定，与走私普通货物、物品的犯罪分子通谋，为其提供贷款、资金、账号、发票、证明，或者为其提供运输、保管、邮寄或者其他方便的，以走私普通货物、物品罪的共犯论处。

为解决行为人多次走私，行政处罚力度欠缺的问题，《刑法修正案（八）》将“一年内曾因走私被给予二次行政处罚后又走私的”的行为规定为犯罪。“一年内”以因走私第一次受到行政处罚的生效之日与“又走私”行为实施之日的时间间隔计算确定 。

◇律师工作及成果

辩护人在案件侦查阶段及时介入，与办案机关进行多次沟通，并提交解除或变更强制措施申请书，以及申请不予呈捕的法律意见书，最终海关缉私分局作出不予呈捕决定，成功地防止当事人进入刑事审判程序。

〔争议焦点及辩护要点〕

1. 涉案公司的业务经营模式是否构成单位行为？

2. 从钱某在公司所任职务与工作内容来看，钱某是否构成犯罪？

〔辩护观点及论证〕

辩护人通过多次会见，对本案犯罪嫌疑人钱某的涉案事实有了基本的了解。

犯罪嫌疑人钱某在S市某货运代理有限公司，担任公司的清关员，系公司业务部门普通员工，在相关业务部门主管的安排下，负责初步调整各单清关材料中报关物品的名称、数量、价格等工作。

由于现阶段辩护人未能阅卷，故对于本案是否构成走私普通货物、物品罪并不作评价，仅就现阶段所了解的案情进行分析。

一、犯罪嫌疑人钱某涉案行为属于职务行为，如构成犯罪应为单位犯罪

本案涉案公司为S市某货运代理有限公司，根据企业基本信用信息查询资料显示，公司成立于2016年，在S市市场监督管理局登记设立，注册资本为人民币500万元，有独立的财产利益；有固定经营场所；公司的股东和主要人员为陆某（总经理）、陈某（监事）、茅某（执行董事），法人治理结构完善；公司经营范围为：物流信息咨询，国内贸易，货物及技术进出口（法律、行政法规、国务院决定禁止的项目除外，限制的项目须取得许可后方可经营）。

在辩护人会见犯罪嫌疑人钱某的过程中，钱某称在讯问中侦查人员告知其所在公司涉嫌走私犯罪，就此钱某涉案。且钱某具体负责的清关工作，系经主管人员筛选、分配、安排后进行相应的清关工作。因此，本案中犯罪嫌疑人钱某开展的相应清关工作，完全是履行其职务的行为。若本案存在涉嫌走私普通货物、物品的犯罪行为，应属于单位犯罪。

根据《刑法》第三十一条规定，单位犯罪的，对单位判处罚金，并对其直接负责的主管人员和其他责任人员判处刑罚。

二、犯罪嫌疑人钱某并非公司直接负责的主管人员或其他直接责任人员

根据《刑法》第三十一条可知，若单位构成犯罪，其直接负责的主管人员和其他直接责任人员也需承担相应的刑事责任。

根据最高人民法院《关于印发〈全国法院审理金融犯罪案件工作座谈会纪要〉的通知》中关于单位犯罪直接负责的主管人员和其他直接责任人员的认定，直接负责的主管人员，是在单位实施的犯罪中起决定、批准、授意、纵容、指挥等作用的人员，一般是单位的主管负责人，包括法定代表人；其他直接责任人员，是在单位犯罪中具体实施犯罪并起较大作用的人员。

在本案中，根据辩护人查询的企业基本信用信息资料显示，公司的法定代表人、执行董事为茅某，总经理为陆某，监事为陈某。此外，根据辩护人在会见中所了解到的信息，钱某称负责管理清关业务的主管为楚某；客服主管为良某；财务主管为李某；嬴某负责“审单”，即筛选并将可操作的业务交给茅某统一向下级清关员分配工作。由此可见，犯罪嫌疑人钱某并不属于公司直接负责的主管人员。

另外，根据辩护人在会见中所了解到的公司清关业务的运作流程，具体系先由嬴某负责“审单”，对相应清关业务进行筛选，将可操作、进行的业务筛出后提交给执行董事茅某，茅某将整理后的业务统一通过邮箱向公司清关员发送并分配工作，清关员根据公司的统一要求对相应清关材料信息进行调整、修改。由此可见，犯罪嫌疑人钱某作为公司的一名普通清关员，公司内还有多名职员与其具有相同职务、负责相同工作，该等职员的业务来源、工作安排、操作流程均为公司统一的分配、安排和要求，对相应的清关业务并不具有参与决策权，若涉案行为构成走私普通货物、物品罪，其并未在单位犯罪中对具体实施的犯罪起较大作用。

综上，犯罪嫌疑人钱某既不属于公司直接负责的主管人员，亦未在单位犯罪中对具体实施的犯罪起较大作用，根据《刑法》第三十一条，不应对钱某科以刑罚。

办案感悟

本案的辩护要点在于，若公司的业务经营模式构成单位犯罪，则应由公司的直接负责的主管人员和其他直接责任人员承担刑事责任。直接负责的主管人员是指在单位实施的犯罪中，起到决定、批准、授意、纵容、指挥等作用的人员，实践中一般是单位的主管负责人或者法定代表人。其他直接责任人员是指在单位犯罪中具体实施犯罪并起较大作用的人员，包括单位的经营管理人员，以及单位聘任、雇用的职工。而钱某在该案件中作为公司员工，履行职务行为，对于这种受公司领导指派或者任命而参与实施了一定犯罪行为的人员，不应当作为直接责任人员而追究其刑事责任。当然，单位的法定代表人或者高管并不当然地作为单位的主管人员或者直接责任人员承担刑事责任，在对于其是否承担刑事责任的判断上，仍须以犯罪的主观故意和行为为依据。若公司下属职员违背上级要求，擅自超越公司一直从事走私行为，即使认定单位的主管或者负责人员存在监督过失，也不应认定其具有走私的主观故意，因而不构成共同犯罪。但很多时候，由于公司的职权分工，单位的主管或者负责人员难以对单位事务的管理安排面面俱到，因此司法实践中，若明知单位员工存在走私行为，仍采取默认或纵容的态度，则应当认定其承担刑事责任。

同时，本案也警示广大求职者，高薪资背后往往隐藏着高风险，在选择用人单位时应当谨慎，切莫过于轻率，掉入“问题公司”陷阱。

辩点总结：走私普通货物、物品罪的无罪辩护要点

一、没有充分证据证明行为人具有走私的主观故意

司法实践中，走私普通货物、物品罪，表现形式大多为共同犯罪以及单位犯罪。构成走私普通货物、物品罪的共犯，一是主观上要求具有共同的犯罪故意。行为人在认识因素上需要认识到自己与他人系共同走私普通货物、物品，并认识到该共同行为的社会危害性。在意志因素上行为人应当是希望或者放任行为人与他人共同走私的行为，从而造成国家税收秩序和对外贸易管制的破坏这一危害结果的发生。二是客观上要求存在共同的犯罪行为。构成走私普通货物、物品罪的共犯要求共同的走私行为。共同的走私行为可以是共同的运输、携带、邮寄走

私的普通货物、物品的行为，也可以是帮助、教唆的走私行为。若行为人主观上不具有共同走私普通货物、物品的故意，客观上不存在共同的犯罪行为，则其不构成犯罪。

案例：许某甲涉嫌走私普通货物罪一案①

裁判要旨：关于公诉机关对被告人许某甲的行为构成走私普通货物罪的指控，经审查：被告人许某广的多次供述均未明确指证许某甲具有走私的共同犯意以及许某甲知道广某甲公司的货物是通过走私方式进口的。被告人许某甲从未供认过其有走私的主观故意，其供认是打工的，月薪2500元，该供述与其签认“广某乙公司付款”等相关书证内容相吻合，印证其工资收入为每月2500元，证明其供述真实可信。被告人许某广供认被告人许某甲没有参与货款的收取、支付，钱款的事由陈某负责；该供述与许某甲供认其没有参与公司钱款管理，货款怎么支付其不清楚的供述内容相印证；与证人许某的证言相吻合；证明被告人许某甲关于货物“运费”、“关税”等费用并不清晰的辩解有一定合理性。本案中，许某甲负责广某甲公司货物交接等具体工作，但现有证据不足以印证该行为与走私行为有直接的关联性。另外，侦查机关未能收集郑某、陈某等人指证被告人许某甲共同参与走私犯罪行为的证言，本案亦无其他证据印证被告人许某甲有走私的主观故意和参与了共同走私犯罪行为。综上，因现有证据不能充分证实被告人许某甲具有走私的主观故意及实施了走私的客观行为，故公诉机关对被告人许某甲构成走私普通货物罪的指控证据不足，本院不予支持。

二、被告人走私货物、物品，偷逃应缴税额未达数额较大标准的，不构成走私普通货物、物品罪

根据2014年9月10日施行的最高人民法院、最高人民检察院《关于办理走私刑事案件适用法律若干问题的解释》第十六条规定，走私普通货物、物品，偷

① 审理法院：广州市中级人民法院，案号：(2013)穗中法刑二初字第42号，裁判日期：2016.08.31。(一审判决已生效)

逃应缴税额在10万元以上不满50万元的，应当认定为《刑法》第一百五十三条第一款规定的“偷逃应缴税额较大”。对于新的司法解释之适用，应当遵循从旧兼从轻原则。

案例：杜某初等涉嫌走私普通货物，掩饰、隐瞒犯罪所得罪一案①

裁判要旨：根据2014年9月10日施行的最高人民法院、最高人民检察院《关于办理走私刑事案件适用法律若干问题的解释》第十六条规定，杜某初、杜某乙偷逃应缴税款1926772.63元，属偷逃应缴税额巨大；黄某乙偷逃应缴税款914688.94元，属偷逃应缴税额巨大；刘某甲偷逃应缴税款317184.56元，属偷逃应缴税额较大。本案处于二审审理期间，发布了新的司法解释，根据《刑法》第十二条及最高人民法院、最高人民检察院《关于适用刑事司法解释时间效力问题的规定》的从旧兼从轻原则，本案应适用新的司法解释，依法应对杜某初、杜某乙、黄某乙、刘某甲的量刑予以调整。原审被告人吴某银、张某开偷逃应缴税款88534.30元，依法应不予追究其刑事责任。

三、行为人在为他人代理转口业务过程中，低报货物价值、不如实报关的行为属违法行为，但不属于走私行为

依海关有关规定，货物转口对国家不产生税赋，行为人缴纳的税款按有关规定不产生退税，现有证据不能证实行为人不如实报关的违法行为可获取非法利益，故行为人在为他人代理转口业务过程中，低报货物价值，不如实报关的行为属违法行为，但不构成走私罪。

案例：宋某涉嫌走私普通货物罪一案②

裁判要旨：北京市第二中级人民法院经审理认为，被告人宋某在为中油管道

---

① 审理法院：海南省高级人民法院，案号：（2014）琼刑二终字第11号，裁判日期：2014.12.05。（二审判决已生效）

② 《刑事审判参考》总第35集第267号，最高人民法院刑事审判一、二、三、四、五庭主办，法律出版社2003年第5集。

物资装备总公司代理转口业务过程中，虽擅自采用低报货物价值的违法手段，但现有证据不能证明被告单位中的法定代表人及其他主要领导参与预谋、指使或允许宋某使用违法手段为单位谋取利益，认定被告单位具有走私普通货物的主观故意和客观行为均证据不足，公诉机关指控被告单位犯走私普通货物罪不能成立。宋某不如实报关的行为属违法行为，但依海关有关规定，货物转口并不产生税赋，且宋某垫缴的24万元税款在货物出口后不产生退税，公诉机关出示的证据材料亦不能证实宋某不如实报关的违法行为可获取非法利益，故指控宋某具有走私犯罪的主观故意并造成偷逃税款77万余元的危害结果均证据不足。

北京市检察二分院以被告单位及宋某在代理进口货物时，采取虚假手段偷逃应缴税额数额巨大，构成走私普通货物罪，提出抗诉。

北京市高级人民法院经审理认为：被告人宋某在为管道物资装备总公司代理转口业务过程中，擅自采取低报货物价值的违法手段，但现有证据不能证明被告单位的法定代表人及其他主要领导参与预谋，指使或允许宋某使用违法手段为单位谋取利益。被告人宋某在为他人代理转口业务过程中，低报货物价值，不如实报关的行为属违法行为，依海关有关规定，货物转口对国家不产生税赋，宋某缴纳的税款按有关规定不产生退税，抗诉机关提供的证据亦不能证实宋某不如实报关的违法行为可获取非法利益。原审法院根据本案具体情节，对被告单位和被告人宋某所作的无罪判决，适用法律正确，审判程序合法，应予维持。

四、在案证据不足以证明行为人一同参与走私行为的，不构成走私普通货物、物品罪

对于间接向走私人非法收购走私进口的货物、物品的，或控方证据不足以证明进口货物委托购买人与被委托人一同参与走私行为的，不构成走私普通货物、物品罪。

案例：王某甲涉嫌走私普通货物罪一案[①]

裁判要旨：王某乙因欲为其所在单位购买走私车，经人介绍认识了被告人王某甲，遂委托王某甲代为找车购买。但根据本案现有证据，“梁先生”的基本身份信息全无，真假尚且存疑，遑论其是如何将涉案车辆走私入境，当然也无法得出王某甲所看车辆由“梁先生”直接走私入境的结论。因此，认定王某甲直接向走私人购买涉案车辆的证据不足，并不符合《刑法》第一百五十五条第一项的规定。

① 审理法院：广州市中级人民法院，案号：(2015) 穗中法刑二初字第80号，裁判日期：2015.10.22。(一审判决已生效)

案例十九
A污染环境案

案件关键词： 工业废渣　倾倒处置　污染环境

案情简介

J市某实业公司（以下简称实业公司）日常主要生产电池材料，由于无法处置生产过程中产生的废渣（含镍），该公司总经理王某联系本案当事人A，双方协定以每吨数百元的价格由A代为处理该等废渣。接手处理实业公司产生的废渣后，A又分别联系了陈某、黄某甲、黄某乙和莫某等人进行处置，向该等人支付相应的场地费、运输费等。陈某、黄某甲、黄某乙和莫某在处置废渣的过程中，分别拉往本市或邻近城市的建材厂、砖厂进行处理，但由于废渣材质成分问题，无法再次回收利用，最终对该等废渣采取就地堆积或填埋的处置方式。

2018年3月，上述倾倒、堆积的废渣被环境检测部门发现，经对废渣所在地的土壤提取检测，其中镍含量超过标准限制，环境检测部门认定实业公司产生的废渣属于危险废物。

2018年5月，A因涉嫌污染环境罪被公安机关刑事拘留，同年6月被批准逮捕。

◇指控事实

公诉机关指控称：

A 在明知实业公司的废渣会污染环境的情况下，仍将该含镍废渣分别转包给没有相关资质的陈某、黄某甲、黄某乙和莫某（另案处理）非法处置，并从中获利共计二百余万元。该行为无视国家法律，违反国家规定，倾倒或者处置有毒物质，污染环境后果特别严重，其行为已触犯《中华人民共和国刑法》第三百三十八条之规定，犯罪事实清楚，证据确实、充分，应当以污染环境罪追究其刑事责任。

◇指控罪名

《中华人民共和国刑法》第三百三十八条——污染环境罪

违反国家规定，排放、倾倒或者处置有放射性的废物、含传染病病原体的废物、有毒物质或者其他有害物质，严重污染环境的，处三年以下有期徒刑或者拘役，并处或者单处罚金；后果特别严重的，处三年以上七年以下有期徒刑，并处罚金。

◇罪名分析

一、主体要求

本罪的主体为一般主体，凡是达到刑事责任年龄具有刑事责任能力的人均可构成本罪。此外，污染环境的行为亦可在单位的组织、决定下实施，且根据最高人民法院、最高人民检察院《关于办理环境污染刑事案件适用法律若干问题的解释》第十一条的规定，单位也是构成本罪的主体。

二、罪行表现

（一）主观

《刑法》第三百三十八条的叙明罪状中未明文规定污染环境罪的主观形态，但本文认为应为故意，包括直接故意和间接故意。污染环境罪由《刑法修正案

（八）》对“重大环境污染事故罪”修正而来。重大环境污染事故罪，是指违反国家规定向土地、水体、大气排放、倾倒或者处置含有放射性的废物、含传染病病原体的废物、有毒物质或者其他危险废物，造成重大环境污染事故，致使公私财产遭受重大损失或者人身伤亡的严重后果的行为。即在重大环境污染事故罪中，违反国家规定污染环境造成相应的严重后果即构成此罪，无论主观形态为何，过失亦构成此罪。

然而污染环境结果的发生，可能不会在倾倒、排放之时即立刻显现出来，在多数情况下须经复杂、长期的累积、变化方才显现。因此，在行为人对其污染环境行为存在主观过失，即对污染环境行为及污染环境可能造成的结果不具有明知或不具有预见能力的情况下，根据刑法主客观相一致的原则，刑法就不能苛责其过失。而《刑法修正案（八）》中“重大环境污染事故罪”取消了仅有污染环境结果即可构罪的要件，并形成现有“污染环境罪”的相关规定，这一修改也可体现构成污染环境罪的主观形态应为故意。

当然，这里的主观故意指向行为人的污染环境行为，不仅包括行为人明知其行为将污染环境并造成污染结果的直接故意，也包括行为人对其污染环境行为可能造成一定结果的预见，即间接故意。

（二）客观

1.“违反国家规定”。

首先需要明确的是，并非所有排污行为均涉嫌违法犯罪，国家允许特定主体依照国家的法律规定，在符合规定的流程、限度内处置污染物，上述规定包括《环境保护法》、《大气污染防治法》、《水污染防治法》、《海洋环境保护法》、《固体废物污染环境防治法》、《放射性同位素与射线装置安全和防护条例》等一系列全国人大、全国人大常委会以及国务院制定、发布的相关法律法规。

2.“有毒物质、有害物质”。

有毒物质包括：（1）危险废物，即列入国际危险废物名录，或者根据国家规定的危险废物鉴别标准和鉴别方法认定的，具有危险特性的废物；（2）《关于持久性有机污染物的斯德哥尔摩公约》附件所列物质；（3）含重金属的污染物；

（4）其他具有毒性，可能污染环境的物质。

有害物质主要包括：工业危险废物以外的其他工业固体废物；未经处理的生活垃圾；有害大气污染物、受控消耗臭氧层物质和有害水污染物；在利用和处置过程中必然产生有毒有害物质的其他物质；国务院生态环境主管部门会同国务院卫生主管部门公布的有毒有害污染物名录中的有关物质等。

3. “严重污染环境”。

《关于办理环境污染刑事案件适用法律若干问题的解释》第一条规定了应当认定为“严重污染环境”的以下情形：

（1）在饮用水水源一级保护区、自然保护区核心区排放、倾倒、处置有放射性的废物、含传染病病原体的废物、有毒物质的；

（2）非法排放、倾倒、处置危险废物 3 吨以上的；

（3）排放、倾倒、处置含铅、汞、镉、铬、砷、铊、锑的污染物，超过国家或者地方污染物排放标准 3 倍以上的；

（4）排放、倾倒、处置含镍、铜、锌、银、钒、锰、钴的污染物，超过国家或者地方污染物排放标准 10 倍以上的；

（5）通过暗管、渗井、渗坑、裂隙、溶洞、灌注等逃避监管的方式排放、倾倒、处置有放射性的废物、含传染病病原体的废物、有毒物质的；

（6）2 年内曾因违反国家规定，排放、倾倒、处置有放射性的废物、含传染病病原体的废物、有毒物质受过 2 次以上行政处罚，又实施前列行为的；

（7）重点排污单位篡改、伪造自动监测数据或者干扰自动监测设施，排放化学需氧量、氨氮、二氧化硫、氮氧化物等污染物的；

（8）违法减少防治污染设施运行支出 100 万元以上的；

（9）违法所得或者致使公私财产损失 30 万元以上的；

（10）造成生态环境严重损害的；

（11）致使乡镇以上集中式饮用水水源取水中断 12 小时以上的；

（12）致使基本农田、防护林地、特种用途林地 5 亩以上，其他农用地 10 亩以上，其他土地 20 亩以上基本功能丧失或者遭受永久性破坏的；

(13) 致使森林或者其他林木死亡 50 立方米以上，或者幼树死亡 2500 株以上的；

(14) 致使疏散、转移群众 5000 人以上的；

(15) 致使 30 人以上中毒的；

(16) 致使 3 人以上轻伤、轻度残疾或者器官组织损伤导致一般功能障碍的；

(17) 致使 1 人以上重伤、中度残疾或者器官组织损伤导致严重功能障碍的；

(18) 其他严重污染环境的情形。

4. “后果特别严重”。

《关于办理环境污染刑事案件适用法律若干问题的解释》第三条规定了应当认定为“后果特别严重”的以下情形：

(1) 致使县级以上城区集中式饮用水水源取水中断 12 小时以上的；

(2) 非法排放、倾倒、处置危险废物 100 吨以上的；

(3) 致使基本农田、防护林地、特种用途林地 15 亩以上，其他农用地 30 亩以上，其他土地 60 亩以上基本功能丧失或者遭受永久性破坏的；

(4) 致使森林或者其他林木死亡 150 立方米以上，或者幼树死亡 7500 株以上的；

(5) 致使公私财产损失 100 万元以上的；

(6) 造成生态环境特别严重损害的；

(7) 致使疏散、转移群众 15000 人以上的；

(8) 致使 100 人以上中毒的；

(9) 致使 10 人以上轻伤、轻度残疾或者器官组织损伤导致一般功能障碍的；

(10) 致使 3 人以上重伤、中度残疾或者器官组织损伤导致严重功能障碍的；

(11) 致使 1 人以上重伤、中度残疾或者器官组织损伤导致严重功能障碍，并致使 5 人以上轻伤、轻度残疾或者器官组织损伤导致一般功能障碍的；

(12) 致使 1 人以上死亡或者重度残疾的；

(13) 其他后果特别严重的情形。

5. 共犯问题。

《关于办理环境污染刑事案件适用法律若干问题的解释》第七条规定，行为人明知他人无危险废物经营许可证，向其提供或者委托其收集、贮存、利用、处置危险废物，严重污染环境的，以共同犯罪论处。

◇一审辩护

〔辩护要点〕

1. A 是否具有污染环境的主观故意？

2. A 实施的行为是否与环境污染结果之间具有因果关系？

3. 鉴定意见程序是否合法？

〔辩护观点及论证〕

第一部分：构成要件方面的辩护意见

一、对于2018年3月前实业公司硫酸镍浸出渣属于危险废物事实不清、证据不足

（一）J 市环境保护局并未将除杂废渣列为危险废物

实业公司员工金某的证言证实：“2017年前后，J市环保局、及上一级市环保局每年都有约五次不定时到实业公司进行检查，但都没有检测出浸出渣的问题。”同时，2017年9月J市国土资源局和环境保护局现场检查记录、2017年11月与2018年1月该局现场检查记录，均未检查出浸出渣存在任何问题。

金某的证言证实：“环评报告批复中并没有将含镍浸出渣列为危险废物。”《2016年J市环境保护局同意实业公司硫酸镍溶液生产项目搬迁扩改工程竣工验收函》所示，对于固体废物，项目产生的除杂废渣交由某环保公司处理，生产产生的废矿物油、废抹布、手套、废灯管和废包装桶等危险废物交由某再生资源公司回收处理。可见，J市环境保护局在该同意验收函中并未将除杂废渣列为危险废物交由再生资源公司处理。即实业公司产出的硫酸镍浸出渣已经通过环保审批，未被列为危险废物。

（二）实业公司产出的浸出渣未达危险废物含量标准

实业公司负责人田某的供述证实："实业公司曾在2017年6月将硫酸镍浸出渣送往某检测公司进行送样检测，检测报告的结果显示，硫酸镍浸出渣并未达到危险废物的含量标准。"证人苏某的证言证实："在案发前，公司是将浸出渣列为一般固废，应该含有微量金属镍，但含量方面大约有0.2%。据我所知，当时做过检测是合格的，所以公司判断就是一般固废。"该供述与2017年7月某检测公司出具的检测报告相印证，检测报告所示，检测的浸出渣中浸出液物质成分均未超出标准限值。

实业公司经理王某的证言证实："2018年实业公司曾对硫酸镍生产项目进行环境评估，该评估报告将硫酸镍浸出渣明确列为一般固体废物，并已经通过环保审批。"公司生产的锂电池正极材料镍钴原料配套项目环境影响报告书能够印证，对浸出渣的浸出毒性进行鉴别，该废渣不属于危险废物，而属于一般固体废物。

可见，在2018年J市环境检测中心站对实业公司进行固体废物及其浸出渣监测前，实业公司产出的硫酸镍浸出渣并未达到危险废物的含量标准。

因此，在2015年10月硫酸镍溶液生产项目投产后，至2018年3月期间，对于硫酸镍浸出渣的处理方法，实业公司一直是参考环评报告以及行业中的一般做法，按照一般固废的标准进行处理，且某检测公司检测出的硫酸镍浸出渣未达危险废物含量标准，关于认定实业公司硫酸镍浸出渣属于危险废物事实不清、证据不足。

二、被告人A主观上没有污染环境的故意，不构成污染环境罪

（一）被告人A主观上对涉案浸出渣为危险废物不知情

被告人A对涉案浸出渣的性质并不知情，没有充分的证据表明其知道涉案浸出渣为危险废物。

1. 通过A的学历背景和工作履历来看，A没有化学品制造、处理等相关专业学习背景，也未从事过硫酸镍的生产和化验检测相关行业，其为实业公司运输原材料的时间为2010年至2016年，此时实业公司的硫酸镍生产线并未投产，A并不了解。因此，A无法准确得出实业公司作为一般固废处理的"铁渣"为危险废物。

2. 根据实业公司委托某检测公司对浸出渣进行的两次检测，检测结果显示，该公司硫酸镍生产线所产生的浸出渣中，镍含量未超标，实业公司实际也从未将浸出渣作为危险废物来进行标识和管理，该情形J市环境保护局行政处罚决定书记载，实业公司危废仓库未设置危废标志。

上述情形同时还有其他证人证言佐证，如司机梁某的证言——“问：你在实业公司堆放废料的场地，有没有见到写着与“危险废物”相符等标语？答：我没有见到。”

3. 环保部门对实业公司存在监管失职行为，使本案被告人A主观上认知不能。J市环保局从2017年9月至2018年3月，对实业公司共进行了3次日常检查，但未检查出浸出渣的异常，该事实使被告人A有理由相信涉案浸出渣只是一般固废，而非危险废物。

综上，被告人A没有任何渠道来得知和了解涉案浸出渣就是危险废物，因此A对于浸出渣为危险废物的事实属认知不能。

（二）A的客观行为反映其主观不具有希望或者放任污染环境结果发生的故意

1. 被告人A在联系陈某等人运输“铁渣”时，按照实业公司的交代，明确告知运输人员将“铁渣”拉到砖厂焚烧，并且有理由认为这些废泥的确是被送到了砖厂焚烧。

（1）陈某的供述：“当时A以为我一间砖厂处置不了这么多的废泥，于是我为了赚钱就骗他说我在J市各个地区都开砖厂的，可以处理的。”“他（A）交代我们拿去做砖就可以了。”“A说不能乱放，最好用来做砖。”

（2）A的辩解：“他（陈某）自己说将危险废物都运到自己的砖厂做砖了。”

陈某供述称，其将运输总量的1%用于做砖了。

（3）实业公司总经理王某的证言：“我特别交代一定要运到砖厂去高温处理。”

2. A在得知黄某将废泥乱倒以后，即停止让黄某从事废泥运输，反映了A积极避免环境污染后果的发生。其供述称：“因为我知道这些镍泥会污染环境，而黄某就直接将镍泥倾倒在矿湖边上，这样会很容易被人发现的，所以我就说他乱来，之后也不再叫他（黄某）处理这些镍泥了。”

3. 彭某的证言——“问：在实业公司 A 有对你讲过何话？答：A 对我说，你装好后，一定要把货车上镍泥盖上帆布，才可以开车出厂，如果这些镍泥掉落到地面上，是会污染环境的，你一定要小心点注意点。”证明 A 没有污染环境的故意，主观上积极要求避免污染环境结果的发生。

（三）A 去过 J 市某砖厂及某陶瓷厂现场考察，证明 A 尽到了部分义务，但 A 不知陈某等人将涉案“固废”拉到其他地方倾倒

1. A 的供述——“问：你什么时间去 J 市看的砖厂？答：我推算了一下，大概是 2015 年、2016 年去的，具体月份我记不清了。”证人郑某的证言——“大约在 2015 年前 J 市某镇政府关停了所有的砖厂，他老板陈某当时承包了某砖厂，也在停产之列，之后他没开工，但办公及设备一直没有搬也没有拆。”

2. 陈某供述——“问：A 知道你聘请‘队长’的情况吗？答：他不知道的”。

综上，本案被告人 A 对于污染环境的后果没有希望或放任的故意，仅存在轻度过失。

（四）根据我国《刑法》及相关司法解释，构成污染环境罪的主观心态为故意

1. 我国《刑法》第十五条第二款规定：“过失犯罪，法律有规定的才负刑事责任。”因此，只有当法律对处罚过失犯罪有规定时，才能将该犯罪确定为过失犯罪。而我国《刑法》第三百三十八条关于污染环境罪的规定并没有叙明该罪的主观心态，欲证明行为人构成污染环境罪，其主观上必须为故意。

2.《关于办理环境污染刑事案件适用法律若干问题的解释》第七条规定了污染环境罪的共犯：“明知他人无危险废物经营许可证向其提供或者委托其收集、贮存、利用、处置危险废物，严重污染环境的，以共同犯罪论处。”此条司法解释肯定了污染环境罪存在共同犯罪。根据我国《刑法》第二十五条的规定：“共同犯罪是指二人以上共同故意犯罪。二人以上共同过失犯罪，不以共同犯罪论处；应当负刑事责任的，按照他们所犯的罪分别处罚。”在我国，过失犯罪不能构成共同犯罪，污染环境罪主观心态为故意。

3. 我国《刑法》第十四条第一款对故意心态作了明确规定：“明知自己的行

为会发生危害社会的结果，并且希望或者放任这种结果发生，因而构成犯罪的，是故意犯罪。”因此，污染环境罪的主观心态为结果故意。

（五）A 和其父不构成共同犯罪

A 与其父虽然有联系第三方运输危险废物的行为，但并非故意造成环境污染的后果，其主观上由于疏忽大意没有预见到陈某等人会将涉案浸出渣随意倾倒而不是送到砖厂高温焚烧，主观上存在过失，故该二被告人不构成共同犯罪。

三、A 的行为与环境污染损害结果之间没有因果关系

（一）A 没有直接参与运送填埋固体废物的行为

从被告人 A 第一次联系陈某、黄某甲、黄某乙、莫某到实业公司拉涉案浸出渣到案发前，A 从未自己运输或者联系货车司机运输浸出渣，更没有指示任何人将涉案浸出渣随意倾倒。

（二）若本案其他被告人不是将涉案浸出渣随意倾倒，而是按照 A 交代的拉到砖厂高温焚烧，就不会出现污染环境的后果

实业公司员工刘某证言——“问：你们公司之前的环评报告对这些废渣是怎么认定的？有没有规定要如何处理？答：以前的环评报告没有对这些废渣进行定性，也没有说要怎么处理，我们是根据同行业的习惯做法将这些废渣运去砖厂处理的，认为用来做砖是不会污染环境的。”

实业公司总经理王某证言——“问：你讲一下你公司废物如何管理的？答：上述所讲的第一种废物（原材料浸出渣）……主要是交给 J 市某运输公司处理，他们一般是运到砖厂做砖，这种原材料浸出渣一般经过高温后，镍就会被钝化，在自然界不会具有迁移性，不会进入人体，自然也没有危害性了。”

证人黄某证言：“我知道 J 市的一些工厂都会将生产过程中产生的污泥运输到砖厂焚烧，砖厂将这些污泥用于高温焚烧，以免造成污染。”

以上，将生产过程中产生的废泥进行高温焚烧就不会产生污染已经成为一种共识，如果陈某、黄某甲、黄某乙、莫某四人将涉案浸出渣拉到砖厂焚烧，是不会造成环境损害的。此外，实业公司的项目环境影响报告书明确显示，废渣可全部销售给水泥厂或砖厂作为优质材料。

因此，A 联系陈某、黄某甲、黄某乙、莫某等人前往实业公司拉浸出渣的行为与环境污染危害结果之间不存在因果关系。

四、除实业公司外，不排除可能存在其他工厂将废泥倾倒于同一地点，不能证实实业公司的固体废物与环境污染损害结果之间存在因果关系

（一）不能排除可能存在其他工厂同时向 J 市某工业基地倾倒废泥的合理怀疑

田某的证言证实："因为根据我们同行的经验和处理办法，我们许多行业的环评报告都把这种浸出渣作为一般固体废物进行处理，所以我们把它交由砖厂用作制砖材料。"

黄某的证言证实："我知道 J 市的一些工厂都会将生产过程中产生的污泥运输到砖厂焚烧，砖厂将这些污泥用于高温焚烧，以免造成污染。"

郑某的证言证实："某工厂没有人把守，也没有设置门岗。"

以上可见，将工业生产过程中产出的固体废泥运输至砖厂做砖是一种行业惯例，J 市许多工厂都会将产出的废泥渣运至砖厂进行焚烧处理。而某工业基地本身没有人把守，可以随意进出，不能排除可能存在其他工厂同时向该工业基地倾倒废泥的合理怀疑，不能证实实业公司的废泥与某工业基地的环境污染损害结果之间存在因果关系。

（二）不能排除可能存在其他工厂同时向 C 市某镇荒坡倾倒废泥的合理怀疑

A 的供述证实："2016 年我联系了黄某甲要运输废泥到砖厂，曾经去过 C 市的倾倒地点，那个地点是黄某甲找的，位于较为偏僻的山边，我去到后看到现场有很多的废泥，有些不是实业公司的废泥也倒在那里。我当时就跟黄某甲说怎么运到这些地方来倒，黄某甲说这里有人看住，很多人都过来倒的，没有问题的。"

指认地点照片证实，C 市某镇的荒坡系开放区域，可以随意进出。

根据上述证据，不能排除可能存在其他工厂同时向 C 市某镇荒坡倾倒废泥的合理怀疑，不能证实实业公司的废泥与此环境污染损害结果之间存在因果关系。

（三）J 市某基地同时将镍泥运输至 Y 市某农场进行倾倒

庄某的证言证实："2015 年 4 月至 2017 年 8 月，我安排自己的货车和其他人的货车从 J 市某基地拉镍泥回 Y 市某农场附近的镍泥提炼厂进行提炼。"

莫某的供述证实："我知道是从J市某基地和实业公司拉回来的，J市某基地拉镍泥是黄某乙之前联系好的，具体和谁联系业务的就不清楚了……"

可见，J市某基地同样将镍泥运输至Y市某农场进行倾倒，不能证实实业公司的废泥与某基地环境污染损害结果之间存在因果关系。

综合以上论述，若认定环境污染损害结果是由实业公司所致，控方应当证明因果关系达到排除合理怀疑，事实清楚、证据确实充分的程度。但本案中，根据上述证据，不排除可能存在其他工厂同时倾倒固体废物的合理怀疑，该地可能同时受到来源于其他工厂固体废物的污染。

环境污染行为的结果具有复杂性和多因性，是经过较长时间的持续作用、多因素复合累积共同作用的结果。在可能存在同时倾倒的情况下，由于倾倒行为人之间不存在意思联络，只有证明实业公司对环境污染损害结果起到了作用，才能认定存在因果关系。而在污染行为与损害结果因果链条中，不能证明实业公司的固体废物对环境损害结果起直接作用，不能排除其他介入因素。故，不能证明实业公司的倾倒行为与环境污染的损害结果之间存在因果关系。

第二部分：程序方面的辩护意见

一、卷宗缺少2018年5月18日之前对被告人A采取强制措施的法律文书，无法排除A被非法羁押的可能

根据《A到案情况说明》，被告人A是从"J市某区看守所被带回E市公安局"，且从侦查机关5月10日和14日对A的第2次、第4次讯问笔录中"你因何事被公安机关羁押在J市某区看守所?"，可知被告人A在5月18日之前即被采取了强制措施，但卷中未附其5月18日以前被采取强制措施的法律文书以及对应的提讯提解证，无法排除被告人A在J市某区看守所存在非法羁押的可能，建议合议庭排除被告人A在此期间（5月9日至18日）的7次供述。

二、有关机构所做的鉴别报告程序违法，不能作为本案定案依据

环保部某研究所2018年5月和6月分别对Y市两处倾倒固废的《固废危废特性鉴别》程序违法。一是采样时间矛盾。报告显示采样时间为5月8日，采样地点为 Y 市某环保公司仓库，同页显示固废原本在 Y 市某镇土场，转移到 Y 市某环保公司的时间为犯罪嫌疑人指认倾倒现场后，根据在案证据，犯罪嫌疑人吕某指认现场时间为 2018 年 5 月 10 日，那么采样时间就应该为 5 月 10 日及以后，与检测报告记载的 5 月 8 日相矛盾。二是数据存在错误。某研究所对倾倒于 Y 市某镇某村固废的第四个检测样品 WS4#检测项目结论矛盾。检测项目显示三氧化二镍为 6.67×10^3，含量为 0.627%，数据存在明显矛盾，使得我们对整份鉴定意见的科学性存在质疑。三是无鉴别人员资质证明。某研究所对 Y 市某镇固废的检测和对 Y 市某镇某村的固废的检测，所列检测人员中，杨某、陈某甲、陈某乙不具备固体废物镍的检测资质，无参与人员孙某的鉴别资质证明，无法证明鉴定人员孙某是否具备鉴别资质。四是没有某研究所与国家化学品及制品安全质量监督检测中心的委托书，无法反映委托关系。

综上，根据《刑事诉讼法解释》第八十五条，“鉴定意见具有下列情形之一的，不得作为定案依据：……（二）鉴定人不具备法定资质，不具有相关专业技术或职称；……（五）鉴定程序违反规定的；……（七）鉴定文书缺少签名、盖章的……”该两份鉴别报告不得作为定案依据。

三、环保部门检测程序不符合技术规范，不能作为证据使用

J 市环境监测中心站对 E 市某镇疑似固体废物进行检测的采样程序不符合《危险废物鉴别技术规范》的标准，未达到规定的采样份数，检测结果不具有科学性，建议合议庭排除。

四、某检测公司对 Y 市某农场和某垃圾场固体废物的检测报告程序违法，建议合议庭予以排除

一是无服务委托书，无法反映委托鉴定关系；二是 Y 市某农场的疑似固废与 J 市某基地产出的固体废物相混同，其来源无唯一性，无法排除采样固废为 J 市某基地产出固体废物的合理怀疑。

五、鉴定意见程序违法，不能作为定案证据使用

G 省环境科学研究院 2018 年 9 月对 E 市某镇某建材厂、J 市某砖厂、J 市某页岩砖厂、J 市某工业基地内固体废物非法倾倒事件一共提供了四份环境损害评估报告。办案机关未将鉴定结论告知被告人A，未充分保障被告人申请重新鉴定的权利，属程序违法。建议合议庭予以排除。

第三部分：量刑方面的辩护意见

鉴于A认罪，若其构成犯罪，则其具有从轻情节，建议合议庭依法从轻处罚：

（一）被告人A在归案后，能如实供述全部犯罪事实，具有《刑法》第六十七条第三款规定的情节，依法可以从轻处罚。

（二）被告人A在归案后认罪态度较好并真诚悔罪，且系初犯，建议法庭从宽处罚。

（三）有证据证明被告人A在联系下线运输时交代要拉去砖厂，高温焚烧后即不会造成环境污染，因此，被告人A主观上是不希望并且积极地规避环境污染事件的，社会危险性较轻。

（四）根据在案证据的评估报告，涉案浸出渣尚未对周边环境和水体造成实质损害，造成的污染后果较轻。对E市某建材厂倾倒点及周边环境尚未造成周围土壤污染、人身损害、财产损害和生态环境损害。对J市某砖厂内及周边环境未造成人身损害、财产损害。对J市某工业基地内及周边环境未造成人身损害、财产损害。社会危险性较轻。

◇一审判决

A犯污染环境罪，被判处有期徒刑四年六个月，并处罚金人民币五十万元。

A未提起上诉，一审判决已生效。

办案感悟

近年来，国家对环境污染重拳频出，行政执法及刑事处罚力度不断加大，环境污染刑事惩处的比例不断提高。为此，两高三部印发《关于办理环境污染刑事案件有关问题座谈会纪要》，进一步加大对环境污染刑事犯罪的惩治力度。

2014年以后，污染环境罪的相关判决急剧增长，涉及的行业愈发多样，传统的制造业，尤其是机械机电、建筑建材、石油化工、冶金矿产几类重污染行业，仍然是污染环境犯罪的高发领域。

《刑法修正案（八）》将重大环境污染事故罪修改为污染环境罪，明确了污染环境罪的适用范围及认定标准，但作为典型的行政刑事交叉案件，仍需面临许多法律之外的专业问题：确定污染物的性质；确定生态环境遭受损害的性质、范围和程度；评定因果关系；评定污染治理与运行成本以及防止损害扩大、生态环境的修复措施或方案；等等。对律师而言，以上既是案件中的难点，亦是刑辩律师的突破口，必要时，律师可以向环保专家请教，了解工艺流程，构建辩护思路，或者请专家出具相应意见，为辩护提供有力保障。

辩点总结：污染环境罪的无罪辩护要点

一、行为人的行为未达到“严重污染环境”的认定标准

两高《关于办理环境污染刑事案件适用法律若干问题的解释》第一条规定了十八种“严重污染环境”的情形，其中第（一）、（四）、（五）项规定污染物应属于放射性废物、含传染病病原体的废物、有毒物质；第（二）项属于危险废物；第（三）项属于含重金属、持久性有机污染物等严重危害环境，损害人体健康的污染物。因此，辩护人在审查是否达到“严重污染环境”的认定标准时应当着重审查该污染物是否符合相应范围标准，严格区分污染物的危险性、毒害性以及对环境造成实质损害的程度。

二、无证据证明行为人具有污染环境的主观故意

《刑法修正案（八）》将重大环境污染事故罪修改为污染环境罪，明确了污染环境罪的适用范围及认定标准，但未对该罪的罪过形式进行明确规定，学界对此也是莫衷一是。从文理依据而言，《刑法》关于污染环境罪的规定，无任何揭示过失犯罪的表述，依据罪刑法定原则，该罪的罪过形式为故意。《关于办理环境污染刑事案件有关问题座谈会纪要》认为，对于判断犯罪嫌疑人、被告人是否具有环境污染犯罪的故意，应当依据犯罪嫌疑人、被告人的任职情况、职业经历、专

业背景、培训经历、本人因同类行为受到行政处罚或者刑事追究情况以及污染物种类、污染方式、资金流向等证据，结合其供述，进行综合分析判断。

然而，司法实践中，在无证据明确证实被告人确系不知情的情况下，对于被告人缺乏主观故意的辩护观点往往很难被法院认定。因污染物多存在较为明显的颜色或气味的性状特征，法院一般认为，若能够证实被告人对于倾倒、排放、处置污染物的行为主观上已有一定的常理性认识，对于其是否了解污染物的具体成分及是否预见到危害程度则不影响污染环境罪的主观认定。

案例1：穆某、张某涉嫌污染环境罪一案①

裁判要旨： 本院认为，公诉机关出示的证据不能证实被告人游某实施犯罪前与被告人穆某、张某有通谋，不能证实被告人穆某、张某主观上具有倾倒废酸的故意和客观上实施了倾倒废酸的行为。认定被告人有罪，应当适用证据确实、充分的证明标准；定罪证据不足的案件，应当依法宣告被告人无罪。由于公诉机关指控被告人穆某、张某犯有污染环境罪证据不足，故指控的犯罪罪名不能成立，应判决宣告被告人穆某、张某无罪。

案例2：格某甲、格某乙涉嫌污染环境罪一案②

裁判要旨： 本院认为，被告人格某甲、格某乙所在的工厂证照齐全，工厂生产时产生废水，而且安装管道收集雨水是按照环保部门要求所为，管道上有掩盖物，导致管道破裂未能及时发现，且现场照片证实管道破裂处植被未被破坏，虽然有含重金属铬严重超标的污水外泄，但不是出于二被告人故意或者过失，而是不能预见的原因引起，属意外事件，不应按犯罪对待。

---

① 审理法院：河北省辛集市人民法院，案号：(2017)冀0181刑初226号，裁判日期：2017.11.09。(一审判决已生效)

② 审理法院：石家庄市栾城区人民法院，案号：(2015)栾刑初字第95号，裁判日期：2015.12.25。(一审判决已生效)

三、行为人的行为与污染损害结果之间不具有因果关系

“严重污染环境”存在着如何认定污染环境行为与损害结果之间是否存在刑法上因果关系的问题。环境污染行为的结果具有复杂性和多因性，是经过较长时间的持续作用、多因素复合累积共同作用的结果。在可能存在多种污染行为的情况下，检控方应当证明因果关系达到排除合理怀疑，事实清楚、证据确实充分的程度。而在这种情况下往往就要借助行政监测数据以及鉴定意见进行证明。

案例：赵某某涉嫌污染环境罪一案①

裁判要旨：本院认为，本案存在的问题为：（1）赵某某工厂生产过程中会不会产生废水，没有专业机构的监测说明，而被告人供述生产中不产生废水，是冲洗锅炉和日常生活排出的废水。证人证言中多数证明不产生废水，少数称有少量废水流入厂子东边土坑。究竟是否产生废水现有证据无法证实。（2）渗坑内的水是废水本身总铬含量超标还是原有土壤被污染所导致？赵某某的工厂原是工业区铬盐厂的一个车间，据辩护人称曾去铬盐厂附近查看情况时发现铬盐厂周边土地普遍发黄已被污染，本案是否能排除渗坑所在的土地已经被污染的事实？本案事实不清，证据不足，故判决被告人赵某某无罪。

四、监测程序或适用标准不具有合法性，监测报告、鉴定意见等书证不具有证明力

《关于办理环境污染刑事案件有关问题座谈会纪要》中指出，地方生态环境部门及其所属监测机构委托第三方监测机构出具的监测报告，地方生态环境部门及其所属监测机构在行政执法过程中予以采用的，其实质属于《办理环境污染刑事案件适用法律若干问题的解释》第十二条规定的“环境保护主管部门及其所属监测机构在行政执法过程中收集的监测数据”，在刑事诉讼中可以作为证

① 审理法院：石家庄市栾城区人民法院，案号：（2015）栾刑初字第90号，裁判日期：2015.12.25。（一审判决已生效）

据使用。

污染环境罪作为典型的行政刑事交叉案件，对于行政执法中生成的监测数据及检测报告，在刑事司法中作为刑事证据应当审查其证明力。其一是采样、制样程序性审查，包括审查采样、制样的人员的合法性、点位的要求、设备工具的选择及清洗、方法技术的选择、需要添加保存剂、粘贴水样便签确保样品同一性、份样量、是否制定质量控制措施以及是否生成采样、制样记录和报告等；其二是监测程序的合法性审查，包括监测人员的资质审查、监测方法依据的审查、监测过程的审查、监测报告的签字人审查等；其三是对监测报告中的检测结果是否符合入罪标准进行审查，例如结合《危险废物鉴别标准——毒性物质含量鉴别》、《再生铜、铝、铅、锌工业污染物排放标准》等国家标准进行审查。

此外，两高《关于办理环境污染刑事案件适用法律若干问题的解释》第十四条规定，对案件所涉的环境污染专门性问题难以确定的，依据司法鉴定机构出具的鉴定意见，或者国务院环境保护主管部门、公安部门指定的机构出具的报告，结合其他证据作出认定。辩护人不仅要对鉴定意见的程序合法性及人员的资质问题进行审查，并且需要着重审查鉴定意见中检材的来源，是否充足、可靠，对送检材料应当进行同一性审查，不仅要求送检材料外在特征同一，并且要求在客观性、特异性方面也应当具有同一性。

案例1：何某、朱某涉嫌污染环境罪一案①

裁判要旨：关于适用标准的问题。证据10中的113号监测报告的说明系依照《污水综合排放标准》（GB8978－1996）规定的一级排放标准认定本案锌超标11.3倍。《污水综合排放标准》（GB8978－1996）规定排入GB3838Ⅲ类水域（划定的保护区和游泳区除外）和排入GB3097中二类海域的污水，执行一级标准。本案所涉污水显然不属于排入海域的污水，而《地表水环境质量标准》（GB3838－2002）将水域功能分为五类，明确规定Ⅲ类水域“主要适用于集中式生活饮用水

① 审理法院：绵阳市涪城区人民法院，案号：（2018）川0703刑初9号，裁判日期：2018.07.06。（一审判决已生效）

地表水源地二级保护区、鱼虾类越冬场、洄游通道、水产养殖区等渔业水域及游泳区”，本案绵阳市珠扬化工有限公司污水排放地点显然亦不属于上述水域。监测人员黄某当庭陈述水域和水质分类不同，且《地表水环境质量标准》（GB3838－2002）也单独对水质评价进行了规定，故水域功能区与水质评价应属不同概念。证据12依据××函（2016）11号文件认定某市某某公司所在的某村位于××地，水质管理目标为Ⅲ类，不违反文件规定，可以予以确认。但公诉机关以证据12说明某村水质管理目标为Ⅲ类，并以此来证实本案所涉污水排放地点适用Ⅲ类水域，从而认定本案应适用一级排放标准，实际是混同了水域标准和水质标准，故本院认为本案适用一级排放标准不当。

关于原始记录表的审签问题，监测人员黄某当庭证实原始记录报告出来后需经审批，但本案中《电感耦合等离子发射光谱法原始记录》载明的分析日期是2017年4月14日，而主任宋某的签字日期却是2017年4月13日，审签日期早于分析日期，证据14系某市环境监测中心站出具，只能作为监测机构对其监测中的问题所作的解释，不具有证明力，故本院不予采信，并认为据以作出113号监测报告的原始记录存在程序错误。

关于采样的问题。因某市某某公司未设置专门的排污口，严格按照《污水综合排放标准》（GB8978－1996）所要求的在排污口采样不具可操作性，但采样需保证具有合理性及唯一性。辩护人提出本案排水沟中所采水样有其他污水汇入，且所采水样受到光照、沉降、蒸发、渗透、混合等因素的影响会导致监测数据升高，除采样人员张某3在庭审中陈述相关技术规范未要求考虑蒸发外，公诉机关并未就在排水沟采样具有合法合理性，能够排除有其他污水汇入的可能予以证明或解释说明，故本院认为，本案采样存在重大瑕疵。

因存在采样重大瑕疵和适用标准错误等问题，不能作为本案定案之依据，不能证实本案的排污达到了刑法及司法解释规定的“严重污染环境”的程度，故公诉机关指控被告人朱某、何某犯污染环境罪的证据不足，本院不予支持。

案例2：赵某某涉嫌污染环境罪一案①

裁判要旨：本院认为，环保人员提取水样是直接从水坑里提取，按污水水质监测标准第一类污染物应在排放口取样。环保局工作人员采集的样本不纯粹，如排除不了渗坑周围土壤已被污染的事实，那么水样的监测结果不能直接证实赵某某工厂产生的废水是否超标的事实。本院针对上述无法查实部分出具补充侦查函，但侦查机关先后出具两份书证，一份为《关于总铬的情况说明》，一份为《某区环境保护局监察大队关于对利用渗坑排放废水的说明》，两份书证均无法对需补充侦查部分做出明确答复。本案事实不清，证据不足，故判决被告人赵某某无罪。

① 审理法院：石家庄市栾城区人民法院，案号：(2015) 栾刑初字第90号，裁判日期：2015.12.25。(一审判决已生效)

案例二十
李某组织卖淫案

案件关键词： 组织卖淫　股东　存疑不诉

案情简介

2012 年，李某（本案犯罪嫌疑人）经人介绍，投资入股了某市一星级酒店，持有该酒店 30% 的股份。李某不参与酒店的经营和管理，仅在其出资比例内参与分红，分红方式为由财务每月直接向李某的个人银行账户转账。

2018 年，在全国“扫黄打非”的背景下，该酒店因涉嫌组织卖淫行为被查，其中酒店主管、股东、法定代表人等被刑拘。而后，均被控组织卖淫罪，被判处有期徒刑三至五年不等。

2018 年 12 月，李某因涉嫌组织卖淫罪被公安机关刑事拘留，同月被逮捕。2019 年 3 月被移送至检察机关审查起诉。

◇指控事实

公安机关指控称：

犯罪嫌疑人李某伙同龚某某（本案同案犯）、陈某 1、陈某 2（均另案处理）于 2012 年 3 月投资入股某酒店。四人约定，由陈某 1 和陈某 2 负责酒店的日常运营，聘请向某某担任总经理，具体负责酒店的管理和全面工作。酒店业务分为两大部分，一是客房、西餐、多功能会议室，由杜某某（另案处理）担任主管；二是酒店内的中餐、沐足、KTV 等业务，聘请犯罪嫌疑人汪某（另案处理）担任主管并负责管理。为谋取非法利益，该四人经协商决定，于 2014 年 4 月左右在酒店内组织实施卖淫嫖娼非法活动。由酒店客房部部长任某、人事部主任白某、财务陈某 3、培训人员梁某等人负责具体实施。其中白某和魏某主要负责招募卖淫女和对卖淫女进行评级、定价等管理工作，任某负责楼面、房间卫生等管理工作，梁某则负责对卖淫女进行培训和罚款。酒店还聘请钱某、代某等人负责为嫖客预约房间，丁某某负责将卖淫女带到酒店房间供嫖客挑选，选中后卖淫女以 600～1800 元的价格在酒店房间内为嫖客提供性服务。收银员康某、向某某二人轮流在酒店某一房间设立办公室，收取嫖资，再将酒店盈利上交财务陈某 3。由陈某 3 按月进行分红和上述人员的工资发放。2018 年 5 月，公安机关接群众举报后在该酒店当场抓获犯罪嫌疑人陈某 1、陈某 2、杜某某、汪某等人。2018 年 9 月，李某和龚某某分别在家中被抓获。李某作为酒店股东，参与策划并决定在酒店内组织失足妇女实施卖淫活动，非法获利 229 万元。

◇指控罪名

《中华人民共和国刑法》第三百五十八条第一款——组织卖淫罪

组织、强迫他人卖淫的，处五年以上十年以下有期徒刑，并处罚金；情节严重的，处十年以上有期徒刑或者无期徒刑，并处罚金或者没收财产。

◇罪名分析

（一）罪名确定

根据 2017 年 7 月 21 日《关于办理组织、强迫、引诱、容留、介绍卖淫刑事案件适用法律若干问题的解释》的规定，组织卖淫行为的主要表现形式为以招募、雇佣、纠集等手段，管理或者控制他人卖淫，卖淫人员达到三人以上。其主要行为特征在于行为人对卖淫活动进行策划，对卖淫女进行管理或控制。

（二）罪名构成

1. 主观

组织卖淫罪主观为故意犯罪。即行为人明知自己在实施组织他人进行卖淫活动的行为，并且明知道这种组织行为会造成危害社会的结果，而希望或者放任这种结果的发生。由于实践中有的行为人会变相设置卖淫场所，如以办旅馆、酒店、美发店、按摩店为名，行开卖淫场所之实。对于这类经营场所的投资者来说，需要明知其所投资的经营场所从事组织卖淫活动，仍然参与投资并享受分红，才能认定为主观上明知。

2. 客观

（1）一般情况。要构成该罪，客观上必须实施了组织卖淫的行为，即以招募、雇佣、纠集等手段，管理或者控制三人以上的卖淫人员实施了卖淫行为。

（2）情节严重。2017 年《关于办理组织、强迫、引诱、容留、介绍卖淫刑事案件适用法律若干问题的解释》将以下情形认定为《刑法》第三百五十八条规定的情节严重行为：

①卖淫人员累计达 10 人以上的；

②卖淫人员中未成年人、孕妇、智障人员、患有严重性病的人累计达 5 人以上的；

③组织境外人员在境内卖淫或者组织境内人员出境卖淫的；

④非法获利人民币 100 万元以上的；

⑤造成被组织卖淫的人自残、自杀或者其他严重后果的；

⑥其他情节严重的情形。

（3）刑法意义上“卖淫”概念的理解。

刑法理论界及司法实践中对于以下几种方式被认定为刑法意义上的“卖淫行为”没有争议：

①传统意义上的提供性服务并收取财物的行为。

②男性提供性服务并收取财物的行为。虽然我国 1979 年《刑法》将强迫卖淫

罪和引诱、容留卖淫罪中的卖淫人员规定为“妇女”①，通常情况下组织卖淫罪组织的对象也是女性，但随着社会现象的演变，男性为了获取物质利益而与不特定的女性或男性发生性关系的现象渐渐进入公众视野，卖淫主体突破了传统的女性，也引起了刑法立法、司法界的关注。1997 年修订的《刑法》将组织、强迫、引诱、容留、介绍卖淫罪中卖淫人员的“妇女”改成“他人”，解除了性别限定，男性也能成为刑法意义上的卖淫人员。②

③肛交、口交等卖淫行为。我国《刑法》并未明确规定“卖淫”的含义，也未将卖淫限于异性之间性器官接触的性行为，从一方生殖器进入另一方的体内，均属于进入式性活动。全国各地的司法审判实践一般将口交、肛交的行为定性为卖淫行为，如浙江省绍兴市中级人民法院二审刑事裁定（2019）浙 06 刑终 401 号、广东省深圳市中级人民法院二审刑事裁定（2019）粤 03 刑终 928 号、四川省自贡市中级人民法院二审刑事裁定（2019）川 03 刑终 72 号等。与传统性行为相比，肛交和口交也是性病传播途径的角度看，此二种方式，从与传统性行为一样均可引起性病的传播，均属于我国《刑法》予以打击的范围。而对于仅实施手淫、胸推等行为的，一般不予以认定为刑法意义上的卖淫行为，一般不作为犯罪行为予以打击，而是仅作为违反《治安管理处罚法》的行为进行治安处罚。

（三）组织卖淫罪与其他犯罪

实务中组织卖淫罪与容留、介绍卖淫罪，协助组织卖淫罪的行为比较难以区分。

1. 组织卖淫罪和容留、介绍卖淫罪

组织卖淫罪和容留卖淫罪、介绍卖淫罪最大的区别在于组织卖淫罪的犯罪行为具有组织性、控制性。具体体现在以下几个方面：

一是体现在组织者的组织结构上，即建立卖淫组织，发起、筹划卖淫活动。主要表现为出资成立某合法组织以掩盖其犯罪行为，参与经营管理，制定经营规则，应对公安检查方案，从整个团伙的非法所得中获得分红等。但有固定的组织

---

① 1979 年《中华人民共和国刑法》第 140 条、169 条，1980 年 1 月 1 日起施行。

② 1997 年《中华人民共和国刑法》第 358 条、359 条，1997 年 10 月 1 日起施行。

不代表有固定的场所。司法实践中，有些行为人为了逃避处罚，会选择“流动”的方式从事卖淫活动，不设置相对固定的卖淫场所，而是利用微信、电话等方式，遥控卖淫人员到达提前选定的交易场所从事卖淫活动，这种方式不影响组织卖淫罪的成立。

二是体现在行为人在实施卖淫行为过程中的组织管理性特征，即对卖淫者实施召集、调配、管理。客观行为主要包括统一工号、统一安排“上钟”，分发卖淫工具，处理顾客投诉，统一对嫖资进行管理及分配等。此种情况下，卖淫者一般不具有从事卖淫活动的自主决定权。若行为人仅为卖淫者提供场所或介绍嫖客等保障或推动卖淫活动顺利开展的行为，卖淫者对于何时卖淫、向谁卖淫、如何卖淫等有一定的自主决定权，那么该行为则属于容留卖淫罪或介绍卖淫罪的表现形式，不属于组织卖淫罪中的“管理”行为，不应当认定为组织卖淫罪。

三是体现在卖淫组织及人员短期内呈现相对稳定状态。组织卖淫犯罪行为的组织成员和参加卖淫的人员短期内呈现固定状态。而卖淫人员人数多少、规模大小不影响组织卖淫罪的成立，只需卖淫者达到三人以上即达到该罪的人数标准。

2. 组织卖淫罪与协助组织卖淫罪

我国《刑法》及相关司法解释将特定的几种为组织卖淫的人提供帮助的行为予以正犯化，规定为协助组织卖淫罪，不以组织卖淫罪的从犯论处。《关于办理组织、强迫、引诱、容留、介绍卖淫刑事案件适用法律若干问题的解释》第四条第一款规定了“明知他人实施组织卖淫犯罪活动而为其招募、运送人员或者充当保镖、打手、管账人等的，依照刑法第三百五十八条第四款的规定，以协助组织卖淫罪定罪处罚”。对于上述招募、运送或充当保镖、打手、管账人的行为，认定为协助组织卖淫罪没有争议。但是具体实务中，除了司法解释所列举上述行为，还有其他一些为组织卖淫提供帮助的人员，这些人介于组织卖淫罪的从犯和协助组织卖淫罪之间，其行为的定性往往难以区分。笔者通过检索分析裁判文书网的相关案例，结合我国刑法规定的组织卖淫类犯罪和协助组织卖淫罪的行为特征，对组织卖淫罪的从犯和协助组织卖淫罪的行为表现加以区分：

一是组织卖淫的从犯系在组织卖淫罪共犯中起次要作用，在一定程度上参与了实行行为但危害相对较轻的人员，虽然其系遵照首要分子或其他主犯的组织、策划、指挥，但实际上参与了卖淫事项，比如组织卖淫集团中实施“拉皮条”，招聘卖淫人员等。因此，无论是主犯还是从犯，无论在犯罪组织中的职位是经理、主管还是助理、一般职工，只要其参与了管理或是对卖淫人员的控制，均构成组织卖淫罪。而协助组织卖淫罪是组织卖淫罪的一种帮助行为，起辅助作用，主要包括为组织卖淫的犯罪分子提供某种方便，不具有管理行为或控制行为，更不具有组织卖淫活动的主导权和决策权。除了两高司法解释规定的“招募、运送人员或者充当保镖、打手、管账人”等，实务中还包括为直接组织人员发放招嫖广告和名片、记录卖淫次数、参与接待嫖客等。

二是协助卖淫罪的行为人与组织卖淫者之间无组织卖淫的共同故意，一般无事先通谋。协助组织卖淫的行为人系依附并受命于组织者，一般系在直接行为人的指挥、安排之下从事某项辅助性工作。大多数协助组织卖淫者系中途受雇用加入团伙。

注意：

1. 实务中，涉嫌组织卖淫罪的行为人，针对同样的卖淫人员既有组织、控制的行为，又有招募、容留、介绍的行为，一般按照组织卖淫罪一罪定罪，而不能定为数罪。

2. 在具有营业执照的会所、洗浴中心等经营场所担任保洁员、收银员、保安员等，从事一般服务性、劳务性工作，仅领取正常薪酬，可以不认定犯罪。

◇律师工作及成果

〔审查起诉阶段辩护工作〕

接受委托时，本案已被移送至检察机关，处于审查起诉阶段。辩护人详细查阅了本案全部卷宗材料，并依法会见了李某，经过分析，我们认为，全案证据无法证明犯罪嫌疑人李某明知其所投资入股的酒店存在卖淫嫖娼犯罪行为，更不能证明李某参与了策划、经营、招募等组织实施活动，公安机关指控李某涉嫌组织卖淫罪属认识错误，犯罪嫌疑人李某不构成犯罪。辩护人基于本案的事实和证据，形成申请不予以起诉法律意见书，提交至检察机关，并积极同检察机关当面沟通，表达辩护人的意见，将收集的证据材料提交至检察机关，最终检察机关在证据上严格把关、尊重事实和法律，并且充分听取并采纳了辩护律师的意见，在经过两次退回补充侦查后，依法做出了不起诉决定，使得本案得到了公平、公正的处理。

〔辩护观点及论证〕

一、李某无组织卖淫的主观故意，对其所投资的酒店实施“卖淫”活动不知情

（一）李某投资该酒店时间系2012年3月，而陈某1和陈某2于2014年擅自增加了卖淫非法活动，李某不知情，更未参与商讨决定开展此项非法活动。根据李某的供述和辩护人通过会见了解到的情况，2012年3月，李某系经龚某某介绍，参与投资龚某某与陈某1、陈某2的投资项目——某市某酒店，该酒店系正在经营中的成熟酒店，经营项目为合法的客服和会务、餐饮等项目，李某也并不认识二陈，其系通过龚某某的介绍，在仅确认了酒店运营范围和回报比后，即参与了投资。综合全案证据，指控李某明知酒店开展卖淫业务的证据仅为陈某1和陈某2的供述，然而，鉴于陈某1、陈某2与本案的处理有着重大利害关系，二人关于该部分供述不可采信。因此可以合理得出李某并不参与酒店的管理、不享有酒店经营决策权的结论。

（二）李某未参与酒店的经营管理。根据李某的供述，其从未参与酒店的经营和管理，对酒店的经营没有决策权。该部分供述有酒店相关工作人员的证人证言和龚某某的供述相印证。龚某某和多名酒店工作人员证明，酒店的经营事项由陈某1和陈某2全权负责，酒店工作人员甚至未听说过李某。

（三）根据李某的供述，其从未去过某酒店，无法知晓酒店存在卖淫非法活动。辩护人通过对多名酒店工作人员证言的横向对比分析发现，酒店工作人员的证言均证明并不认识李某，也未在酒店见过李某，酒店工作人员对李某的辨认笔录也显示并未辨认出李某。因此，全案证据不能证明李某曾去过涉案酒店。

（四）李某除了投资涉案酒店，还是多家民营企业的法人代表，无暇关注、问询酒店的经营状况。李某作为多家企业的法人代表，主营业务为电子家居产品的生产、销售等，产品远销欧洲、东南亚等多个国家，经营状况良好。根据一般经验和常识，李某根本没有时间和精力监督和核实该酒店的实际经营事项和经营状况、盈亏情况。对酒店增加“卖淫”的非法业务不知情的辩解是合情合理的。

（五）陈某1和陈某2获得大部分利润。辩护人通过分析公安机关聘请鉴定机构对酒店实施卖淫活动的违法所得以及陈某1、陈某2、李某、龚某某等人银行流水的审计报告发现，陈某1、陈某2通过各种方式从酒店获取了绝大多数的利润，而李某、龚某某所得利润仅限于酒店的客房、会议室、中餐厅和KTV等合法经营收入，因此可以得出陈某1和陈某2向李某等股东隐瞒事实，在酒店内开展卖淫活动，以获取非法利益的合理怀疑。

二、专业之争，手淫、口交、胸推等行为是否属于卖淫

本案的一大争议焦点是没有证据证明该酒店提供传统性交方式的卖淫行为，根据该案卷宗的犯罪嫌疑人供述以及证人证言，酒店提供手淫、口交、胸推等服务，也正是这些服务被公安机关认定为卖淫行为，李某因此涉嫌组织卖淫罪。

关于如何理解刑法意义上的“卖淫”一词，理论界有一定的争议，司法实践中争议更大。我国现行刑法及其司法解释、治安管理处罚法都没有对“卖淫行为”作出具体界定，根据对《关于审理组织、强迫、引诱、容留、介绍卖淫刑事案件适用法律若干问题的解释》的理解与适用，进入式的性行为应当认定为刑法意义上的卖淫，如列举的“肛交”、“口交”方式。全国各地的司法审判实践一般将口交、肛交的行为定性为卖淫行为，如浙江省绍兴市中级人民法院二审刑事裁定（2019）浙06刑终401号、广东省深圳市中级人民法院二审刑事裁定（2019）粤03刑终928号、四川省自贡市中级人民法院二审刑事裁定（2019）川03刑终72号等。与传统性行为相比，肛交和口交两种方式均可引起性病的传播，均属于我国刑法予以打击的范围。而对于仅实施手淫、胸推等行为的，一般不予以认定为刑法意义上的卖淫行为，一般不作为犯罪行为予以打击，而是仅作为违反《治安管理处罚法》的行为进行治安处罚。但本案辩护人由于考虑到该酒店提供的不只是手淫、胸推的服务，最终未将该辩点列为辩护意见。

办案感悟

在共同犯罪案件中，先归案的犯罪嫌疑人为了逃避法律追究或减轻自己的罪责，往往会通过隐瞒甚至歪曲犯罪事实的方式，将责任推给后归案的犯罪嫌疑人。由于口供具有反复性和易变性，现代刑事诉讼为了避免口供或自白证据在运用中出现错误，多数国家限制口供或自白的证明力，我国也不例外，即在一般情况下不承认其对案件事实的独立和完全的证明力，必须要有其他证据予以补强①。因此在有其他证据相印证的情况下，同案犯罪嫌疑人的供述才能予以采纳。若无其他证据相印证，则该部分供述没有证明力。本案犯罪嫌疑人陈某1和陈某2供述称李某明知酒店存在卖淫非法活动，该部分供述无其他证人证言、书证、物证等相印证，与李某本人的供述也存在矛盾。公安机关仅仅凭借同案犯罪嫌疑人的供述和李某参与获得分红就认定李某明知酒店存在卖淫非法活动进而认为李某涉嫌组织卖淫罪的认知明显不妥。辩护律师在审查起诉阶段要认真梳理证据材料，运用证据规则对证明犯罪嫌疑人有罪的证据按类进行分析，通过横向对比和纵向对比，分析证据之间是否达到证明标准，提出相应的法律意见，争取使当事人得到公正的处理。

辩点总结：组织卖淫罪的无罪辩护要点

一、行为人未达到组织卖淫罪所要求的对卖淫人员形成组织性控制的程度

组织他人卖淫罪，是指以招募、雇佣、强迫、引诱、容留等手段，控制多人从事卖淫的行为。即在手段上，需要具有组织性。按照字面解释，“组织”是指安排分散的人或者事物使之具有一定的系统性、整体性，它有安排、筹划、指示、指控等含义。组织卖淫罪中的“组织”一词以列举的方式表述为“以招募、雇佣、纠集等手段，管理或者控制他人卖淫”。由于“组织”行为是一个比较复杂的过程，涉及多方面的管理与协调等，特别是在组织人员与被组织人员众多的情

① 李勇：《刑事证据审查三步法则》，法律出版社2017年9月版，第280页。

形下，依靠单个人的行为很难完成。因此，实践中的组织者便往往是由目的一致、分工明确的若干人员共同组成，在一定的目的下，形成一个稳健而协同有序的整体。即组织行为，既包括主动的安排、管理分散的行为，也包括通过一定的行为使得原本分散的行为得以有序化。因此，若仅是简单地将个体召集到一起，并没有形成固化的成员和相应的纪律规则，则不能认定构成组织卖淫罪。

案例1：樊某涉嫌组织卖淫罪一案①

裁判要旨：本院认为，上诉人樊某在上诉人蒋某等人帮助下，设置固定场所接纳多名卖淫人员，并招揽嫖娼人员与之从事性交易，从中谋取非法利益，其行为构成容留、介绍卖淫罪。本案系共同犯罪，上诉人樊某出资设置卖淫场所，系主犯，上诉人蒋某，原审被告人胡某、彭某受上诉人樊某邀集帮助其实施犯罪行为，均起帮助作用，系从犯。上诉人樊某自动投案并如实供述犯罪事实，是自首。针对上诉人樊某上诉称及辩护人辩称不构成组织卖淫罪的意见，本院认为，樊某等人与卖淫人员约定了卖淫的方式、非法利润的分配方式，但未从人身、精神、经济等角度控制卖淫人员，卖淫人员卖淫与否完全由其本人决定，故樊某等人的行为不属于组织卖淫，其辩解、辩护意见本院予以采纳。

案例2：邢某涉嫌组织卖淫罪一案②

裁判要旨：针对上诉人邢某及其辩护人所提邢某没有招募、集结卖淫人员，也没有对卖淫人员、卖淫活动进行管理和控制，仅有容留、介绍卖淫的行为，构成容留、介绍卖淫罪的上诉理由和辩护意见，本院认为，本案中卖淫人员多系主动联系到该卖淫场所从事卖淫活动，被告人邢某不直接收取嫖资以控制卖淫人员的收入，卖淫期间卖淫人员的人身、财产并不实际受邢某的约束、管理。本案中，被告人邢某的行为虽看似有一定的管理行为，但尚未达到组织卖淫罪所要求的

---

① 审理法院：长沙市中级人民法院，案号：(2013) 长中刑一终字第 00445 号，裁判日期：2014.06.06。(一审判决已生效)

② 审理法院：成都市中级人民法院，案号：(2018)川 01 刑终 25 号，裁判日期：2018.02.24。(二审判决已生效)

“组织性”特征，其行为未达到起指挥、策划、管理作用的程度，被告人邢某的行为主要更多地体现在为他人卖淫提供场所及牵线搭桥，故其行为符合容留、介绍卖淫罪的犯罪特征，应当认定为容留、介绍卖淫罪，故对该上诉理由及辩护意见予以采纳。

二、组织的卖淫人员少于三人，不构成组织卖淫罪

最高人民法院、最高人民检察院《关于执行〈全国人大常委会关于严禁卖淫嫖娼的决定〉的若干问题的解答》规定的是“多人”（一般理解为三人以上）。该解答虽已失效，但我们认为，这一规定依然可以适用。组织卖淫罪的构成应当以具有“组织性”为前提，即应当有一个数量的最低限度。对于组织卖淫罪而言，“组织性”体现在将单个卖淫人员以招募、雇佣、纠集等手段整合为三人以上固化的卖淫团体，并按照相应的纪律、规则对卖淫团体进行管理或控制。此外，对于“卖淫人员在三人以上的”，法律并没有明确规定可以进行累计计算，基于罪责刑相适应原则，不应当作扩大性理解而累计计算。

案例：刘某、钟某涉嫌组织卖淫罪一案①

裁判要旨：法院认为，钟某与刘某共同组织卖淫，因钟某组织卖淫人数只有二人，不能构成组织卖淫罪、协助组织卖淫罪。但钟某明知刘某组织妇女卖淫，仍为其招募、介绍二名卖淫女，其行为构成介绍卖淫罪。

---

① 审理法院：长沙市中级人民法院，案号：(2019) 湘 01 刑终 719 号，裁判日期：2019.09.05。(二审判决已生效)

后　记

铸剑刑辩，一生收锋

——刑辩律师的坚守

【引言】

弹指一挥间，光阴飞逝十余载。回忆过往，从刚入行时的青涩，到如今的所谓“成熟”，其间喜怒哀乐，苦辣酸甜，冷暖自知。若非要用几个关键词来概括这段流金岁月，那就是：漂泊、迷茫、专业、艰辛、创新、情怀、独立人格。

一、漂泊

忆起来深，就不得不从离开北京的那个夜晚说起……

十几年前一个寒冷的冬夜，北京下了一场鹅毛大雪。昏暗的灯光，好似睡眼惺忪地摇晃着过往行人疲惫的身影。路边的小酒馆，几个北漂的青年，正喝着一场闷酒，这群人中，有人正准备离开北京。失意，弥漫在狭小酒馆里的每一个角落，空气中，充斥着压抑的别离气氛。正所谓“多情自古伤离别，更那堪，冷落清秋节”！席间，慢慢地，有人开始轻声呜咽，紧接着，那人不禁放声大哭。

那个痛哭的离京主角，就是我！

绿皮火车，慢慢地驶出北京西站。窗外，北京渐行渐远，这座承载着许多回忆的城市，在今后的日子里会变得越来越陌生。曾经在这座城市里立下的凌云壮志尚未能实现，如今便要仓皇离去。再回首，几年北漂生活的辛酸，孤客逆旅，飘零之感油然而生，不禁悲从中来。就这样，我带着惆怅、彷徨和仅有的五百块钱，南下深圳了。

南国的冬天，并没有北国凛冽的寒风。冬日的暖阳，将一缕缕炫目的光芒俯射大地，穿过微风轻拂的翠绿枝头，留下一连串婆娑的影子。也许是对未来彷徨不定的担忧，当时并没有感受到南国冬日的温暖，反倒觉得丝丝寒意入骨。茫然之余，随朋友来到蛇口的一处海边，后来才知道那地方叫海上世界。他对我说，深圳是一座神奇的城市：在这里，时间是金钱，效率是生命。一个边陲的小渔村，在极短的时间内蜕变成国际大都市，处处充满着奇迹，它不曾也不会辜负每一位在这座城市里拼搏、奋斗的人。我倚着矗立在海边的女娲补天雕像，向远方望去，心想，什么时候亦能如女娲一般，在这座美丽的城市中筑起一片属于自己的天空？

"长风破浪会有时，直挂云帆济沧海"。理想，总是要有的，万一实现了呢？

二、迷茫

（一）初入律途

来深后，不像许多深漂那样，匆忙扎进人头攒动的人才市场，对着糊在墙上的 A4 纸寻找人生的新坐标。幸运的我，闯深的第一站，是在一位朋友的举荐下，去了深圳一家本土品牌的大所，给当时的律所主任当助理。

就当时的情况，律师助理于我而言，是一个全新的工作岗位，也确实是一场前所未有的挑战。其一，履历中未曾有过这样的工作经历，甚至都搞不清楚律师助理的工作范围和职责；其二，给大所的主任当助理，难度本身就不容小觑，且前一任助理在岗位中表现得十分出色，更给人一种无形的压力。

不过主任是一个很和善的人，当助理的日子，在波澜不惊中飞逝如电，直至一件事的发生，让我不得不重新审视我的未来。

一天上午，主任递过来一沓厚厚的卷宗，让我对比案件中证人、被害人、犯罪嫌疑人关于某个事实陈述的异同，并要求在三日之内做出一份详细的阅卷笔录，罗列出对我方当事人有利的情形。如今，细细想来，做好一份阅卷笔录，其实只是一名刑事律师的基本功而已。但对于当时的我来讲，却是心有余而力不足。在我看来，刑事辩护并非主任擅长的业务领域，主任几乎不办理刑事案件，因此，我并不能从他那里获取相应的经验或参考。而我也是第一次处理这样的问题，要从这么多的卷宗材料中抽丝剥茧，再从中整理出有价值的信息，的确够让人手忙脚乱一番。在费尽九牛二虎之力后，终于把整理好的材料交给主任，但主任当时的表情并不如想象中的那般如沐春风，他瞄了一下整理出来的材料，脸色一沉，丢下一句："这也太粗了，重新再整！"

走出主任办公室后，迅速回到自己的卡座上，第一个念头便是打算在主任出差前，集中精力重新把案件材料整理出来，再交给主任。但一时之间，却毫无头绪，不知从何下手。踌躇之际，旁边热情的"李律师"（当时误以为是一位资深的律师）看出了我的难处，立刻过来帮忙，教我如何快速有效地阅卷，先通读案卷，找出我们应当关注的问题或者是辩护点，以其为导向来制作阅卷笔录，并传授一些很实用的阅卷方法，如纵向比较法，即对某人就某个事实在不同时间段所做的陈述进行比较；如横向比较法，即对某些人就某个事实所做的陈述进行比较；如综合分析法，即综合案件中的物证、书证，对某人就某个事实所做的陈述进行分析。听到"李律师"的建议后，我如获至宝，连夜重新整理卷宗材料直至凌晨三四点钟。第二天一大早，我就将自己整理出来的阅卷笔录打印出来交给主任，主任翻阅材料后，惊讶地看了我一眼，就匆匆放进行李箱，出差去了。

不久后，我特地请"李律师"吃了一顿简餐，以表示感谢。席间，"李律师"和我聊了很多。他告诉我，他来这个所已经很多年了，在他眼里主任其实是一个很严格的人，以前的助理非常优秀，跟着主任好多年，从整理案件材料到撰写法律文书，再到打理顾问单位的日常事务，里里外外都是一把好手，所里的很多老同事都很认同她的能力。只可惜她参加司考（律考）多年，都未能如愿通过，最后律师梦碎，才无奈离开律师队伍去某大型房地产公司另谋高就了。同时，"李律师"也告诉我，他近期也打算离开律所，准备参加司法考试，没有通过司考，确实很难再在律所发展下去。刹那间，我惊讶地看着他，而后，才恍然大悟，原来"李律师"不是律师！

饭后，我陷入了沉思，"李律师"的那一席话，确实让人醍醐灌顶。若想在律所里发展下去，如果没有获取法律职业资格证书，尚不能称之为"律界"圈内人。看似薄薄的一纸之隔，实则相距十万八千里，即便再能干的人，若无此证，最终也都逃不掉离开这个群体的命运。或是自愿，或是迫于压力，犹如主任的前一任助理和"李律师"一样，只能在远处"眺望"，抑或逐渐远离。

这段在律所当助理的经历，让我深刻地认识到法律职业资格证书的重要性，若想成为一名执业律师则必须要通过司法考试。“临渊羡鱼，不如退而结网”，不久之后，我便暗下决心，一定要认真学习，争取早日通过司法考试，取得法律职业资格证书，圆自己一个律师梦……

（二）拼搏司考

谈起那段司考的往事，就不得不提起深圳市图书馆，因为它是那段岁月里最重要的记忆支撑点。我至今仍无法忘记那段在深圳市图书馆激情澎湃的备考经历，那里，正是我追逐律师生涯的一个起点。

图书馆，是智慧的源泉，是我人生中最重要的加油站！

一直以来，我对图书馆这个地方有着深厚的感情，以至于到现在如果外出办案，都一定会找机会去当地的图书馆逛逛。

记得在中学时代，我常在课余时间里跑到学校附近的图书馆浏览自己喜欢看的“闲书”，如唐诗、宋词、明清小说。“读书不觉已春深”，在满室书香中享受心灵的安逸……大学时代，图书馆更是无可替代，它是信息知识的集散地，是思想碰撞的平台，“奇文共欣赏，疑义相与析”。在那里，开阔眼界、增长知识，甚至收获爱情。所以，司考那年，我首先想到的学习场所，便是深圳市图书馆。

印象中，司考的夏天，酷热难耐。

辞去律师助理的工作后，还未来得及重整旗鼓、调整心态，便匆匆加入司考的大军，和很多经历过司考的朋友一样，天天泡在图书馆里啃书本，要将那浩如烟海的法律法规全部收入囊中，坚持是唯一的方式。因此那段时间，每天早出晚归，披星戴月、黄卷青灯，捧着那多如恒河沙数的法条埋头苦背，恨不得将这些多如繁星的知识点一股脑地装进自己脑袋里。“不经一番寒彻骨，怎得梅花扑鼻香”？

在临考试前的一个月时间，与众多考友自发组织了一次模拟考试，以测试大家的实战水平。本以为自己已将法条背得滚瓜烂熟，然而测试的结果，让人大失所望。以往的复习，犹如纸上谈兵，一旦要将法条运用到具体的试题时，却是那么的生涩，无法游刃有余。随着司考时间的临近、模考的打击，再也难以压抑学习的疲惫和焦虑，压力汹涌而至。刹那间，心灰意冷，对通过司考也失去了信心……

幸运的是，在图书馆里结识的那些备战的朋友们得知情况后，纷纷送来鼓励与慰藉，并传授我一些他们认为有效的学习经验和方法，希望我能咬紧牙关，不要放弃。其实，在司考的过程中，最大的敌人不是考卷，而是自己，慌乱、畏惧与逃避都源于内心。在朋友们的陪伴下，我决心重拾信心、逆流而上、背水一战。

“有志者，事竟成；苦心人，天不负”。最终，在幸运女神的眷顾下，我如愿通过了司考。更为难能可贵的是，在这场短暂的旅途中，锤炼自我，收获坚韧；诚挚交流，收获友情。那些与我一起奋战的朋友，时隔数年后依然保持着联系，他们之中，一部分人成为律所的中坚力量，也有一部分人进入了公、检、法系统，偶尔还会在办案中相遇，说起司考的经历，大家都会相视而笑。

那时候的我们，为了心中的梦想，结伴而行。

（三）蹒跚成长

2010 年 6 月 21 日，在一个看似平凡的日子里，我如愿以偿地拿到了律师执业证，正式成为了一名执业律师。

执业之初，自信满满。以为习法数年，且通过了被誉为“天下第一难考”的司法考试，再加上一年见习的经历，就可以应对未来执业生涯中可能遇见的各种情况。现在想来，这种夜郎自大的观点，是多么的愚蠢。

俗话说：“万事开头难。”独立执业后，很快就发现做一名执业律师远远不止想象中的那么简单，眼前面临的是各种困境。如何开展业务？如何提升执业技能？如何成为一名专业的律师？这一个个问题如同一个个巨大的问号，高悬在我的执业天空，无法回避、必须直视。

理想，总是那么的丰满；现实，却是如此残酷的骨感。

为了生存，就不得不去思考如何开展业务的问题。为了尽快有效地拓展业务，我去图书馆里借阅了许多律师书写的关于如何拓展律师业务方面的书籍，期望从书本上获取一些有效的方法、可行的措施，然而事与愿违，付出不少精力但收效甚微。这也恰好印证了古人所说的：“纸上得来终觉浅，绝知此事要躬行。”

正当一筹莫展、束手无策之际，借着一次律所聚会的机会，特地向几位律师请教如何开拓业务。

酒后微醺，同行们诉说着当年的辛酸，那一幕幕场景，瞬间一一呈现。

有一位老律师说：他执业时，幸运地赶上了一个律师执业的好时代。那时是深圳经济第一次腾飞，纠纷不断，诉讼量暴增，而当时整个深圳市只有区区几百名律师，可谓是供不应求。当时，很多当事人在律所门口排队等待向律师咨询，更有甚者带着现金在律师事务所门口排队等律师签约，不少律师都可以挑选自己喜欢的案件办理。在那个年代，很多律师根本不用去考虑如何拓展业务，只要用心把手头上的案件办好即可。至于如何拓展业务，他们没有太多的想法。

有一位中年律师说：刚来深圳时，吃了很多苦。因为初来乍到，人生地不熟，身上又没有多少钱，租不起房子，只能睡在公园的草坪上或者是天桥底下。拓展业务，亦是举步维艰，没有特别有效的举措，只好用土办法，白天没什么事，就去法院门口、劳动仲裁庭门口或者是看守所门口转悠。若有当事人过来立案或者咨询，便凑上前去，提供相关的咨询，运气好的话，会接到一些小案件，比如，代写诉状、临时会见，等等，虽然收取的费用不是很多，但也能缓解燃眉之急。慢慢地，从艰难中挺了过来，业务也逐渐有所起色，执业至今已是风生水起。

另一位青年律师说：执业初期，没有什么案源，自己也没有什么拓展业务的思路。有一次，去一个看守所会见犯罪嫌疑人时，无意中发现看守所门前的电线杆上贴满了律师的名片，甚至看到了一些律师把自己的名片贴在垃圾桶上面。虽然他并不认可这样拓展业务的方式，但还是受到这种宣传方式的启发，于是，就凑了一些钱，买了一辆轿车，在车身贴上自己的擅长领域和联系电话，让车成为流动的广告箱。但是，实践表明，收获寥寥，所以对于如何开拓案源也很茫然。

聆听分享后，很受启发，但始终没有勇气用那样的方式来宣传自己，以达到拓展业务的目的。古人云："穷则思变，变则通。"于我而言，当时确实是囊中羞涩、捉襟见肘，也有求变的想法，却没有付诸行动的勇气。因为，在我心中，始终认为律师是一份高贵、神圣的职业，怕自己弯下腰时，头顶的皇冠会跌落下来。所以，自认为那些特别低端的推广方式，是对律师职业的一种亵渎（可能自己这样的观点过于偏激）。所以，在执业初期，就这样一直在迷茫中艰难地徘徊向前……

行文至此，就不得不提起法援处。在经历了一段没有案源、惶恐不安的瓶颈期后，一次很偶然的机会，让我的执业之路出现了转机。当时，法援处安排所里的一位女律师去值班，说来也巧，那天她刚好有事不能去值班，便邀我替她值那一天的班。冥冥之中，我阴差阳错地接触到了法援处。

记得曾经看过一本描述美国法律援助制度的书，其中有一句话是“法律援助处，是大律师的摇篮”，让人记忆犹新。其实，不仅在美国，当今中国，有一些知名的律师，也都有着法律援助的成长经历。法律援助制度的发展，是中国法治的进步，不仅让一批批律师能够在这里接受锻炼，更是让整个社会拥有更多获取公平正义的机会。就这样，法援处再次征召值班律师时，我抓住机会，踊跃报名了。在接受了一段时间专业的岗前培训后，经常被安排到法援处值班，慢慢地，法援处也开始指派一些案件让我来办理。这段在法援处的岁月，让我从执业之初的困境当中得以喘息，使我积累了丰富的办案经验，尤其是在刑事辩护方面，我对自己专业方向的定位也渐渐明朗了起来。后来，我选择刑事辩护作为自己的专业方向，有很大一部分原因是受到法援处办案经历的影响。这段经历可谓是我从业生涯的一个分岔口，让我在关键的节点，选择正确的方向，以至于时至今日，仍然对法援处心存感激。

三、专业

在执业道路渐渐步入正轨之后，又产生了新一轮的困惑，该如何选定自己的专业方向，成为一个专业的律师？迷茫之余，也曾去书店买了很多书，试图从中寻找自己喜欢的专业，但最终还是无功而返，不由得失落忧虑。

随着执业年限的增长，业务量随之增加，收入也逐渐提高。执业早期的激昂慷慨、壮志凌云，逐渐被繁忙的工作所替代，终日奔波。一言以蔽之：不是在办案，就是在办案的路上。

这样的生活，虽说充实，却也很踯躅彷徨。总觉得这样重复的忙碌，挤占了我大量的时间，让我无法静一静心，认真地去思考、提炼和总结过往。渐渐地我意识到，这种状态，不是我想要的。

不愿在漫长的职业生涯中被磨平了棱角，如何改变自己的现状，让我能够从繁忙的工作当中抽身出来，做自己想做的事情，让自己蜕变成为自己想要成为的模样，成为我首要思考的问题。

专业化，这个词汇慢慢地进入了我的视野。我开始思考，能不能用专业化的职业定位来解决自身目前的困惑？一个真正专业的律师，不应当是“万金油”式的律师（其实，我更愿意用“全科”式这个称谓）。但想要让自己拥有专业化的标签，随之而来的则是更多的难题。我要成为一名什么领域的专业律师，方向在哪里？我该如何成为这样的律师？法律服务市场需要什么样的专业律师？这一个个疑问，让我再一次陷入了沉思。

带着这样的困惑，一场刻骨铭心的败诉经历改变了我的职业走向，让我下定决心走专业化道路，一定要做一名专业的刑辩律师。时至今日，对于这个案件的整个办案经过，我依然记忆犹新。

大概在执业后两三年，应同事的邀请加入了一个房产买卖、租赁合同纠纷的案件。当时，和另外两位同事一起，临时组成一个团队，作为 165 名业主的诉讼代理人起诉本地区最大的开发商。

这个案件，涉及的人数众多，深圳电视台《第一现场》栏目组还专门安排记者跟踪报道本案。在那个时间段，这也算是一个颇具有影响力的案件。所以我和其他两位同事，在办理这个案件期间丝毫不敢懈怠。

介入本案之初，我们三个律师进行简单的工作分工，基于女律师同事的亲和力，决定让她和我拍档，一起接待当事人。刚开始，当事人来得不多，我们都非常耐心地解答每一个当事人的疑问。然后，根据他们案件的具体情况，让他们根据我们的指导来收集、整理证据材料，提供给我们作为将来的诉讼之用。后来，随着对该案调查的不断深入，委托我们的当事人越来越多，每天都有一大群的当事人来到律所，接待室、会议室几乎全部被挤满，甚至有时出现律所的走廊都站满了人的情形。这种人山人海的场面，很多同事都惊呼少见。随之而来的接待工作，变得异常的繁重，整整一个多月的时间里，我们的工作几乎都是在倾听他们集体宣泄对开发商的不满。在他们的口中，开发商的行为，简直罄竹难书，但我也明白，这种情绪化的夸张背后，或许真的有他们难言的苦衷。

慢慢地，我们也开始调整工作方式，由原先我们主动提问当事人回答的模式，变成了当事人倾诉我们聆听的模式。由于每个当事人涉及的问题存在着一定的相似性，我们根据每个当事人陈述的问题，不断地进行归纳总结，并形成格式化的接待文本。这样做既加快了我们的接待工作进度，也为后面收集证据工作提供了便利。记得接待完最后一批当事人时，我们整个团队如释重负，这段时间高强度的接待工作，让我们也深深体会到，聆听也是律师工作的技能，它甚至比表达更加重要。这个案件，让我学会如何去聆听别人的倾诉，在今后的工作中总结出了一种让当事人更容易接受的接待模式。

接待完毕后，团队花了很长的一段时间，收集整理每一位当事人提供的证据材料，并根据以前的接待笔录，经集体讨论后，制定诉讼策略，初拟起诉状。最后，再和每个当事人充分地沟通，在其同意并确认之下，定稿起诉状。这个过程，描述时可能云淡风轻一笔带过，但在当时付出了巨大的精力，难以言状。记得当时，为了打印案件的材料，团队连续工作近 20 个小时，从上午 8 点上班至凌晨 4 点结束。当我们准备结束工作时，发生了两件事，至今难忘。其一，办公室的复印机因为连续超负荷工作，报废了；其二，在持续不断的超负荷工作中，我出现了身体上的不适，莫名其妙地流起鼻血，且血流不止。后来，基于办案过程中出现的种种情况，团队不得不将这部分工作交给律所附近的印刷厂来处理。

立案时，满满一卡车的证据材料，着实让立案庭的很多人目瞪口呆，至今，还清晰地记得，他们接收材料时惊讶的表情。当时，即便是立案庭特地给我们开了绿色通道，整个立案的过程也费了很长的时间。

庭前，我们以为已经做好了充足的工作，庭审后必然收获结果，但庭审的过程却让人始料未及。对方代理人是一位非常资深的房地产案件专业律师，他们团队对证据的收集、对涉案法律法规的整理，都比我们更加规范、更有条理。因此，无论是从质证环节还是对案件整体的理解和把控，对方律师都比我们更加熟练、更加专业。一场庭审过后，便深刻地感受到与他们在专业水平上的差距，从庭前诉讼策略的制定到庭审时的临场应变，他们都更胜一筹，以至于我方当事人都会在私下讨论对方律师比我们更加专业。

最终，案件经过多次开庭后，我们收到了一审的判决结果，即使已经做好了败诉的心理准备，但仍然惊讶于一审法院驳回我们全部的诉讼请求，不仅败诉了，而且败得很彻底！以往的努力，瞬间化为乌有，对这样的结果，当事人亦是表示不满意，更有甚者埋怨我们不够专业。当事人的质疑和埋怨，让我许久不能忘却。

经过这场败诉，我意识到专业的重要性。俗话说："一招鲜，吃遍天。"基于时间和精力的有限性，任何人都不可能在绝对意义上"全面发展"。无法掌握每一个领域的专业知识，更没有人能够在所有的领域内做到出众、极致。若想在法庭上赢得诉讼，取得当事人的信任和认可，便应当确立一个专业化的方向，并且在这个专业领域内做到极致、做出口碑。毋庸讳言，专业乃律师安身立命之本，以当前行业的实际情况来看，想要获得长足的发展，专业化可能是每一位律师必然的发展方向。一个高水平的法律服务，必然需要由在某一专业领域见长、具有专业经验的专业律师来完成，一个专业的律师应当是将自身定位成为精通某一具体法律领域的专家。

当我决定选择刑事辩护作为自己未来唯一的执业方向时，很多同事都感到惊讶诧异。因为在那个时候真正愿意扔下其他业务领域，只做刑事辩护的律师少之又少，许多律师对刑事领域感到悲观，因为刑事辩护并不是高产出的领域，而且要面临更多的风险和困境。我之所以选择刑事辩护很大一部分原因源于自己在学生时代的刑辩梦。

记得学生时代，在学校的礼堂里听田文昌大律师讲述曾经办理的某黑社会案件的经历，跌宕起伏的办案经过，让人如同身临其境。田大律师的介入，让这个原本陷入绝境的案件，有了绝处逢生的机会。田大律师精湛的辩护技巧，使这场演讲过程中不断响起热烈的掌声，也让身处礼堂的莘莘学子无比振奋。我和很多学子一样，通过这次演讲，在心灵深处埋下一颗刑辩的种子，随后，生根、发芽、结果。

时间又过了数年，深圳市律师协会举办第一期刑事辩护训练营，我有幸成为训练营中一名学员。这次集训的时间很短暂，仅有一周左右，但它却再次点燃了我心中那团刑辩的烈火。那时，我下定决心要圆自己心中的刑辩梦想，同时也决定尽自己所能去做一名专业的刑事辩护律师。不久之后，就加入了一个办理刑事案件的刑辩专业所，开启了专业刑事辩护律师的执业之旅。

然而，一名专业的刑辩律师所需要肩负的能力、技术和责任之重，远远超出我的预期。

正所谓："工欲善其事，必先利其器。"通过自己的知识和能力，维护当事人的合法权益，就要求刑辩律师应当具有丰富的经验累积与广泛的专业知识储备。因此，不仅要精确掌握法律条文的构成，还要透彻理解法条背后的法理，立法背后的深意，及时发掘专业领域理论和实践研究的发展动向，不仅需要全面汲取法学专业知识，还需要有宽阔的视野。在学习刑事实体法、程序法的基础上，还需广泛涉猎具体学科的专业知识。此外，还要对司法的动态和走向，对公、检、法的思维规律有知己知彼的认识和把握。

专业的刑辩律师需要具备高超的辩护技巧和智慧，古语有云："一人之辩，重于九鼎之宝；三寸之舌，强于百万雄兵。"在法庭上要有灵活机动的应变能力，能够驾驭多变的庭审形式，要以理性、严谨的态度，对控方指控的罪名、事实和证据，进行全面的审查和质疑。不把思维囿于现有的证据框架之内，洞悉每一个细节，从细节上挖掘提取被控方忽略的有利于当事人的证据，重新构建本案的法律事实。

与此同时，刑辩律师应当坚守法律职业伦理，忠诚于这个职业，有规则意识、良好的职业道德和社会责任感，在执业活动中应当遵守对当事人隐私的保密义务，以维护当事人的合法权益为服务理念，受人之托，忠人之事。

四、艰辛

再回首，刑辩之路，充满荆棘，一路走来，栉风沐雨，举步维艰。刑事辩护是一条充满风险的崎岖之路，刑辩的艰辛，大概只有刑辩人才能深刻体会。

以往很多时候，会在不同的场合听到不同的律师同行在抱怨，认为律师在办理刑事案件中会遇到很多的困难，这些困难有客观因素的限制，也有人为因素造成的，比如会见难、阅卷难、调查难，等等。那时，自己虽然已经定下了专注于刑辩的目标，但还并没有只办刑案，所以对于同行们的吐槽，虽有感触，但远不及切肤之痛。直到我成为一名专业的刑辩律师以后，办理的刑事案件较以往更多了一些，对刑辩艰辛的体会也就愈加深刻了。

会见难，对于刑事辩护律师而言是司空见惯的。有些看守所，受客观因素制约造成会见困难，如一看守所因地处偏僻，交通极不便利。记得有一次我们在外地办案，看守所在一个很偏僻的小山坡上，从山下到看守所，需要走一段不长不短的土路。有次会见，当时正处雨季，深一脚，浅一脚，步履蹒跚地走完这段土路，到达看守所门口时，双脚已是泥泞不堪，让人十分狼狈。

又如一看守所，因在押人数众多，远远超出看守所设立时的配置，不仅给看守所的管理造成不便，同时也给律师的会见过程带来很大的困难。由于律师会见室的数量有限，完全不能满足律师会见的需求，律师若想当日会见成功，必须要早起排队，而大多数的律师都是勤奋的，所以会导致一些稍微晚起的或者从外地赶来会见的律师往往赶不上会见。长此以往，导致看守所门口出现了春运时火车站常出现的奇特现象——黄牛党，令人忍俊不禁。

对于刑事辩护工作而言，会见、阅卷、调查取证的重要性不言而喻。很多辩护律师也清楚，在具体的个案中，若想要在法律的框架内最大限度地维护当事人的合法权益，那么对刑事诉讼过程中每一个细节都应当放大到极致，更何况是会见、阅卷、调查取证这些特别重要的环节。然而，现实的执业环境，往往比我们的想象更悲观些许，这也是很多律师同行吐槽的缘由。

记得有一个青年律师谈起他在北方某个城市会见犯罪嫌疑人的经历，让人唏嘘不已。一个很普通的案件，并非刑事诉讼法规定的三类案件，但是去看守所办理会见时，尽管提交了完整的会见所需的材料（三证），看守所的工作人员却仍然告知暂时不能办理会见手续，需要请示办案民警后才能决定是否让律师会见犯罪嫌疑人。果不其然，办案民警给出否定的指令，就意味着无法会见。这位青年律师向看守所工作人员阐明了刑事诉讼法的相关规定，苦口婆心地告诫他们这样限制律师执业权利的行为是违法的，即便如此工作人员就是不为所动，坚决不允许会见。青年律师无奈，只能去当地人民检察院控告办案机关的违法行为，最终也是不了了之，往返数次均无功而返。这位青年律师因为本案，一度对刑事辩护丧失信心。

其实，我亦有青年律师这样的会见经历，只是我的运气比他好一点点而已，最终在不断的抗争下，获得了本属于法律规定应该赋予律师的会见权。

记得数年前的一个秋天，去一个偏远的地级市办理一宗刑事案件，当时真切地体会到刑事辩护（会见）的艰辛。其实，在我看来，这是一宗很平常的制造毒品的案件，但当我去申请会见犯罪嫌疑人时，却遇到了不可思议的阻力。

在向看守所申请会见时，看守所的工作人员看了看犯罪嫌疑人的姓名，然后拿出一张 A4 纸记录的名单进行比对，结果告诉我犯罪嫌疑人在名单之中，所以不能会见。

我很是不解，当场就和看守所的工作人员争辩起来，甚至从背包里拿出刑事诉讼法，告诉他法律关于会见的规定，但是徒劳无功。看守所的工作人员静若磐石，不为所动，态度十分坚决，不允许我会见犯罪嫌疑人。无奈之下，我只好去找驻所检察官，希望他的介入能纠正看守所工作人员的违法行为，解我之困。到了驻所检察官的办公室，我大失所望，上班时间，大门紧闭，任由你敲门，就是没有人开门。

气愤之余，急忙驾车去当地检察院，寻求新的救济手段。窗口的工作人员似乎看出我的不悦，问明来意之后，试图从中斡旋。但是一连串电话后，告诉我如果要会见，必须去办案机关（缉毒大队）备案，经他们领导许可后，方可会见。看着一脸无辜的工作人员，自己虽一筹莫展，心中仍有余怒，但短暂的交流中亦能感受到这位工作人员的真诚，便不忍心去责备他，我也相信能否会见，并不是他能够斡旋成功的。

离开检察院后，直奔禁毒大队，办案民警的傲慢，完全在意料之中。不在同一频率的交流仅维持几分钟，便不得不去找他们的领导理论，领导态度温和，能说会道，问及律师能否会见，总是顾左右而言他，娓娓道来地告诉你，这个案件因为是公安部督办，九省公安厅联办的，很多领导都在关注这个案子，所以暂时不能会见。

走出缉毒大队后，我不禁长叹一声！感觉一番折腾，又回到了起点，花了很长的时间，跑了很长的路，去了很多个单位，找了很多人，费了很多口舌，最后的结局还是不能会见。整个过程犹如俄罗斯套娃，一个套一个，最后全套里头了，不禁感叹“徒法不足于自行”！

会见的曙光，终于在我将不能会见及交涉过程整理成文字交给当地政法委领导以后，才得以出现。当然了，这个过程也非常艰辛。幸运的是，不能会见的问题终究还是解决了。

过了很久以后，我才知道，这个案件在批捕之前，在这十几个犯罪嫌疑人的辩护律师之中，仅我一个人顺利会见了犯罪嫌疑人，其他律师均没有会见成功，犯罪嫌疑人的家属误以为我的人脉宽广，神通广大。殊不知，争取一次这种法律赋予我的普普通通的会见，作为律师却费尽心思、几经周折、多方斡旋。刑辩之艰辛，管中窥豹，可见一斑了！

不仅如此，作为刑辩律师，执业途中一定会伴随着很多的无奈和惋惜，需要我们保持一种平和、坚韧的心态。很多时候，希望自己能做到“心在案里、情在案外”的职业理性。

人非草木，孰能无情？

曾经接手过一个案件，自接受委托起到收到判决书，长达两年。其中，会见当事人数十次，从侦查阶段、审查起诉阶段到审判阶段出具数份辩护意见，仅审判阶段的辩护意见，就写了近三万字。案件庭审时，过程亦算得上完美，庭前会议加上两次庭审，审得非常细。经历了好几天的时间，但最终的判决结果却并不尽如人意，被告人被判死刑。对一名刑辩律师而言最重大的打击，不仅仅体现在诉讼结果本身，而是我们可能为一个案子呕心沥血、案牍劳形，付出了诸多努力，但是并没有得到相应的回报，折戟沉沙，击溃了我们的信心与勇气，为之付出的努力也都付诸东流。但此案值得欣慰的是，当事人家属并没有因为这个结果而责怪我，而是直到收到结果后都一直对我表示认可、尊重。

因此，作为一名刑辩律师首先需要学会直面挫折。刑辩之路，从来都不是一条铺满鲜花与掌声的璀璨之路，更多则是要面对荆棘路途上的种种困境与冲击。刑事辩护的无罪判决率极低，实践中很多辩护律师都选择为他的当事人做无罪辩护，但事成者却寥若晨星。但我始终相信，一个律师如果能够真正实现为公平和正义而努力，为捍卫他人的自由和权利而斗争，他就实现了自己的价值。

五、创新

（一）刑事业务的创新和机遇

执业后，我对律所与律师的发展困境深有体会。几乎所有的中青年律师及中小律师事务所都会面临一个难题——案源不足。

蛋糕在哪里？如何挖掘、寻找？这是一个值得整个律师行业深思的问题。

根据数据显示，截至2018年底，全国共有执业律师42.3万多人。2015年司法部统计律师创收总量为650亿元人民币，仅占全球法律服务业总创收的1.2%；而在美国，3亿多人口，拥有约60万律师，同年创收折合人民币为16000多亿元，占全球法律服务收益的41%。① 相比之下，作为全球第二大经济体的中国，法律服务创收明显太低，与我国经济体量，与社会、经济及文化发展水平明显不相匹配，缘由何在？

近年来，对于这个问题我不断地进行调研和总结，发现其主要原因在于我国律师的法律服务创新能力不足，难以满足社会、经济、文化多元化发展的需要。法律服务的供给侧缺乏创新，无法满足客户日益多样化、层次化的需求，因此，刑事业务需要新的机遇，中国法律服务业蛋糕做大的瓶颈不在于需求侧，而在于供给侧，在我看来，解决这一问题的关键就在于以创新来驱动法律服务业的供给侧改革。

之后，我便将目光投向企业和企业家，企业和企业家是社会财富的创造者，也是社会创新的重要推动力量，在社会发展的进程中，企业家们始终扮演着令人瞩目的角色。然而，从黄光裕到陈久霖，从吴英到曾成杰，无数企业家锒铛入狱，身陷囹圄，不仅给涉案企业家造成灭顶之灾，很多企业本身也因此最终消失在市场竞争之中。

由此可见，刑事法律风险是企业在经营过程中可能遇见的最致命的法律风险，对于企业和企业家的未来有着至关重要的影响。日益严峻的现实，让众多企业和企业家逐渐意识到其背后暗藏的刑事风险。企业和企业家除了需要民商事律师提供民商事法律服务以保证其财产性收益的增长和安全之外，更迫切地需要来自刑

---

① 彭薇："中国律师仅占全球法律服务业总创收1.2%，法律服务国际化要'参与规则制定'"，参见 http：//www.jfdaily.com/news/detai/？id＝38725，最后访问日期2020年5月1日。

事律师的刑事法律风险防范方面的服务，来为企业的存续或者为企业的法定代表人以及实际控制人（主要负责人）的生命和自由提供相应保障。而这些，恰恰是对刑事律师提出的新要求，以往在事后提供单纯的传统刑事辩护法律服务已经无法满足客户的需求。

结合以往诉讼经验，我意识到，对于企业和企业家来说，他们不仅需要刑事律师在涉案后为其提供刑事辩护，更需要刑事律师为其经济社会活动提供“事前决策”的刑法保障，解决其在经济社会活动“事中存在”的刑事法律问题，并为其经营过程中可能涉及的刑事犯罪提供“事后预诉”的全方位准备。

一言以蔽之，就是需要刑事律师将法律服务端口前移，这也就是我目前所研发解决的问题，即刑事法律服务的供给侧改革——刑事非诉业务的创新。

我国现行《律师法》规定的律师业务有 7 项，其中第 6 项规定“律师可以接受委托，提供非诉讼法律服务”。所谓非诉讼业务，与诉讼业务相对应，指的是律师接受公民、法人或者其他组织的委托，在其职权范围内为当事人处理不与法院、仲裁委员会发生关联的法律事务。非诉讼业务主要由咨询、代书服务、专项法律服务和法律顾问服务及其他服务组成，但该“非诉讼业务”，一般理解为律师在民商事领域提供的非诉讼法律服务，往往忽略了刑事非诉业务。

刑事业务历来是诉讼业务，从事刑事业务的律师也往往被称为“刑辩律师”，即其业务主要限定在为当事人提供刑事辩护法律服务。那何谓“刑事非诉业务”呢？对此，曾有律师在 2006 年撰写的《刑事非诉律师业务初探》一文中，对刑事非诉讼业务进行了有益的探索，提出了“刑事非诉业务”的概念，他认为，所谓“刑事非诉讼业务”，是指律师依法接受委托，针对与刑事法律相关的实体和程序法律问题，以不直接参加司法机关主导的刑事诉讼活动的方式，为需要刑事法律帮助的单位、个人（企业家）和需要参加刑事诉讼活动的参与人提供诉讼外刑事法律服务的业务事项。[①] 简言之，就是帮助所有市场经济活动参与者防止其行为触犯刑事法律的一种保护行为。

---

① 张友明：“刑事非诉讼律师业务初探”，载《律师与法制》2006 年第 10 期。

从概念上看，其服务对象主要是针对市场经济活动参与者，服务内容也主要在于为其提供全方位的刑事法律服务。因此，在一定意义上，刑事非诉业务的核心即在于为企业和企业家提供全面的刑事法律风险防控服务。

从服务领域看，几乎所有的非诉法律服务领域，都存在着与刑事法律相关的专业活动，也几乎所有的产业类型都存在着相应的刑事法律风险。根据2017年中国企业家犯罪分析报告，该年度企业家犯罪2481次，共涉及20余种产业类型，其中制造业、建筑与房地产业、金融保险业、高新技术产业等是刑事风险的高发频发区。[①]基于专业因素，虽然大多数企业成立了专门的法务部，甚至聘请专业的民商事律师为其提供法律专业服务，但术业有专攻，对于复杂的、可能涉及刑事法律问题的社会经济现象，长期从事民商法律事务的律师往往难以作出及时、合理的处理。

从业务的性质看，刑事非诉既是刑事法律事务，又受民事委托合同制约。总体而言，刑事的本质特点是国家公权力下对人的生命、自由、重大财产的处置，决定了该刑事非诉业务较之其他非诉讼业务更严肃严谨风险更大。作为律师必须具备敏感的刑事法律风险意识及防控能力，否则极易触犯《刑法》306条等刑事规范，不仅未能解决客户面临的刑事法律问题，反而将自身置于危难境地。

刑事风险距离企业和企业家究竟有多远？事实上，刑事风险于企业和企业家而言，并无特殊的距离，反而企业作为市场经济活动的主要参与主体，在经济飞速发展所带来机遇的同时，往往也承受着巨大的刑事法律风险。这与其他法律风险一样，始终存在和贯穿于企业发展的全过程，但刑事法律风险的特殊性在于，风险一旦爆发，将给企业和企业家带来不可逆转的终极性败局。

近年来，企业家犯罪的案件频发，部分企业家逐渐摒弃“刑事风险距离自己很遥远”的侥幸心理，关注的视野不再局限于企业经营中的民商事法律问题，对于刑事风险防范也不再讳疾忌医。就此而言，刑事非诉讼业务的市场需求一直就有，并且随着刑事法律风险点的增加以及企业刑事法律风险防控意识的提高，刑事非诉讼业务的市场需求有不断扩大的趋势。

---

① 参见北京师范大学中国企业家犯罪预防研究中心课题组：“2017中国企业家刑事风险分析报告”，来源于第六届“企业家刑事风险防控与经济发展高端论坛”。

然而，就目前而言，绝大多数刑事诉讼律师远离非诉法律服务市场，没有意识到刑事非诉讼业务的市场需求和发展趋势，个别律所的非诉讼业务团队对此虽有感知，因缺乏刑事法律知识和刑事诉讼经验，又找不到可以合作的刑事非诉讼律师团队，遇到刑事非诉业务时，也只能是望洋兴叹。

（二）建立专业的刑事非诉团队

意识到这些缺口的存在后，便不愿再故步自封，我和同仁们一起组建了刑事非诉团队，团队成员涵括公安、检察、法院、金融等各领域专业人才，主力成员均在各自领域深耕十数年，经过对刑事非诉业务的深度研究和探索，已基本形成独特的产品体系，致力于为企业和企业家提供专业化、全方位、一站式的刑事法律风险防范服务。

刑事非诉业务领域涉及方方面面，尤其是向企业和企业家所提供的防范刑事法律风险非诉讼法律服务，更是一个庞杂的系统工程，仅凭一两名律师的协作是无法完成的。因此，刑事非诉团队组建之初，就考虑到刑事非诉业务的复杂性、专业性，既囊括了公安、检察院、法院各领域的专业人才，更有知识产权保护及金融领域的专家加盟，选定各自的专业服务领域，实现了团队成员的综合性、全面性、专业性，保证了团队智力资源结构的科学性、合理性。

就像没有一个律师可以精通所有法律领域一样，每一个行业、企业也都存在着技术壁垒。考虑到团队成员的知识结构及特长，同时也基于严格监管下金融行业企业家犯罪频发，以及高新技术行业知识产权侵权案件集中爆发的现实，团队最终选定金融行业及高新技术行业作为主要服务领域。因为，企业刑事法律风险防范绝非纸上谈兵，必须以律师丰富的实践经验及精深的专业知识为依托，才能针对目标企业的具体情况提出具有针对性、专业性的法律意见及解决方案，才能胜任一个企业方方面面的法律风险识别、评价和应对工作。

随即，我同其他团队成员深度了解客户需求，研发相应非诉产品。法律服务，精在专业，贵在创新。要解决传统刑辩法律服务的同质化问题，解决客户新型乃至前瞻性刑事法律服务的问题，为客户提供全面的、个性化的刑事法律服务，则唯有大胆创新。刑事非诉产品的创新，务必与市场紧密对接，深度了解客户需求，研发出具有针对性的刑事非诉产品，这样才能真正满足客户需求。

经过深度研究，通过与目标行业协会的交流互动与调研，深入探讨如何帮助企业防范刑事法律风险，最终研发出七大刑事非诉产品，分别为：刑事专项合规分析、刑事控告、刑事应急方案、知识产权的刑事保护、企业反贿赂反舞弊解决方案、股东高管犯罪预防及企业刑事风险合规体系设计。

刑事非诉业务可以说是一片尚待深度开发的蓝海，实践中，在部分企业和企业家刑事法律风险意识不断增强的同时，大多数还不愿意直面刑事法律风险，我带领团队参加2017年深圳金融博览会前，相关金融协会建议我们团队在展会上尽量弱化刑事色彩即是明证。因此，经历艰难的产品研发之后，我们仍需面对的是漫长的市场培植过程，必须让客户意识到刑事法律风险防控的必要性，从而转变风险观念，实现精准化营销。

第一，结合团队产品的特色，前期重点通过讲课、培训的方式向市场推出“股东高管犯罪预防”及“企业反舞弊反贿赂培训”等产品，转变客户观念。企业家在企业经营过程中，往往运用朴素的思维方式进行分析和决策，容易忽略其中可能存在的刑事法律风险。我所非诉团队通过培训的方式，揭示目标企业运营过程中各环节存在的风险点，纠正企业、企业家腐败犯罪的认识偏差，切实转变企业高管对侵占、挪用公司资产是“家务事”的认识，转变洗钱、内部交易不是腐败犯罪的看法，转变行贿犯罪是企业家的无奈之举、无关大局的错误观念。真正从思想上提高公司、企业股东、高管对刑事法律风险严重危害性的认识，提高刑事法律风险防范意识。

第二，通过个案深入企业，结合大数据对目标企业进行深度剖析，提供精细化服务。刑事法律风险存在于企业运营过程中的各个环节，但每一个行业，行业内的每一个企业发生的问题均存在其特殊性。为实现精准服务，团队前期通过司法大数据，搜集大量该行业发生过的案例，并进行多角度、多层次的综合量化分析，揭示该行业普遍存在的可能触及刑事法律问题的风险点。后期再通过深入企业，研判、分析具体企业实际存在的问题，对触犯刑法的高发、多发、易发节点进行预警，提出修正、警示建议和预警报告，把刑事法律风险防范的重点从事后补救转移到事前防范，实现刑事法律服务端口前移。

第三，团队以客户为核心，推进法律服务标准化、优质化。一个律师团队要想成功拓展市场，就必须在标准化的基础上实现专业化，唯有团队服务标准化才是律师专业化的重要体现，也唯有优质的标准化服务才能在保障客户利益的同时给予客户最高的服务体验。为实现法律服务的标准化，团队主要从以下五个方面着手：(1) 文档管理标准化。团队所有文档由专人负责，并要求每一份文档统一文件夹，统一文档命名与存放，统一所有文档格式，总之，对外披露的东西都要求标准统一。(2) 法律文本标准化。律师法律服务的工作成果大都以法律文本呈现，实行法律文本标准化可节约团队工作时间，省却重复性工作，进而减少团队办案成本。(3) 办案流程标准化。对团队成员进行合理科学的岗位职责设计与团队内部分工，保证每个服务环节都有责任人，每个阶段都设定严格的操作规范。(4) 案件管理标准化。团队案件来源多元，只有实行标准化管理，形成科学合理的提成分配制度，才能有利于团队的良性发展，另外也有利于维护客户关系，进而带来额外的案源和案件线索。(5) 实行法律服务考评体系标准化，关注客户的满意度，以客户满意度作为评价法律服务质量的重要指标。

在风险社会环境下，“危机管理”成为每个人的必然选择。而随着刑事风险点的增加，以及各类主体刑事风险防控意识的提高，刑事非诉律师业务需求范围不断扩大，作为供给侧的律师及律师事务所提供的传统刑辩服务已经完全不能满足市场的要求，“供需错位”已经成了法律服务领域面临的不可忽视的结构性失衡，作为法律服务提供者，要想走向未来并赢得竞争优势，除了进行大刀阔斧的“供给侧”改革我们别无选择。唯有坚持以客户为导向，以客户的需求为关注焦点，以客户的满意为工作目标，为客户提供综合性、一站式的法律服务，方能赢得客户，赢得市场。

六、情怀

如今，再回顾既往，刑辩之路固然是艰辛的，但是一路走来，亦欣赏过途中许多灿烂的美景，收获满满。

明朝官员吕坤曾说过：“为人辩冤白谤是第一天理。”可见，社会需要一个富有正义感的，有担当的，敢于仗义执言的群体。

刑辩人常说，为自由而辩，为生命而辩。

作为刑辩人，如果能让有罪的人，罚当其罪，心悦诚服地接受法律对其的惩罚，那是一种收获；如果能让蒙冤者，沉冤昭雪，重获自由，那亦是一种幸运；如果能让刑事案件的双方当事人化干戈为玉帛，相逢一笑泯恩仇，那更是一种境界！

近年来，随着律师行业对社会的影响力和受到的关注度越来越大，律师的一举一动在一定程度上也会对社会道德和风气产生影响。因此，对每一位律师的专业性和职业道德规范的要求也越来越高，其所肩负的责任与使命也越来越大。

如何能够从自身做起，肩负起当事人、法律人甚至是整个社会对律师的关注与期待？这个问题我一直在不断探索和思考，虽不敢妄言，但我想至少有一点是可以肯定的，成为一名值得尊重的专业律师应当有悲悯广博的情怀！

诚然，专业是律师职业发展的基石，会提升一名律师的商业价值。但于我而言，并不是一名学术成就高，执业经验丰富的律师就必然值得尊重，尤其是作为一名刑辩律师，更重要的是正义与良知、责任与担当，一个有情怀、有信仰的律师才是一个血肉丰满的法律人。刑辩律师肩负着关怀社会的责任，要有以个案推动法治的勇气和信念，有改善法治环境的作为与担当。

事实上，在每一个个案中可能看似离公平正义这些缥缈无形的精神使命很遥远，但最终殊途同归，每一个环节，都深深烙上了正义的印记。

因此，可以说刑事辩护是一场善与恶之间的较量，刑辩律师并不是与“恶”为伍、与“坏人”同流合污，而是选择站在公权力的对立面，追求和信仰法治的“善”。在运用法律的时候，有一种悲天悯人的情怀；在面对当事人的时候，有扶弱济危的信仰，始终为法律赋予当事人的合法权益而辩护，为维护法律规则、阻挡肆意公权、捍卫公平正义而辩护。

刑辩律师应当时刻有一种责任感和使命感。因为我们这个群体不仅仅是向当事人提供法律专业上的帮助，更需要承担的是一种道义上的责任。在会见当事人的时候，是给当事人在孤寂与彷徨时以慰问、以鼓励、以温暖和尊重，在每一个节日我都会慰问在看守所或是狱中的当事人，希望他们能够对生活怀抱希望，不要失去信心。刑辩律师的工作，源于法律，却又超越法律。

我很赞同田文昌大律师一个很有名的说法，他说："实际上律师既不是天使，也不是魔鬼，他们就是一批默默为法律奉献的人，他们是守住司法公正底线最后一道屏障的人。刑事辩护并不是替坏人脱罪，而是为社会守住公平的法律底线，所以我个人理解他们是个人权利的重要维护者。"刑事辩护涉及他人的生命、自由和人格尊严，因此，刑事辩护被誉为"律师业务宝塔尖上的王冠"。刑辩律师除了专业的辩护技巧之外，还需要具备一种责任感和使命感，一种人性的关怀与温度。

几年前的春季，一对年过花甲的夫妇，风尘仆仆地从西部的某个省会城市赶到我的办公室，希望我能接受他们的委托，办理他们女儿的案件。他们的独生女，刚从国外留学回来，在深圳创业不久，不知是何缘故卷入了一起诈骗的刑事案件，被刑事拘留。这件事，令两位老人家茶饭不思、夜不能寐。

其实在当时，我并不想接下这个案件。通常情况下，我在办案时会考虑三个因素：第一，案件本身对我有足够的吸引力；第二，经济上（报酬）能满足团队的需求；第三，当事人及其亲属，要属于比较好沟通的类型。仅这三个因素而言，这个案件基本不在我们的要求范围之内，正准备放弃接受委托时，当事人母亲的一个举动，使我当即就表示接下这个案件。接待时，老人家在描述案件过程当中越讲越激动，加上为这个案件担忧，心情焦虑，一时间心脏出了点问题，急忙服用速效救心丸。

一般情况下，每个当事人的家属，都会有这样救人心切的心理，作为律师我们也都能理解，但当老人家服用速效救心丸的一幕出现时，我的心理防线被瞬间击穿，不假思索，我觉得我无论如何都要介入这个案件。因为身体健康问题的缘故，我平日里也会在自己的包里备上速效救心丸，也许是一刹那的同病相怜。

如果是仅以以往的标准去衡量这件案子，的确不能让我有足够的兴趣。但作为一名刑辩律师，实在无法漠然地面对一个在用生命为女儿奔波的母亲，这不符合我做刑辩律师的初衷，更丧失了人性和道德的温度。

接受委托后，我们便多次去看守所会见当事人，团队成员充分论证案件后，一致认为这个案件可以做无罪辩护，争取在“黄金三十七天”内取得令大家比较满意的结果。而后的工作中，我们积极与办案民警沟通，申请取保候审、提交证据、提交不予批捕的辩护意见。

幸运的是，经过我们不懈的努力，终于得到回报。当事人在被刑拘的第31天，因检察院不批准逮捕而重获自由。看到他们一家人再度团圆时，洋溢在脸上的幸福笑容，我感到所有的付出都是值得的。那一瞬，一种挽回一个家庭的成就感涌上心头，让人自豪不已。有时候，静下心来想想，这种感觉或许就是刑辩律师的情怀吧！

七、独立人格

独立人格，是我在刑辩这条道路上一直以来坚定意志的支撑，也是一名律师的必备要素，作为一名刑辩律师应当具有独立的法律人格。

所谓律师独立的法律人格，追根溯源，其实是每一位律师内心的法律信仰。从精神层面而言，法律信仰是独立法律人格的思想基础，既不耽于私欲依附权势，也不依赖于任何现实的政治力量。

“独立之精神，自由之思想”，独立的法律人格，需要每一位律师都应该有自己独立的思想体系，有理性的思辨能力和逻辑推论能力，自主地决定自己的思想和行动。不急功近利，不唯学术权威马首是瞻，对法律问题、社会现象和学术理论都有自己犀利独到的见解和思考。

当前的法治环境有太多来自外界的影响及利益诱惑，很多律师或忙于附庸权力，或忙于追求财富虚荣，对权贵望尘而拜，早已将对自由、平等和法律的信仰抛于案外，出卖了自己的独立人格。随着时光更迭，他们终将会因为没有专业技能的沉淀而走向职业生涯的末路。

因此，刑事辩护律师应当独立于公、检、法部门，不趋炎附势、不随波逐流。执业数年，让我最有底气和尊严的事情是无论遇见什么困难，我从不附从于权力，不找关系勾兑，不利用新闻媒体自我炒作宣传。

曾经有一位当事人家属拿着300万元现金从外地过来找到我，恳求我帮他联系到当地的法官或是检察官，对于这样的请求，我当场严肃拒绝。刑辩律师一旦不能够捍卫其独立人格和执业底线，便会不断往更可怕的“深渊”试探，不仅将会承担不可预估的巨大风险、葬送执业生涯，更失去了立足的人格和尊严。具有独立人格的法律人，即使在巨大利益的诱惑下或是艰难的境遇中依然能顽强地坚守正义，坦然地面对挑战。

独立的法律人格不仅仅依靠个人的自律与坚守，也需要整个法律职业共同体来维护。作为从事法律行业的命运共同体，一旦其中的任何一环败坏，关乎的不仅仅是其中个人的评价与名誉，也会令整个法律职业共同体遭受影响。而整个法律共同体一旦醉心于追求财富和权力，不遵从执业规则、行业规范，那么法律界失去的不仅仅是法律信仰，更失去了其应有的公信力。个别落马的“学术型法官”，“运用”自己专业的法律知识和技能，损害了整个社会的道德风气和法治的权威。这表明娴熟的专业技术、丰富的经验智慧、著作等身的学术成就与独立的法律人格并没有什么绝对的关系。独立人格的建立，需要的是法律职业人的敬业精神和社会责任感。

所谓敬业精神，是指每一个律师在做每一个案件过程中都应当为当事人提供最优质的法律服务，认真对待每一个案件，尊重并理解每一位当事人，深入分析案件证据材料，运用自己的专业知识与技能，提出自己独立的建议和判断。

而社会责任感，则是以服务公众为宗旨。社会的公平与正义，是人类社会良性发展的必备要素。故，有别于其他追求私利的职业，刑事辩护律师应当以捍卫社会公平与正义为职责，以天下为己任，以社会公共性为先。不盲目追逐高收入，经济收入只是附带的结果，最根本的目的是维护社会法治、捍卫法律尊严。这就需要律师的个人伦理选择，即使面对行业间的不正当竞争，面对眼前巨大的利益诱惑，仍然能够坚守自己的良知与信仰，维护社会的公平与正义。

法律人应当时刻充满勇气，坚定内心的信念，敢于向错误说不。

目前我国律师职业伦理道德培训和教育的缺失，在很多案例中突显出来。有的刑事辩护律师违反职业道德、执业规范的事件屡见不鲜，让我们不得不重新审视这些案件折射出来的律师执业道德伦理问题。这些律师，有的遭到行业内的口诛笔伐，有的被吊销执业资格，更有甚者已经逾越了法律的红线，锒铛入狱。当一名律师不再坚守自己的职业道德与操守时，不再坚持自己的理想、信仰和良知时，何谈独立的法律人格？

“宁溘死以流亡兮，余不忍为此态”。必须反思，如何能够尽我们所能改变现有的职业现状，不能坐而论道、知行脱节，期望他人为律师行业建立起一种公正的法律秩序。想要法律人格独立，每一位律师都应当能动地加强修养，严格自律，从自身担当起对社会的责任，为创造良好的法治环境而努力。

坚持“博学之，审问之，慎思之，明辨之，笃行之”，坚持独立思考，建立自己的思想价值体系，完善重审社会的道德标准，即尊重法律、尊重个人私权、追求公平正义，并且敢于质疑和挑战权威，反抗权贵，维护刑事辩护律师的执业权利。

在坚定自我良知、操守的同时，整个律师行业亦需要有一定的前瞻性，不陷入“集体无意识”之困境，对学术理论、专业技能以及利益集团有清醒的认知，为广大青年律师以及准律师提供律师职业伦理方面的培训和教育普及。当然，对权力干扰、利益诱惑，归根结底还是需要制度来规范。完善律师的职业道德，还需要靠一定的强制措施和法律制裁，从根本上树立法律的权威性。法律人格独立，不仅能够启发人们对于法律新的思考和探索，而且必定能够推动律师行业不断向前发展。

行文至此，借由文字通过直白的笔触回顾自己十余载的执业经历。我坚信，现在并不是我执业发展的终点，而是新的开始。与此同时，对于刑事辩护律师而言，当今市场不仅仅存在种种机遇，更充满重重挑战，需要我们不断开阔视野，开拓创新，推动刑事业务的新发展。当然，这个过程任重而道远，也对刑辩律师的专业能力和技术水平提出了更高的要求。只有通过学习和思考来不断充实自己，磨炼自己的笔锋、提高自己的技术、坚守自己的信仰，也许到那时才能“春风得意马蹄疾，一日看尽长安花”吧。

黄云

2020 年 7 月 20 日

图书在版编目（CIP）数据

有效的辩护 / 黄云著. —北京：中国法制出版社，2020.9

ISBN 978-7-5216-1131-1

Ⅰ.①有… Ⅱ.①黄… Ⅲ.①律师-辩护-案例-中国 Ⅳ.①D926.5

中国版本图书馆 CIP 数据核字（2020）第 091788 号

策划编辑：耿旭冉　　责任编辑：胡　斌　耿旭冉　　封面设计：蒋　怡

有效的辩护

YOUXIAO DE BIANHU

著者/黄云

经销/新华书店

印刷/三河市紫恒印装有限公司

开本/710 毫米×1000 毫米　16 开　　印张/22　字数/273 千

版次/2020 年 9 月第 1 版　　2020 年 9 月第 1 次印刷

中国法制出版社出版

书号 ISBN 978-7-5216-1131-1　　定价：78.00 元

北京西单横二条 2 号

邮政编码 100031　　传真：010-66031119

网址：http：//www.zgfzs.com　　**编辑部电话：010-66066324**

市场营销部电话：010-66033393　　**邮购部电话：010-66033288**

（如有印装质量问题，请与本社印务部联系调换。电话：010-66032926）